西南民族大学学科建设文库

光明社科文库
GUANGMING DAILY PRESS:
A SOCIAL SCIENCE SERIES

·经济与管理书系·

公司品牌"双核价值驱动"管理模式研究

刘家凤｜著

光明日报出版社

图书在版编目（CIP）数据

公司品牌"双核价值驱动"管理模式研究 ／ 刘家凤著. --北京：光明日报出版社，2021.4

ISBN 978－7－5194－5875－1

Ⅰ.①公… Ⅱ.①刘… Ⅲ.①公司—品牌战略—研究 Ⅳ.①F276.6

中国版本图书馆 CIP 数据核字（2021）第 057469 号

公司品牌"双核价值驱动"管理模式研究

GONGSI PINPAI "SHUANGHE JIAZHI QUDONG" GUANLI MOSHI YANJIU

著　者：刘家凤

责任编辑：曹美娜　　　　　　　　　责任校对：李小蒙

封面设计：中联华文　　　　　　　　责任印制：曹　诤

出版发行：光明日报出版社

地　　址：北京市西城区永安路 106 号，100050

电　　话：010－63169890（咨询），63131930（邮购）

传　　真：010－63131930

网　　址：http：//book. gmw. cn

E－mail：caomeina@ gmw. cn

法律顾问：北京德恒律师事务所龚柳方律师

印　　刷：三河市华东印刷有限公司

装　　订：三河市华东印刷有限公司

本书如有破损、缺页、装订错误，请与本社联系调换，电话：010－63131930

开　　本：170mm×240mm

字　　数：270 千字　　　　　　　　印　　张：16

版　　次：2021 年 4 月第 1 版　　　　印　　次：2021 年 4 月第 1 次印刷

书　　号：ISBN 978－7－5194－5875－1

定　　价：95.00 元

目　录
CONTENTS

导　言 ……………………………………………………………………… 1

第一篇　品牌价值观研究文献综述

第一章　品牌价值观研究的理论基础 ……………………………… 19

第一节　综述的研究定位 …………………………………………… 19

第二节　品牌理论 …………………………………………………… 20

第三节　企业文化理论 ……………………………………………… 27

第二章　品牌价值观研究综述 ……………………………………… 32

第一节　价值观的概念 ……………………………………………… 32

第二节　品牌价值观的概念 ………………………………………… 33

第三节　品牌价值观的来源与识别 ………………………………… 38

第四节　品牌价值观的作用与分类 ………………………………… 41

第五节　品牌价值观的测量 ………………………………………… 42

第六节　品牌价值观衡量指标探讨 ………………………………… 50

第七节　品牌价值观测量视角探讨 ………………………………… 54

第八节　研究述评以及研究机会 …………………………………… 56

第二篇　公司品牌"双核价值驱动"匹配研究模型

第三章　研究模型的构建及研究假设的提出 ……………………… 61

第一节　研究模型提出的理论依据 ………………………………… 61

第二节　品牌价值观的概念界定和匹配衡量新指标的提出 ……… 61

第三节　员工价值驱动对内部品牌强度的作用关系 ……………… 64

第四节　客户价值驱动对外部品牌强度的作用关系 ……………… 65

　第五节　双核价值驱动匹配对内外部品牌强度的作用关系 ················ 67

　第六节　内外部品牌强度匹配对公司绩效的作用关系 ··················· 68

　第七节　双核价值驱动匹配类型 ······································ 69

　第八节　双核价值驱动匹配类型、内外部品牌强度与公司绩效的关系

　　　　　模型 ·· 70

第四章　理论模型的量表开发 ·· 78

　第一节　指标量表的确定 ··· 78

　第二节　数据收集 ·· 84

　第三节　数据处理及分析 ··· 92

第五章　双核价值驱动匹配模型的验证分析 ······························· 109

　第一节　双核价值驱动匹配模型验证前的数据分析 ····················· 109

　第二节　员工价值驱动与内部品牌强度作用关系的验证 ················· 109

　第三节　客户价值驱动与外部品牌强度作用关系的验证 ················· 114

　第四节　双核价值驱动匹配与内外部品牌强度作用关系的验证 ··········· 118

　第五节　本章小结 ·· 122

第六章　双核价值驱动匹配类型研究 ····································· 124

　第一节　双核价值驱动匹配指标高低的测度 ··························· 124

　第二节　双核价值驱动匹配类型的划分 ······························· 126

　第三节　双核价值驱动匹配类型的样本实证分析 ······················· 127

　第四节　本章小结 ·· 128

第七章　双核价值驱动匹配类型、内外部品牌强度与公司绩效关系的

　　　　实证分析 ·· 130

　第一节　四种双核价值驱动匹配类型对内部品牌强度影响的

　　　　　比较分析 ··· 130

　第二节　四种双核价值驱动匹配类型对外部品牌强度影响的

　　　　　比较分析 ··· 132

　第三节　内外部品牌强度匹配类型对公司绩效影响的比较分析 ··········· 133

　第四节　本章小结 ·· 136

第八章　个案研究 ·· 138

　第一节　个案企业简介 ·· 138

　第二节　个案研究设计 ·· 139

第三节 数据收集 ·· 139

第四节 数据处理及分析 ································· 145

第五节 XBTJ 公司调查研究结果分析 ················· 155

第六节 本章小结 ·· 159

第三篇 公司品牌"双核价值驱动"管理模式的实现路径

第九章 公司品牌"双核价值驱动"管理模式识别与调整 ······· 165

第一节 公司品牌"双核价值驱动"管理模式识别 ············· 165

第二节 公司品牌"双核价值驱动"管理模式调整 ············· 166

第三节 重构公司品牌价值观 ······························· 170

第十章 公司品牌"双核价值驱动"管理模式的内部实现路径 ····· 174

第一节 关注高层角色 ······································· 175

第二节 开展学习教育活动 ··································· 176

第三节 提供优质服务 ······································· 179

第四节 完善合规体系 ······································· 182

第五节 以人为本 ··· 183

第六节 深化典型示范 ······································· 185

第十一章 公司品牌"双核价值驱动"管理模式的外部实现路径 ··· 187

第一节 规范品牌形象 ······································· 188

第二节 构建多元化传播体系 ································· 189

第三节 维护良好的公共关系 ································· 190

第四节 利用人际传播 ······································· 191

第十二章 结 论 ··· 193

第一节 本研究的主要结论 ··································· 193

第二节 本研究的主要创新 ··································· 197

第三节 本研究的局限性 ····································· 199

第四节 后续研究建议 ······································· 200

附录 ·· **201**

参考文献 ·· **222**

导　言

　　随着品牌建设实践的深入，人们意识到品牌是企业最重要的无形资产，品牌理论研究日益受到重视（D. Aaker，1996），并迅速成为管理领域最为重要的课题之一（Balmer，2001a）。品牌理论研究始于品牌概念，逐渐转向品牌战略、品牌管理和品牌资产，目前正处于品牌关系阶段（卢泰宏等，2003）。从对已有文献的回顾可以发现，目前大部分品牌关系的创建与管理研究都是以企业—顾客关系为研究背景，探讨如何进行品牌定位、做出品牌承诺、制定品牌策略等（郭毅等，2006）。然而，经济活动中除了存在企业—顾客关系外，还存在着企业—员工关系、企业—竞争者关系、企业—政府关系、企业—社区关系等。每一种形式的关系都会影响到企业及其品牌的经营绩效。在不同的历史发展阶段，不同的文化背景下与不同的品牌层级中，上述关系对于公司品牌经营的重要性存在着一定的差别。公司层面的品牌建设比产品层面的品牌建设更富有挑战性，因为这要求企业方方面面都要参与进来（Harris & de Chernatony，2001）。在信息高度透明化的互联网时代，对顾客来说，企业不再是黑箱，顾客有着众多渠道了解企业的信仰、文化、产品与服务等，尤其是提供服务的员工的态度和行为直接影响接受服务的顾客对企业的感知。因此，在公司品牌建设过程中，如何解决好企业—员工与企业—顾客两对主要关系及其匹配问题对公司品牌能否可持续发展意义重大。因为品牌只有创造出让顾客欣赏的品牌价值才有成为强势品牌的可能；同时，品牌只有被企业内部员工认同和支持，才可能持续发展，走向百年。据一项关于服务品牌的调研发现，顾客对品牌的喜好程度主要受人员服务影响，员工行为往往是顾客品牌感知的重要源泉。品牌传递给顾客的信息能否得到员工的一致支持将决定品牌可信度的高低（邱玮，白长虹，2012）。正如 Howard Schultz 所言，如果希望超越顾客满意，必须首先在企业内部创建信任。品牌始于内部文化，达于外部顾客。De Chernatony（2004）认为，新的公司品牌建设范式就是通过员工参与关系构建来强调价值观。在企业内部，品牌管理成为文化管理，在企业外部，是顾客接触管理（Gulati & Silo，2007）。成功的公司品牌被认为是随着时间的流逝，在公司内外部利益相关者之间实现了公司价值观的一致（Morsing & Kristensen，2001）（参阅：刘家凤，2014）。因此，为了确保组织成员与品牌及其所代表的内容保持一致，使内部品牌环境和外部营销努力实现无缝对接，企业文化与公司品牌协同研究成为品牌内部化管理领域的一大热门课题。随着国内外学者对企业文化与公司品牌协同研究的深入，企业支持的价值观、员工价值观与品牌价值观的匹配研究逐渐成为企业文化与公司品牌协同研究的关注重点，国外学者已取得了一定的研究成果。而相关研究在国内却还相当缺乏。本研究课题在总结探讨公司品牌及企业文化建设研究国内外文献成果的基础上，对企业文化与公司品牌协同研究的核心——品牌价值观的一致性匹配及其实现路径进行了创新性研究，取得了一些创新成果。

本研究课题导言部分就研究背景、研究目的与意义、主题与逻辑关系、结构与内容、研究方法、主要创新点做一概括介绍。

本研究课题所引用的数据和直接引语均以脚注方式注明来源，而本书所引用的文献数据，则以哈佛注释法统一在文中注明被引述作者的姓名及其出版年份，在文末的参考文献中详细注明该文献的出处。

一、研究背景

（一）实践背景

作为企业资产负债表中的主要资产，公司品牌还是组织营销战略的主要组成部分（Balmer，2001a）。实践表明，当顾客面对新产品时，有关产品的主要信息通常缺失，而在产品主要信息缺失情况下，顾客会从企业相关信息中推断产品属性（Brian，1989）；并且，顾客对企业的感知会影响顾客对企业产品的评价（Brown & Dacin，1997），顾客对企业的认知不但已成为企业的战略性资产（Dowling，1986），而且成为企业持续竞争优势源泉（Aaker，1996）。良好的品牌声誉将给企业带来更多的销售机会和更多的利润。长期看来，公司品牌建设能够给组织带来主要竞争优势，这包括帮助企业降低成本、品牌延伸、营销中的规模经济化及创造品牌资产中的高效率。总之，强势公司品牌价值无限（Balmer，2001b）。公司品牌成为 21 世纪商业环境中最令人着迷的现象之一（Olins，2000；Lewis，2000；Pauvit，2000；Balmers，2001a）。因此，公司品牌建设日益引起企业界与学术界的关注，强势公司品牌建设成为许多企业的头等大事。

然而，在公司品牌建设过程中，却出现一种令人困惑费解的现象：有些公司品牌外部非常强势，公司品牌—顾客价值观匹配度较高，却难以持续发展，甚至走向倒闭；有些公司品牌内部组织文化强势，员工—组织价值观匹配度较高，外部品牌业绩却越来越差，甚至企业亏损。那么，是什么原因导致这种现象出现呢？这些公司品牌有什么共同点呢？如何才能使这些公司品牌取得持续成功呢？

回答这些问题对公司品牌创建及企业文化建设，是否有任何现实意义？以下是关于国内外公司品牌及企业文化建设的几个案例。

1. IBM（强势公司品牌——亏损—复兴）①

IBM，即国际商业机器公司，1911 年创立于美国，是全球最大的信息技术和业务解决方案公司，一直雄踞世界 IT 业的霸主地位。但是，1993 年其亏损却高达 80 亿美元。原因何在？当时接掌帅印的郭士纳（Lou Gerstner）认为，传统的、僵化的企业文化是 IBM 面临的第一大敌人。虽然企业内部文化强势，员工—组织价值观匹配度较高，然而却对市场变化反应迟钝，脱离了客户需求。因此，企业业绩出现巨额亏损。在郭士纳接手后，以企业文化重建为突破口，不仅考虑组织—员工价值观匹配，还强调组织—顾客价值观匹配，IBM 才重新成为世界上最赚钱的公司之一。

2. 联想集团（国内强势公司品牌——亏损—盈利）②

联想集团成立于 1984 年，由中科院计算所投资、11 名科技人员创办，如今已经发展成为一家在信息产业内多元化发展的大型集团。联想集团曾经做到国内第一，亚洲第一。在并购 IBM PC 之后，由于收购后的协同效应及成本节约，保持了多个季度的赢利，但是，在全球经济危机来临后出现巨额亏损，问题出在哪里呢？柳传志重新出任联想集团董事长后，所做的最主要工作就是重新厘定联想集团的价值观和企业文化，逐步实现了企业内外部价值观的匹配。在经历了三个季度的连续亏损后，联想在截至 2009 年 9 月 30 日的最近一个季度终于扭亏为盈。更为关键的是，联想在全球的市场份额上升到了 8.9%，这也是有史以来的最高点，在全球 PC 厂商当中排名第四。

---

① 郭士纳. 谁说大象不能跳舞？IBM 董事长郭士纳自传［M］. 张秀琴，音正权，译. 北京：中信出版社，2006.

② 冀勇庆. 联想回归［J］. 管理科学，2010（4）：49—52.

3. 安然公司（强势公司品牌——破产）①

安然公司成立于 1930 年，在倒闭前，掌控美国 20% 的电能和天然气交易，提供全球财务和风险管理服务等多种业务，在全球拥有 3000 多家子公司、名列《财富》杂志"美国 500 强"的第 7 名，曾持续 6 年被评为"美国最具创新精神公司"，宣称有着"沟通、尊重、诚信、卓越"的价值观。然而，在实际经营过程中，却扭曲了其宣称的企业价值观，把做实业时的理念及"专注战略"完全转移，在 1997 年，安然已从能源公司转为一家从事能源衍生交易的"对冲基金"。虚假的企业文化导致安然最终走向破产。

4. 富士康集团（强势公司品牌——2010 年内部员工连续出现 12 例自杀）

富士康集团是以台湾鸿海精密工业股份有限公司为主的跨国性企业，成立于 1974 年 2 月。凭借扎根科技、专业制造和前瞻决策，富士康迅速发展壮大，成为全球最大的电子产业专业制造商。在 2009 年，成为《财富》全球企业 500 强排行榜中的 109 位。然而，就是这样一个外部品牌形象非常强势的企业，在 2010 年其深圳分部内部员工却连续出现 12 例自杀事件。它的问题出在哪里呢？是否与其公司品牌价值观与内部员工价值观不匹配有关呢？

5. 丰田汽车公司（强势公司品牌——2010 年陷入大规模召回事件）

丰田汽车公司创立于 1937 年，以"品质""可靠性""客户第一"为核心价值观，在 2008 年全球汽车销量第一，在《财富》世界 500 强中名列全球第 5 位，被视为日本企业高技术含量和高品质的典型代表。然而，在 2010 年前后，却爆出了大规模"召回门"事件。根据学界、企业界与丰田自己日后的反思，原因在于，丰田为实现自己的海外扩张目标，偏离了公司品牌核心价值观，过度追求发展速度和降低成本，大力推行全球化生产和采购策略，破坏了汽车零部件设计、开发和供应的封闭式管理模式，无限地放大了公司的生产管理链条，导致产品安全性能的不确定性，留下隐患。

6. 浦发银行（强势公司品牌——浦发银行成都分行违规案）

2018 年 1 月 19 日晚，银监会官网发布消息：浦发成都分行通过违规办理信贷、同业、理财、信用证和保理等业务，换取相关企业出资承担该行大笔不良贷款。这是一起浦发银行成都分行主导的有组织的造假案件，性质恶劣、后果严重，教训深刻。然而，浦发银行成都分行之前宣称"长期不良贷款为零"。显

---

① 王吉鹏. 企业文化热点问题［M］. 北京：中国发展出版社，2006：103.

然，这和浦发银行"笃守诚信、创造卓越"的核心价值观迥然不符。

上述案例不禁让人反思：难道一定要等到公司品牌业绩出现亏损甚至企业倒闭才能发现公司品牌价值观与外部顾客价值观不匹配？难道一定要等到企业内部出现重大问题后才能发现公司品牌价值观与内部员工价值观不匹配？在付出巨大代价以后才重建企业文化，甚至根本没有机会重建，有没有什么办法可以避免这种情况的发生呢？为了拥有可持续发展的公司品牌，应该建设什么样的公司品牌价值观管理模式呢？应该采用什么样的公司品牌建设方法呢？应该建设什么样的企业文化呢？不同企业是否应该采用相同的品牌建设方法与相同的企业文化建设方法？

2012 年，十八大强调，社会主义核心价值体系是兴国之魂，是社会主义先进文化的精髓，指导国家方方面面的建设。中国企业在进行公司品牌创建时，其核心价值体系的建立必须坚持社会主义核心价值观的统领地位，又不能等于社会主义核心价值观，必须结合自己实际，深掘优秀历史文化基因，梳理和总结现状，了解企业内外部利益相关者需求，确立广泛认同且符合社会主义核心价值体系，具有引导和满足企业内外部利益相关者需求的公司品牌价值观模式成为公司品牌可持续发展建设中的当务之急。

（二）理论背景

20 世纪 80 年代以来，品牌理论研究日益受到重视。由于学者们不断意识到品牌是企业最重要的无形资产，因此，品牌理论研究迅速成为管理领域最为重要的课题之一（Keller & Lehmann，2006）。从品牌发展阶段来看，随着生产力的高速发展，物质产品变得前所未有的丰富，服务水平日益提升，创新加速化，品牌忠诚度日益降低，竞争环境空前多变，企业单靠产品/服务品牌策略在市场的残酷竞争中已渐渐力不从心。单纯的基于外部品牌形象的产品品牌创建策略已不足以应付当今市场。于是，为了在品牌企业与其顾客之间建立起长期稳固的关系纽带，公司品牌作为一个战略营销武器逐渐走上舞台（Hatch & Schultz，2001）。公司品牌成为重要的识别标志，使得国内外学者越来越重视公司品牌内涵和创建方法的研究。传统的公司品牌建设方法要么采用产品品牌建设策略，关注企业外部品牌形象建设，与内部的企业文化建设相割裂；要么提倡品牌识别与品牌形象一致，强调宏观维度平衡，如 Hatch & Schultz（2001）在其提出的公司品牌工具箱中，强调战略愿景、组织文化和企业形象的一致性；其他关于公司品牌创建的研究更强调微观维度的融洽，如不同利益者群体的品牌感知

（Davies & Chun 2002；Kowalcyzk & Pawlish 2002）。Balmer & Soenen（1999）通过案例研究，探讨不同层面品牌识别之间的差距。De Chernatony & Cottam（2006）指出，基于 Schein（1984）提出的三层次理论，企业文化与公司品牌之间最明显、最核心的联系在于价值观层面，因此主张研究企业内外部的各种价值观匹配。Herman（2001）认为，企业内外部品牌创建是否一致，可通过对企业向外宣称的与企业实际的品牌价值观之间的差距进行测量而了解。在自我概念和品牌形象一致性理论基础上，Phau & Lau（2001）从消费者视角比较了其感知的品牌价值观与企业实际品牌价值观，研究品牌与消费者价值观一致性对消费者购买意愿的影响。Czellar & Palazzo（2004）则基于消费认同理论与消费者—企业认同理论，采用消费者感知品牌价值观的吸引力大小来研究公司品牌价值观对消费者品牌偏好的影响。Yaniv & Farkas（2005）借鉴西方员工价值观与组织文化匹配研究成果，通过员工与组织（品牌）价值观的一致性匹配对员工、顾客行为的影响研究，实证探讨了员工与品牌价值观匹配对员工与顾客行为的影响。

考察已有文献对公司品牌价值观的研究，可以发现，已有关于公司品牌价值观的研究主要分散在两个领域：一是市场营销学中的品牌管理领域，一是组织行为学中的企业文化研究领域。即要么主要基于传统的产品品牌建设研究范式，从外部品牌形象出发，研究公司品牌形象中的价值观是否与消费者自身价值观或期望的价值观匹配及其对消费者态度与行为/品牌绩效的作用，假定企业内部的价值观与品牌形象中的价值观一致；要么基于企业内部文化，研究品牌（组织）—员工价值观是否匹配及其对员工态度与行为/公司绩效的影响，假定企业员工传递给消费者的价值观就是消费者所欣赏的。虽然公司品牌建设研究目前已经进入提倡品牌识别与品牌形象一致，强调宏观维度平衡及微观维度的融洽的阶段，但是，相关的实证研究还相当缺乏。尤其是缺乏从企业内外部利益相关者双向视角来探索企业文化与公司品牌联系的核心——公司品牌价值观在企业内外部的动态匹配及其与公司品牌持续成功的关系研究。

与国外研究相比，国内学术界有关品牌价值观的研究尚处于起步阶段，系统、严谨的研究尚待开发，对品牌价值观匹配研究及其影响尚未有任何统计调查数据和实证研究，有关品牌价值观的内涵探讨亦非常有限，不能为企业管理者提供系统、科学、有效的品牌价值观识别、诊断工具及管理建设策略。因此，本研究课题旨在对中国背景下的服务公司品牌价值观管理模式及其实现路径进行系统研究，填补此方面国内研究的不足和空白。在现实观察和分析已有文献关于品牌价值观的研究视角及测量指标研究基础上，提出品牌价值观匹配衡量新指标"双核价值驱动匹配"，并基于此建立起公司品牌价值观管理模式类型与公司品牌持续成功的作用关系理论模型，研究四种不同公司品牌"双核价值驱动匹配"管理模式类型及其作用和影响；从内部品牌强度、外部品牌强度和公司绩效三方面探索公司品牌"双核价值驱动"管理模式的作用和影响，为企业提供切实可行的公司品牌价值观管理模式类型诊断工具及管理策略；并进一步探索最优的公司品牌价值观管理模式在企业内外部的实现路径，为企业文化与公司品牌建设如何实现协同提供启示（刘家凤，2014）。

二、研究目的和意义

（一）研究目的

本研究课题的主要研究目的是：从企业文化与公司品牌建设协同视角来研究品牌价值观与公司品牌持续成功的作用关系，探索最优的公司品牌价值观管理模式及其实现路径。首先，结合学者们已有研究成果及中国特定的社会文化背景，较为客观全面地界定品牌价值观的概念和内涵，探究品牌价值观的测量指标与测量研究取向；其次，在已有文献对品牌价值观测量研究基础上，提出"双核价值驱动匹配"这一测量品牌价值观一致性的新指标，通过实证方法研究这一新指标对企业内外部品牌强度的作用；再次，再根据"双核价值驱动匹配"这一衡量品牌价值观在企业内外部一致性匹配的新指标，以员工价值驱动程度高低、客户价值驱动程度高低两个维度作为组合，得到双核价值驱动在企业内外部匹配程度高低不同的四种公司品牌类型，并建立起对内外部品牌强度的作用，进而对公司绩效的影响关系模型，通过实证研究验证其理论假设。最后，提出公司品牌"双核价值驱动"管理模式在企业内外部的实现路径。

（二）研究意义

本研究课题从企业内外部双向视角研究不同品牌价值观管理模式对企业内外部品牌强度的作用，进而对公司绩效的影响关系，实证公司品牌"双核价值驱动"管理模式，并探讨其在企业内外部的实现路径，有着非常重大的理论和现实意义。

在理论意义方面，首先，尝试从企业内外部双向视角提出品牌价值观衡量新指标，即双核价值驱动匹配。其中，员工价值驱动是指品牌—员工价值观匹配程度，即公司品牌价值观受以员工为代表的内部利益相关者价值观的驱动程度；客户价值驱动是指品牌—消费者价值观匹配程度，即公司品牌价值观受以客户为代表的外部利益相关者价值观的驱动程度（刘家凤，2014）。其次，试图克服现有研究关于品牌价值观测量方面的缺陷，即克服现有研究从"外部品牌形象"或"内部企业文化"的单向视角对品牌价值观的静态测量研究，着眼于企业内外部利益相关者的感知，强调品牌价值观在企业内外部的双重实现，是品牌价值观在企业内外部的动态匹配。再次，尝试构建与划分四种公司品牌价值观管理模式类型，并建立起该四种匹配类型与公司品牌持续成功的作用关系模型，丰富公司品牌建设与企业文化关系理论方面的研究。最后，划分与比较不同公司品牌价值观管理模式的内在作用关系和传导机制，探寻公司品牌"双核价值驱动"管理模式在企业内外部的实现路径，为公司品牌可持续成功与社会和谐稳定提供对策及建议。

在现实意义方面，首先，从品牌价值观角度关注公司品牌建设的内外部平衡，既注重品牌与客户价值观匹配，又注重品牌与员工价值观匹配，对企业如何创造一个优化的品牌环境，如何进行公司品牌建设的价值观取向选择、如何进行企业文化建设具有现实指导意义。其次，有助于企业诊断与调整品牌价值观构建与管理。通过分析一家公司品牌的价值观管理模式类型及其对企业内部品牌强度与外部品牌强度的影响，进而对公司绩效的作用关系，从而采取相应的价值观调整与管理措施，使公司品牌内部企业文化与外部品牌形象建设保持动态匹配，确保公司品牌长期健康发展。最后，本课题所提出的"双核价值驱动型"公司品牌价值观管理模式在企业内外部的实现路径，可为公司品牌可持续成功与社会和谐稳定提供对策及建议。

三、研究对象

本研究课题以公司品牌作为研究对象。与企业相比，公司涵盖的范围更广，可能包括多个企业。不过，消费者并不觉得这两者间存在显著差别。因此，为简化起见，本研究课题中所提及的企业品牌（company brand）和公司品牌（corporate brand）可替换使用（Keller，2003）。本研究课题中所提的品牌价值观即公司品牌价值观。

（一）界定公司品牌的内涵

与产品（服务）品牌相对，公司品牌是在组织层面上提出来的。随着产品同质化的日益严重、产品生命周期不断缩短及价格战的激烈化，产品背后的公司日渐走上前台。公司品牌逐渐成为企业组织战略和营销战略的重要组成部分，以及雇佣、投资与引导消费者行为的一个强有力的导航工具（Balmer & Gray，2003）。

早在 20 世纪 30 年代，公司品牌的重要性就在营销管理类文献中间接被提及。然而，没有引起学界重视。直至 90 年代初，从事品牌实践与咨询的相关人员开始使用 company brand 或 corporate brand 作为公司品牌的概念。不过，corporate 有三层含义："一是公司的；二是组成公司或团体的，法人的；三是社团的、全体的、共同的。"因此，corporate brand 与 company brand 相比，不仅指组织，还包括其辅助部分，甚至可以用在国家、地区和城市上，概念更为广泛。直到 1995 年，公司品牌（corporate brand）这一概念才得到广泛认同，并出现在各种文献的标题和内容中。随着品牌实践的深入，公司品牌的影响与作用越来越大，公司品牌成为品牌理论发展的新分支。

关于公司品牌的概念，不同学者从不同视角出发，给出了多种定义。从消费者视角出发，公司品牌表现为公司形象和公司联想，描述消费者对公司的态度、情感和认知；从品牌组合视角出发，Aaker（2004）认为，公司品牌作为一个最终的品牌化集合体，是产品和服务的担保者和驱动者；从战略管理与经济学视角出发，公司品牌是企业的声誉资产，以背书和承诺的形式保证产品质量，增强消费者信心；从品牌个性出发，公司品牌是公司所有利益相关者作为一个整体而具有的人格化特征，是基于价值观的意义系统（吴水龙，卢泰宏，蒋廉雄，2009），被定义为企业与其各利益相关者之间的关系（De Chernatony & Riley，1999）。

尽管人们对公司品牌的概念从不同的研究角度有着不同强调点，但是，大多数学者还是一致同意公司品牌是在组织层次上建立起来的品牌，是一个复杂的多维度构念，具有无形性（Ind 1998；Balmer 2001b；Balmer & Gray 2003；Brown 2006）。公司品牌的终极目标是通过企业与各利益相关者之间的各种关系来创造意义与价值。公司品牌是用来影响各利益相关者的感知和行为，甚至引导消费者感知。因此，本研究课题中的公司品牌是指以组织作为品牌塑造的对象，是基于价值观的意义系统，是企业与其利益相关者之间的关系。

（二）公司品牌的特性

无形性。公司品牌是一个多维度构念，具有无形性（Ind 1998；Balmer

2001b；Balmer & Gray 2003；Brown 2006）。如果不考虑公司品牌是一系列价值观（Ind 1998）、一个逻辑结构或一系列联想的综合这个概括性的概念，公司品牌的终极目标是通过企业与各利益相关者之间的各种关系来创造意义与价值。

关系性。公司品牌还是一个关系性的构念。比如，第一，顾客价值的可持续性依赖于传递品牌承诺的内部过程，依赖于包含品牌价值观的员工行为。因此，员工在创建和维护顾客关系中起着关键作用（Harris & de Chernatony，2001；De Chernatony，2001；Miles & Mangold，2004；Davies & Chun，2004）。第二，顾客价值通过企业的供货商和合作伙伴网络进行增值和传递。第三，由于包括投资者、媒体及当地小区等的所有外部利益相关者都会影响公司品牌的声誉，因此，企业与其外部利益相关者之间的关系也非常重要（Einwiller & Will，2002）。

（三）服务公司品牌的特性

在服务业中，公司名称就是其品牌名称（Berry，Edwin & Clark，1988）。服务公司品牌主要具有一致性、长期性与独占性三大特点（转引自：邱玮，2010）。

（四）公司品牌的分类

根据分类标准的不同，公司品牌可以分为很多类别。

根据公司品牌是否有形可以分为两类：一类是服务类公司品牌，另一类是产品类公司品牌。

根据驱动力量的不同可以分为两类：一类是市场驱动型公司品牌，另一类是组织驱动型公司品牌。

根据行业不同可以分为不同类别，如银行服务业公司品牌、建筑制造业公司品牌、快速消费品制造业公司品牌、耐用品制造业公司品牌、零售服务业公司品牌等。

（五）公司品牌在本研究课题中的研究对象

首先，本研究课题中的研究对象仅限于中国范围内的服务公司品牌。其次，为了避免行业干扰，本研究课题中的研究对象分为两个层次，第一层次：面上研究采用金融服务行业（银行业）的八家上市公司作为调研对象，调查对象是八家国内上市银行公司品牌的领导者、一般员工及个人客户；第二层次：个案实证研究采用一家建筑制造服务业公司作为调研对象，调查对象是该建筑制造业公司的领导者、一般员工及企业客户；在公司品牌"双核价值驱动"管理模式的实现路径中的个案研究则采用中国工商银行作为调研对象。

四、主题与逻辑关系

国家社会科学基金资助项目（项目批准号：13BGL066）研究的核心思路是：依托公司品牌理论、企业文化理论、战略管理等交叉学科研究方法与原理，综合运用深度访谈法、问卷调查、文献内容分析、网络搜索和案例研究等方法，探讨当前社会中的不同公司品牌价值观管理模式形成的内在机制和调整策略，尝试性地构建一套符合社会主义核心价值体系的、能够引导和满足企业内外部利益相关者需求的公司品牌价值观管理模式，并寻求这套公司品牌价值观管理模式的实现路径，从而实现公司品牌可持续发展及促进社会和谐。遵循这一核心思路，本研究课题正文部分主要包括三篇，各章之间的基本逻辑和传承关系表现为：第一篇主要充分地吸收、挖掘和借鉴公司品牌价值观相关理论的精髓，对品牌价值观研究及其相关理论基础研究进行全面、系统的综述评价，为后续研究搭建高起点的理论平台。第二篇致力于构建并实证公司品牌"双核价值驱动"匹配研究模型，通过文献回顾及对大量企业的问卷调研和对案例企业的深入案例分析，构建公司品牌"双核价值驱动"匹配研究模型，选择中国范围内的公司品牌作为调研对象，实证研究公司品牌"双核价值驱动"管理模式对内部员工品牌态度与行为（内部品牌强度）、外部客户品牌态度与行为（外部品牌强度）的作用关系，进而对公司绩效的影响关系。第三篇是在第二篇提供的思维框架下，划分与比较不同公司品牌价值观管理模式的内在作用关系和传导机制，探寻公司品牌"双核价值驱动"管理模式在企业内外部的实现路径，为公司品牌可持续成功与社会和谐稳定提供对策及建议。因此，在整个项目中，第一篇是在理论上的深入准备，第二篇和第三篇集中体现了本研究的重大理论创新和应用价值。各篇涉及的核心内容、应用方法和章节安排，如下所述。

五、结构与研究内容

第一篇：品牌价值观研究综述（第一章、第二章）。在分析品牌价值观研究领域的上百篇经典文献后，本篇为厘清学术脉络和提炼学术精华，对现有文献中的重要研究主题、代表性学者及其观点、研究贡献和特点等进行系统的阐述和分析，从而清晰地呈现出品牌价值观研究的基本脉络和重要内容，特别是对品牌价值观的测量与衡量指标进行详细讨论，为后续篇章中公司品牌在企业内外部的一致性匹配指标的提出提供充分准备。

第二篇：构建并实证公司品牌"双核价值驱动"匹配研究模型（第三章—第八章）。通过文献回顾及对大量企业的问卷调研和对案例企业的深入分析，构建公司品牌"双核价值驱动"匹配研究模型，选择中国银行业中的八家上市公司品牌为调研对象，实证研究公司品牌"双核价值驱动"管理模式对内部品牌态度与行为（内部品牌强度）、外部客户品牌态度与行为（外部品牌强度）的作用关系，进而对公司绩效的影响关系。

第三篇：公司品牌"双核价值驱动"管理模式的实现路径（第九章、第十一章）。通过划分与比较不同公司品牌价值观管理模式的内在作用关系和传导机制，重构公司品牌价值观管理模式，进而分别从企业内外部双向视角出发，探寻公司品牌"双核价值驱动"管理模式的实现路径，为公司品牌可持续成功与社会和谐稳定提供对策及建议。

六、研究方法

据牛津词典可知：科学是通过观察、调查和实验而得到的系统知识。目前，国内外还没有文献详尽地研究品牌价值观与公司品牌可持续成功的关系，本研究报告还属于在一个新领域中的尝试，为了获得较好的研究效果，本研究报告在研究过程中，遵循科学方法的客观性、实证性、规范性、概括性和思辨性五大原则（李怀祖，2007），综合运用定性与定量研究方法。其中，主要运用规范的实证研究与理论研究。

（一）规范的实证研究

为确定公司品牌的研究对象，本研究报告依据严格原则在服务行业中选取具有广泛代表性的上市银行公司品牌作为研究对象。同时，为了方便比较与分析，获得普遍性结论，本研究报告依据系统抽样原则抽选出一定规模的样本单位，运用规范量表从横剖研究（cross–sectional studies）角度测试八家银行品牌研究对象。

然后，在文献检索基础上，本研究报告依据相关理论设计测量指标，界定潜变量含义，形成变量之间的假设关系，建立双核价值驱动类型对企业内外部品牌强度的影响，进而与公司绩效产生影响的作用关系模型。依据数据的可靠性、有效性和验证性因子分析，首先通过问卷调查，由各样本银行领导者识别本银行的品牌价值观，形成各样本银行的品牌价值观量表。然后分别对员工价值驱动量表、客户价值驱动量表进行了探索性分析，在此基础上对各银行的品牌价值观驱动类型、内外部品牌强度与公司绩效之间的作用关系进行正式研究，进而探索公司品牌"双核价值驱动"管理模式在企业内外部的实现路径。

（二）理论研究

首先，本研究广泛观察国内外公司品牌建设实践现状，发现以下两大现象：一是有些公司品牌外部强势，内部却存在严重的员工—组织（品牌）价值观不一致，问题多多，导致公司难以持续发展，甚至走向倒闭；二是有些公司品牌内部企业文化强势，员工—组织价值观匹配度较高，外部品牌业绩却越来越差，甚至亏损。其次，在中国知网、EBSCO、Sciencedirect 等数据库，根据本研究所涉及领域，对相关核心期刊和关键词进行文献收集、归类、整理，分析公司品牌在建设过程中出现上述两大现象的原因。最后，探讨公司品牌价值观管理模式的作用关系与实现路径，丰富公司品牌与企业文化协同建设方面的研究。

本研究运用银行业上市公司品牌实证归纳出来的理论框架和一般性公司品牌管理理论及企业文化理论知识，对 XBTJ 公司品牌进行个案研究，重点分析 XBTJ 公司品牌价值观驱动模式及其对公司品牌持续成功的影响，运用演绎方法证实公司品牌可持续发展的条件和路径。然后，以中国银行业上市公司品牌中的中国工商银行为例，探讨公司品牌"双核价值驱动"管理模式在企业内外部的实现路径。最后，围绕资料分析结果，本研究讨论四种不同公司品牌价值观管理模式类型形成原因，由此提出广泛意义上的结论、管理启示及建议。

七、研究路线

（一）观察事实，发现问题，文献综述，形成研究问题与理论框架

本研究在设计时，遵循具体—抽象—抽象具体的思维方式，观察公司品牌与企业文化建设实践中存在的问题，深入分析、研究，概括并抽象出市场现象之间的共性与差异，然后根据所发现问题进行相应文献综述，寻找深入研究的机会点，形成研究问题与理论框架。

（二）界定研究范围

研究范围的界定包括：界定研究对象、调研行业、研究内容、研究角度。

（三）构建公司品牌"双核价值驱动匹配"模型

根据公司品牌与企业文化建设中存在问题及文献综述，提出研究变量及其

内涵界定、衡量方式，构建公司品牌"双核价值驱动匹配"模型，推导出理论假设。

（四）现实观察、文献查寻、确定量表、抽样问卷调查、个案调查与访谈

首先，综合前人的研究，以他们论证过的量表为基础，并结合本研究的目的，对概念的界定做必要的修正；其次，采用严格的科学抽取办法对调查对象进行整体分类，将各银行/公司的调查对象分为管理者、一般员工及相应客户三个层次；再次，通过问卷调查，确定各银行/公司品牌价值观；最后，再对其他调查题项进行试调及与专家反复推敲讨论，确定探索性因子分析的调查问卷，量表设计中采用李克特五点尺度来衡量变量。

（五）采用 SPSS、LISREL 统计工具分析数据，验证模型与理论假设

对调查数据进行初步探索性因子分析，对量表进行修正，并检验量表的信度与效度，验证量表的可行性；再根据调查数据对理论模型进行检验，同时验证初始理论假设是否通过。

（六）形成结论

进行实证分析及结果的讨论，确定公司品牌"双核价值驱动"管理模式，并进一步探讨公司品牌"双核价值驱动"管理模式在企业内外部的实现路径，形成本研究报告结论。

（七）研究贡献、局限性与未来展望

探讨本研究结果的学术意义以及对公司品牌与企业文化建设实践的指导建议，并提出可供实务界参考的建议及学术界后续研究的建议。同时指出本研究的局限性。

八、研究主要创新点

本课题研究内容源于对企业文化与公司品牌建设中存在问题的解决，主要有以下三点研究创新：

（一）提出并实证公司品牌"双核价值驱动"管理模式

从企业内部员工、外部客户双向视角提出与实证"公司品牌'双核价值驱动'管理模式"作为公司可持续发展的公司品牌价值观模式，是本研究的主要理论贡献和创新之一。研究发现，只有那些既注重公司品牌价值观与员工价值观动态匹配，又与客户价值观匹配的公司品牌才可能持续成功。文献回顾表明，

国内外组织行为学研究人员主要关注企业文化对员工感知的影响，而营销学者则主要关注品牌建设对外部消费者感知的影响，未能将两者有机地结合起来，从而造成对公司品牌价值观研究缺乏整体视角，无法对公司品牌价值观建设进行科学指引。基于公司层次营销整体框架的公司品牌"双核价值驱动"管理模式的提出，有助于克服从"外部品牌形象"或"内部企业文化"单向视角进行的静态品牌价值观测量缺陷，强调品牌价值观在企业内外部的双重实现，使公司品牌可持续发展有实现可能。

（二）构建与实证公司品牌"双核价值驱动"匹配研究类型

本研究基于员工价值驱动程度高低、客户价值驱动程度高低两个维度的分析，构建公司品牌"双核价值驱动"匹配与公司品牌持续成功的作用关系模型。首先，划分与验证公司品牌"双核价值驱动"匹配的四种类型及其作用，有助于企业诊断与调整公司品牌价值观管理模式，使品牌价值观的动态管理有实现的可能，能够及时衡量企业内部文化是否与外部消费者文化相匹配，并及时发现造成不匹配的原因，从而可以避免在品牌企业外部或内部遭受重创以后才重建企业文化，甚至失去重建机会的悲剧，大大降低企业文化与公司品牌建设的管理成本。其次，首次采用实证研究方法从企业内外部双向视角探讨品牌价值观一致性对公司品牌持续成功的影响关系，发现品牌价值观在企业内外部匹配程度有差异的公司品牌类型的内部品牌强度、外部品牌强度、企业绩效有显著性差异。这对于公司品牌建设中如何进行品牌价值观一致性管理提供了新的理论架构，在理论上丰富公司品牌与企业文化协同建设领域的研究，在实践中则可为公司品牌如何实现可持续发展、如何进行良性的企业文化建设提供指导与借鉴。

（三）提出公司品牌"双核价值驱动"管理模式的实现路径

公司品牌"双核价值驱动"管理模式实现路径的提出，有利于了解不同公司品牌价值观管理模式的内在作用关系与传导机制，促使公司品牌持续成功，这也是本研究中相当重要的学术贡献，可指导公司品牌价值观管理模式在企业有效落地。

第一篇 **01**

品牌价值观研究文献综述

在消费者与品牌互动日益密切的互联网背景下，品牌价值观战略已成为企业的一种全新品牌理论和战略构架。从20世纪70年代Rokeach（1973）提出价值观作为文化的核心以来，营销学者主要从传统营销哲学视角出发，关注组织或产品品牌外部形象中的价值观与消费者价值观的一致性及其对基于顾客与财务的品牌绩效的作用研究；而组织行为学家则主要从企业文化及人与组织匹配视角出发，关注内部员工与组织价值观的一致性及其对员工与组织绩效的影响研究。随着品牌经济的深化，以公司整体形象为目标塑造的公司品牌成为企业可持续发展的一种竞争资源及战略工具，代表了组织与目标客户群体的价值观，在品牌建设中的重要性日益增加。成功的公司品牌被认为是随着时间流逝，在企业内外部利益相关者之间实现了品牌价值观一致（刘家凤，2011；刘家凤，2013）。品牌价值观成为品牌关系之后的又一个基于品牌拟人化的重要构念，对以社会心理学为理论基础的品牌资产研究产生重要的长远影响。本研究首先要对品牌价值观研究的理论基础研究进行系统、完善的梳理和评述，以使读者能够脉络清晰、重点突出地理解和掌握品牌价值观战略的产生路径与可能的实现路径；进而针对品牌价值观本身的概念和内涵、来源与识别、作用与分类、测量等问题进行梳理与述评，并在篇末提出基于上述研究而得到的基本结论和对未来研究的展望。

第一章

品牌价值观研究的理论基础

在品牌价值观研究的理论基础部分，我们首先阐述"品牌价值观研究的理论基础"综述的研究定位，进而对研究思路和方法、品牌理论、企业文化理论等内容进行阐述。

第一节　综述的研究定位

首先，要明确对"品牌价值观研究的理论基础"进行综述定位，即将从何角度去展开综述研究，以何立场来看待和评价这个理论，才能更清晰地挖掘前人研究的理论贡献，明确现有研究对本研究的重要启示和参考借鉴价值。本小节主要阐述"品牌价值观研究的理论基础"综述的研究定位（刘家凤，2011）。

对品牌价值观的研究起源于西方学者提出的"自我—品牌"一致性理论，品牌建设关注消费者在产品（服务）品牌中感知的价值观对消费者态度和行为的影响。随着服务品牌的兴起，员工在公司品牌建设中起着越来越重要的作用，企业开始强调企业文化在公司品牌建设中的作用，通过员工参与关系构建实现组织价值观与品牌价值观的一致性。关于品牌价值观的研究逐渐进入企业内外部的各种价值观匹配研究。因此，品牌价值观研究的理论基础主要涉及品牌理论与企业文化理论。

本研究进行品牌价值观研究的理论基础综述，通过权威的文献渠道来源，全面搜索和梳理与品牌价值观问题相关而且关系比较密切的大量学术研究论文，按照其涉及的领域将其分为两个理论方向，对每个理论相关方向研究的整体特点和分专题的研究代表人物及其观点进行阐述，并分析具体研究存在哪些局限性，以及在整个品牌价值观研究领域中有哪些突出贡献和启示，对每个理论相关方向研究的理论贡献和研究方法特征进行整体评价。最后，给出本研究对品牌价值观研究的理论基础进行综述的总体结论和对后续研究的展望。

第二节　品牌理论

20 世纪 80 年代以来，品牌日益成为企业最重要的无形资产，品牌理论研究也迅速成为管理领域的核心课题。迄今，品牌研究先后经过品牌概念、品牌战略、品牌管理与品牌资产四个阶段（白长虹，邱玮，2008；李岚林，2012），进入品牌关系阶段（卢泰宏等，2003）。从品牌层级划分，主要包括产品（服务）品牌与公司品牌研究；从研究视角划分，品牌管理理论研究主要有以下两个视角：外部品牌化管理视角、内部品牌化管理视角。外部品牌化管理基于黑箱假设，强调通过外部品牌形象建设在品牌与消费者之间创建长期紧密的关系，从而获得目标消费对象对品牌的长期偏好与忠诚。内部品牌化管理视角则与品牌识别有关。Aaker（1999）指出，品牌识别应该来自企业的卓越技能与资源。这种公司品牌建设才具有坚实的基础。因此，内部品牌化管理的目的是在信息透明化的互联网时代，研究如何激励员工积极发挥品牌传播者的作用，使企业各职能部门和员工都了解公司品牌的意义和如何去兑现品牌承诺，从而实现企业文化与品牌建设的协同，使强势公司品牌的创建成为可能。

一、外部品牌化管理

外部品牌化管理基于黑箱假设，通过塑造公司外部品牌形象，与目标消费者之间建立起长期紧密的关系，获取目标消费者对品牌的长期偏好与忠诚（如图 1.1）。

"自我—品牌匹配"的概念早在 20 世纪 50 年代就已提出。自我—品牌匹配是指品牌和顾客自身特征之间的一致程度或相互适应性。品牌特征定义并反映品牌个性，当品牌特征与顾客特征或个性相符时，品牌与顾客之间会产生共鸣，进而诱发顾客品牌忠诚（转引自：刘家凤，2011）（Belk，1988；Grubb and Grathwohl，1967；Sirgy，1982）。西方学者的研究表明，自我—品牌匹配研究主要包括三阶段：

第一阶段，品牌形象与消费者自我形象（自我概念）的匹配。

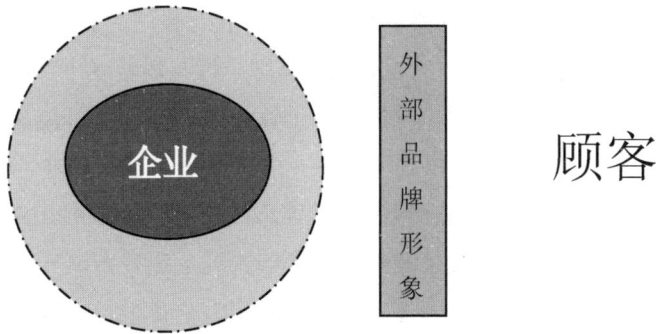

图 1.1 外部品牌化管理

有关自我形象（自我概念）与品牌形象一致性的研究在国外已得到较为深入的研究。Levy 在 20 世纪 50 年代最早提出品牌形象（brand image）的概念。他认为，"消费者的消费行为可能很少真正受到产品的功能性价值影响，更多是受消费者所察觉的产品自身体现的形象所制约（Levy，1959；陈晓红，2007）"。Zinkham & Hong（1991）等人研究发现，消费者倾向于选择能表达实际自我与理想自我的品牌。Onkvisit 和 Shaw（1987）则发现，消费者对于有助于传递自我形象、提升自我社会地位或改善形象的品牌具有较高的认同感。Hussey & Duncombe（1999）的研究再次证实：品牌偏好度随着品牌形象与自我概念一致性的增加而增加。消费实践与相关研究表明，消费者在选购或偏好某种商品时，会把商品品牌特性是否符合自我概念作为重要的选择标准（胡桂英，2012）。所以，在此基础上形成了"自我概念和品牌形象一致性理论（self‑image congruence theory）"（Sirgy，1985；陈晓红，2007）。该理论认为，消费者行为在很大程度上受到自我概念（自我形象）与品牌形象之间是否一致的影响（Sirgy，1982，1985），而与企业内部不一定有任何关联（Elliot，Richard and Wattanasuwan，Kristsadarat，1998；Elliot，Richard and Davies，Andrea，2006）。

第二阶段，品牌个性与消费者个性之间的匹配。

随着研究的深入，有关领域学者们发现，消费者渴望认同与独特，使得消费者对品牌的喜好更多取决于品牌个性是否与自我个性匹配（Schiffman and Kanuk，2000；Kassarjian，1971）。品牌个性是"品牌所联想出来的一组人格特质"（Aaker J. L.，1999）。Kim，Han and Park（2001）发现，品牌个性的自我价值表达及独特性与品牌个性的吸引力成正比；品牌认同通过积极口碑传播对品牌忠诚具有间接影响（陈晓红，2007）；Heilbrunn & Benoit（2006）认为，顾客不仅喜欢与自我个性匹配的品牌，也喜欢与自我身份一致的品牌。Ericksen（1996），Solomon（1983）等人研究也表明，品牌个性与消费者个性的一致性程度影响消费者对品牌的认同程度，与消费者个性一致的品牌更可能与消费者建立友好关系（Keller，2000）。国内研究表明，中国消费者自我概念与品牌个性的一致性程度对目标消费者的品牌偏好与品牌忠诚度有积极影响，消费者理想自我概念与品牌个性的一致性对品牌偏好的影响要高于消费者真实自我概念与品牌偏好的一致性对品牌偏好的影响（刘家凤，2011；陈晓红，2007）。同时，"仁、智、勇、乐、雅"五大品牌个性维度对消费者个体品牌认同感影响显著；"仁、智、勇"对社会品牌认同感影响显著，"乐、雅"对社会品牌认同感的影响不明显。个体品牌认同感和社会品牌认同感对态度和行为忠诚则都影响显著（金立印，2005；同上）。

第三阶段，品牌与消费者价值观匹配。

从消费者视角看，消费者的产品购买决策通常源于自身价值观（Kim，2005）。关于消费者手段—目的链的研究（Gutman，1982）也表明，消费者选择产品的主要理由是价值实现。在决策购买过程中，消费者所"感知"到的品牌价值定位与其自身价值观的重合程度越高，就越能够产生共鸣，越能够形成品牌偏好度和忠诚度（杨桦，2005；骆群，2008；孙虹，苏祝清，2008），有更强的购买意愿、口碑传播意愿及积极的实际购买行为。Riza和Yelena（2009）提出，在时装市场，消费者价值观比消费者个性能更好地预测品牌偏好。在McCracken（1986）的早期文章中指出，品牌反映了文化价值观，并将其传递给消费者。持外部导向价值观的人们选择提供社会利益的品牌（如被认为流行的或时尚的品牌），避免购买经济实惠的品牌。而持内部导向价值观的人们则购买高质量的品牌及与积极情感相连的品牌（Betty，Kahle and Homer，1985）。消费者更愿意购买与其自身价值观一致的品牌表明，品牌经理们可以根据消费者的价值观来差异化品牌，并将其价值观融入品牌设计，从而得到期望的反应。价值观—品牌一致性在本质上是自我一致性理论的扩展。因此，外部品牌化管理逐渐关注品牌形象中的价值观是否与消费者价值观一致。

二、内部品牌化管理

20世纪90年代，随着品牌传递过程中的"失信"行为导致消费者忠诚度降低，品牌管理从单纯强调顾客对品牌的反应决定企业绩效，转向内部组织和外部市场平衡的双向视角。内部品牌化研究的出现正是为了支持组织在内部提升品牌，确保内外部品牌信息的一致性（Mitchell，2002），即确保员工将品牌信息（如品牌承诺）转化为反映顾客期望的品牌体验现实（Boone，2000），使强势公司品牌创建成为可能，如图1.2所示。

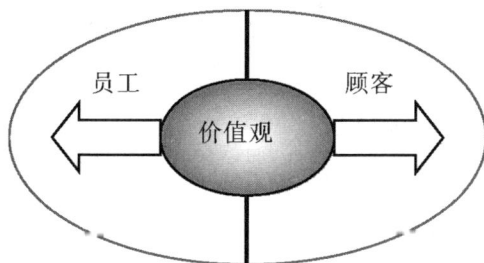

图1.2 内部品牌化管理

为了确保组织成员与品牌及其所代表的内容保持一致，把基于消费者的品牌承诺转化为企业和员工实实在在的行动，使顾客对于品牌的预期与感知达到一致，内部品牌化管理进入了相关领域研究者的视野（刘家凤，2013；邱玮，2010；邱玮，白长虹，2012）。内部品牌化主题已经引起了学术界和实业界的极大兴趣，在许多大公司中非常流行，如IBM、BASF及西尔斯公司等，这些案例反映了员工在传递品牌承诺中的力量（Boone，2002；Buss，2002）。内部品牌化能够影响员工行为在很大程度上是基于以下假设：当员工理解并欣赏品牌承诺中的品牌价值观，他们将愿意以相应的方式去传递品牌承诺。目前，内部品牌化管理文献内容主要包括以下三个方面。

（一）品牌内化与服务品牌内化的基本内涵

内化概念最早出现在社会学领域，指社会意识向个体意识的转化，主要用来探讨人类发展的社会本质。心理学上的内化指外部的规范、价值观和目标转移到个体内部的过程（邱玮，2010）。而营销领域的品牌内化本质上是将顾客品牌需求转化为内部品牌定位（Keller，2003），基于员工的品牌内化是员工理解并且传递品牌价值的过程；基于组织的品牌内化实现组织文化的转变，使组织分享的价值观与品牌价值达成协同（邱玮，白长虹，2012）。Gap & Merrilees（2006）提出，品牌内化是通过沟通、意识改变和管理系统的调整，使组织价值观与品牌价值观趋于一致，从而建设以品牌为导向的组织文化，将品牌价值观深植组织成员的意识（转引自：白长虹，邱玮，2008）。而在服务品牌企业，服务通常由个体基层员工完成，企业品牌在消费者眼中几乎等同于员工品牌，员工是品牌内化的基础，因而服务品牌内化以员工为目标，更强调员工个人行为。通过充分的品牌沟通使员工真正理解品牌价值与工作行为的密切性（白长虹，邱玮，2008；邱玮，白长虹，2012；蒙慧，2015），并在工作中正确传递品牌价值。Thomson（1999）指出，"服务品牌内化是让员工在认知上和情感上接受服务品牌的一系列活动"（转引自：邱玮，2010）；De Chernatony（2001）认为，"服务品牌内化是将员工行为向品牌价值调整一致的过程"。

（二）品牌内化管理的作用机理

最近许多文献都讨论了内部品牌化对员工品牌支持行为的影响（Boone，2000；De Chernatony & Cottam，2006，De Chernatony & Segal-Horn，2003；Hankinson，2002；Kotter & Heskett，1992）。其中，Burmann 和 Zeplin（2005）、Aurand（2005）等人指出，有效的内部品牌化能够促进员工品牌承诺。Papasolomou 等人（2006a，b）对银行部门的研究表明，采用内部营销方法可以建设一种服务及顾客导向型的企业文化，提升员工满意度，从而提升外部顾客满意及忠诚度，进而强化公司品牌。Bergstrom（2002）认为，通过品牌价值观与员工进行沟通，可以使员工产生品牌认同，从而产生相应提升品牌和组织外部形象的行为（Oakes and Turner，1986）。De Chernatony 和 Horn（2001）也指出，内部品牌化通过与员工共享品牌价值观使员工的品牌态度与管理层保持一致。Gap 等人（2006）在研究中也发现，如果员工理解和接受品牌的价值观，他们就可能表现出恰当的品牌态度和行为，从而导致员工与顾客有着更高的满意度，最终获得顾客偏好与忠诚。个人价值观与公司品牌价值观一致的职员信赖自己公司的品牌，并乐于向外传播，可节省反复培训与监督的成本与精力（De Chernatony，2001）。因此，企业在招聘员工时，不但要考虑员工的技术和知识，还要考察他们的价值观。Zeithaml（2006）指出，为了确保员工能够传递品牌承诺，企业需要在招聘、培训、激励及报酬系统中考虑如何使员工的价值观与品牌价值观保持一致。

本质上，品牌内化管理是通过在企业内部发展和加强一种基于价值观的共享品牌精神，与公司使命或愿景紧密相连，被认为是组织通过各种沟通手段成功传递品牌承诺，满足顾客品牌期望的有效工具之一（Drake et al.，2005）。

从员工层面来说，品牌内化主要通过三类驱动要素进行品牌沟通，改变员工品牌态度与行为：（1）品牌培训；（2）品牌激励与授权；（3）员工品牌沟通（Papasolomou & Vrontis，2006a；Vallaster & Chernatony，2005）（转引自：白长虹，邱玮，2008）。因为品牌培训和沟通可以把在外部市场竞争中确立的品牌识别转化为员工内在的认知，实现员工个人识别与品牌识别相契合（Papasolomou & Vrontis，2006a），从而帮助员工了解与认同品牌，品牌的正向激励与授权可以强化员工品牌行为，把员工培育成企业的"品牌大使"（Berry，2000；蒙慧，2015）。现有关于员工品牌培训的研究主要包括培训意图、培训对象、培训方式和培训内容。其中，培训意图有两层：一是增强员工品牌知识，二是促进员工个人识别与品牌识别的契合。培训对象包括针对员工的个体培训和跨功能团队培训；培训方式主要有授课、讨论、提问和活动的方式等（白长虹，邱玮，2008）；培训内容主要包括品牌知识、品牌承诺、品牌沟通、品牌文化和品牌补偿五个要素（Bergstrom，2002）；关于员工品牌沟通，现有研究主要关注员工品牌沟通的作用。Punjaisri & Wilson（2007）研究发现，内部沟通与员工的品牌承诺和品牌绩效都有着显著的联系（邱玮，白长虹，2012）。沟通可促进员工对于品牌的智力投入和情感投入（转引自：白长虹，邱玮，2008）。现有关于员工品牌激励的研究主要关注激励类型与作用。现有激励类型主要包括物质激励与非物质激励。Papasolomou & Vrontis（2006b）研究表明，"在英国零售银行，金钱奖励对一线员工比后台员工更加有效"。然而，许多研究也证实非物质激励的作用越来越明显，而且非物质激励满足了员工心理需求，在一定程度上可以减弱对物质激励的需要（Bergstrom et al.，2002）。同时，激励的有效性取决于高层领导是否能遵守奖励承诺或提供恰当的品牌支持与鼓励（白长虹，邱玮，2008）。

从组织层面来说，白长虹和邱玮（2008）通过对现有品牌内化研究进行综述发现，品牌内化的驱动要素主要包括组织文化协同、品牌内部识别系统、高层领导角色、组织内部沟通和跨职能的协调。Burmarm & Zeplin（2009）从品牌承诺视角指出品牌内化的三大驱动要素：以品牌为核心的人力资源管理、品牌沟通和品牌领导。Vallaster & Chernatony（2005）对成功品牌中公司领导的角色研究发现：公司领导可通过投入品牌内部建设、做品牌承诺代表和充分信任员工提升品牌形象（白长虹，邱玮，2008）。

（三）品牌管理的内外部平衡

随着市场环境的动态改变，企业回应市场的时间极其有限，企业要获得出色绩效必须源于内部与外部的平衡（白长虹，邱玮，2008）。企业的内外部平衡主要是通过公司品牌建设，实现内部品牌识别与外部品牌形象匹配。组织文化作为内部品牌识别的核心要素，与公司品牌形象匹配能够增强企业各利益相关者对企业是什么和代表什么的认识，能够增强企业吸引力和提升企业声誉（刘家凤，2013）。Hatch 和 Schultz（1997）指出，公司品牌建设是否成功主要取决于战略愿景、企业文化和公司形象三者之间是否动态匹配。基于差距分析，他提出了公司品牌工具箱模型，通过比较战略愿景、组织文化和公司形象之间的差距，评估公司品牌建设是否实现内外部平衡。他认为，公司品牌管理是一个动态的过程，必须根据内外部环境变化对战略愿景、企业文化与品牌形象进行持续调节，如图 1.3 所示。

图 1.3　战略愿景、企业文化和企业形象的相互作用

Balmer 和 Greyser（2002）通过对不同视角中的品牌识别进行差距测量，研究公司内外部品牌建设的匹配问题。随着对组织内外部个人持有的心理联想的研究（如内部成员组织联想与识别；外部企业联想与声誉），Chun 和 Davies（2006）适时对零售组织中的员工组织联想和顾客企业联想进行探索性研究，并提出相应的测量工具。他们在文章中提出关于不同利益相关者所持有联想的一致性需要这个有趣的问题。Morsing 和 Kristensen（2001）在研究中指出，成功的公司品牌建设被认为能够随着时间流逝在公司内外部利益相关者之间实现公司价值观的一致（刘家凤，2011）。因此，他们针对这个假设，选取企业内部员工作为内部利益相关者的代表，选取媒体作为外部利益相关者的代表，测量员工与媒体对公司品牌价值观的感知是否能够实现一致性。他们将公司品牌价值观一致性分为表述一致性、理解一致性及独特一致性三种类型。研究结果表明，随着时间流逝，一个强势公司品牌在企业内外部的一致性表现在表述一致性上；而在企业内外部利益相关者之间存在一种松散的甚至不存在理解一致性；关于独特一致性的感知，则是随着时间流逝通过对社会价值观的适应实现的。De Chernatony（1999）提出了一个公司品牌管理模型，研究如何缩小品牌识别与品牌声誉之间的差距。2006 年，De Chernatony 在 Schein（1990）的三层次理论基础上，通过对 68 位企业中高层管理者的深度访谈，进一步指出，由于企业文化与公司品牌之间最明显、最核心的联系在于价值观层面，所以，如果组织宣扬的价值观、员工价值观与品牌价值观相匹配的话，其产生的协和作用能够帮助组织成员接受、理解和巩固品牌价值（白长虹，邱玮，2008），使强势公司品牌创建成为可能。Herman（2001）则提出，由于价值观是整个文化的核心，所以通过测量公司向外宣称的品牌价值观与实际的品牌价值观之间的差距，可识别公司内外部品牌建设是否匹配，并能了解其对品牌成功的影响。

三、述评及展望

关于一个持续、系统的品牌建设过程对强势公司品牌创建的重要性已经在企业界和学术界达成共识，但是，已有关于品牌建设的文献大多数都是概念性的，或缺乏实证检验。从品牌研究内容上看，早期的公司品牌理论主要关注公司品牌形象建设，近期转向企业内部品牌建设，强调基于消费者的品牌承诺在企业内部是否得到实际支持。开始从关注公司品牌的表象转向企业品牌核心价值的解析，关注消费者文化和企业文化在公司品牌与消费者关系构建中的作用。品牌价值观作为企业文化与公司品牌建设协同研究的核心，逐渐进入组织行为学、营销、战略及经济学等相关领域研究者的视野，如北欧学派，他们就指出，公司品牌创建应该以企业文化和价值观为核心，并进行了一系列研究，然而从企业文化理论进行品牌关系分析的研究仍然有限。虽然对公司品牌内外部一致性的测量研究日益增加，但是，对品牌价值观的测量则要么采用"外部"视角，基于外部消费者的感知，研究品牌形象中的价值观与消费者自身价值观的一致性及对基于顾客及财务的品牌绩效的作用，假定品牌形象中的价值观与企业内部的价值观一致。要么采用内部视角，基于内部员工视角，研究作为企业文化一部分的品牌价值观与员工价值观的一致性及对员工与企业长期绩效的作用。国内咨询界人士孙兵、张培峰等（2008）在《企业文化的内外认同而形成的品牌信仰》一文中，从企业内外部双向视角分析了员工—公司—品牌价值观三者之间的关系，讨论了企业内部价值观管理及外部价值观管理，但是却缺乏实证研究。

第三节 企业文化理论

企业文化是组织成员共同信奉和遵守的行为规范和价值观，在组织和个人两个层面上影响组织的运行（Barney，1986），进而会对企业的经营绩效产生影响。许多研究表明，企业文化与企业绩效之间存在显著的正相关关系（陈洪玮，2008），企业文化对企业长期经营业绩有着重大作用，某些类型的企业文化能促进企业长期经营业绩增长，而另一些则会起反作用（Kotter& Heskett，1992；朱立，2005；卢美月，张文贤，2006）。

企业文化的概念最早是由 Pettigrew（1979）提出的，兴起于 20 世纪 80 年代。自兴起以来，对企业文化的定义从来就没有停止过。据统计，迄今为止对企业文化的定义多达数百种之多，至今没有达到一致的认同。本研究对比较典型的企业文化定义进行了汇总（如表 1.1），发现绝大多数定义都认同组织群体的共享价值观是企业文化的核心。

表 1.1　企业文化定义汇总表

年代	研究者	定义
1981	Ouchi	企业文化由企业的传统和风气构成，包含企业的进取性、守势和灵活性等价值观，即确定活动、意见和行为模式的价值观（陈洪玮，2008）
1987	Schuler	企业文化是组织的假设、价值和规范等的独特分享模式，足以塑造组织的社会化活动、语言、符号、仪式和典礼（陈洪玮，2008）
1990	Hofstede	企业文化是象征和意义的共享价值观系统
1996	Schein	企业文化是一个特定群体在学习处理外部适应和内部整合问题时，发明、发现和利用的基本假设模式
2004	丁志达	企业文化是组织成员共同形成的价值观，也是思考与行为规范的体系（陈洪玮，2008）
2006	卢美月	企业文化是企业内部员工所共有的价值观、行为规范以及组织整体所呈现出来的气氛等

资料来源：本研究整理。

进入 20 世纪 90 年代后，企业文化理论与实践研究进一步得到深化（王天强，2009），企业文化对企业绩效的影响成为相关学者关注重点，研究主要从两方面展开：一是企业文化对员工与组织的影响；一是企业文化对顾客与品牌的影响。这两方面都取得了丰富的研究成果。

一、企业文化对员工与组织的影响

企业文化对员工与组织的影响，其核心是组织价值观与员工价值观相互作用的过程（朱青松，2007）。一方面，企业通过各种方式将组织价值观与基本信念灌输给员工，使得员工价值观与组织价值观趋于一致，形成共享的企业文化，使员工为自己的信用工作（Peter & Waterman，1982），即通过塑造员工价值观与信仰，影响其工作行为与态度（O'Reilly & Chatman，1986）。另一方面，在组织创立之初，组织主要人物或创立者的信仰和价值观决定了组织运行的模式，并在实践过程中，与外部环境、内部其他成员的价值观相互作用，逐渐形成共享文化（Schein，1990）。所以，员工与价值观的关系及二者如何契合成为企业文化建设与发挥功能作用的重要问题。Chatman（1989）指出，通过对员工价值观与组织价值观之间的匹配程度进行测量，可以预测员工的态度和行为，如员工满意度、员工承诺与绩效（刘家凤，林雅军，2013）；与组织共享价值观的员工愿意为组织多做贡献。O'Reilly 等（1991）也指出，员工与组织价值观匹配度越高，员工有更强的留职意愿，更高的满意度，对组织有更高承诺。Chatman（1989）还提出，组织中员工共享的价值观越多，企业文化越强；Chatman（1989），Cable & DeRue（2002）在研究中也指出，员工—组织价值观匹配感知与组织认同、组织支持、组织绩效、组织有效性、公民行为及留职意愿之间强相关。

Schein（1990），Robbins（1993）认为，无论企业大小，处于何种行业，也不管成立时间长短，企业文化都会多方面影响企业绩效，包括财务绩效、员工满意度与创新（陈洪玮，2008；代世勇，2008）。因为企业文化的作用就在于帮助组织适应外部环境与整合内部各个要素。经过对 207 家公司长达 12 年的观察后，Kotter 和 Heskett（1992）指出，那些既有强势文化，又能主动适应外部环境的企业经营业绩最好。国内学者张旭等（2006）、卢美月等（2006）也发现企业文化强度和公司绩效之间存在显著的正相关关系（李小荣，李琛洁，2018）。

当然，企业文化不仅能促进企业绩效，也可能影响企业绩效。Mullins（2002）指出，如果一个组织的企业文化非常强势，可能对外部环境变化反应迟钝。所以，当企业面临的环境改变时，文化可能由于惯性成为一种阻碍变化的来源。这时，文化难以达到预期要求，并对企业业绩起到消极作用（陈洪玮，2008；代世勇，2008）。正如 IBM 在 1993 年出现巨额亏损时，郭士纳指出，虽然企业内部文化强势，员工与组织价值观匹配度较高，然而企业却对市场变化反应迟钝，没能及时反映外部客户需求。因此，有必要建立一种诊断工具，及时反映企业内部员工、外部顾客的价值观变化，引导与培育相应的企业文化。

二、企业文化对品牌绩效的影响

现代企业文化理论研究表明，企业文化不仅影响企业内部，同样影响企业外部。MacIntosh 和 Doherty（2007）认为，从企业外部来看，企业文化影响公司各利益相关者对公司的看法，进而影响企业形象与企业经营绩效。积极或消极的公司形象能够影响消费者对待企业及其产品、服务的态度和行为（Robinson，2006）。De Chernatony（2001）指出，品牌价值观是组织文化的一部分。因此，强大的组织文化能够激励员工支持品牌，提高股东对品牌的信任程度。Hemsley（1998）认为，在公司品牌建设中，企业自身成为品牌建设的中心，员工成为"公司品牌大使"，成为品牌内外部环境的连接点，对消费者感知品牌与组织有着重大影响，员工对公司品牌建设的重要性及为了更好理解员工行为的需要，使得企业文化越来越受到关注（刘家凤，林雅军，2013）。现代企业文化理论不仅关注组织内部的效率问题，也开始关注企业文化对外部利益相关者的影响。Sheridan（1992）在研究中指出，企业文化与品牌绩效相关。企业文化通过员工传递品牌价值观的一致性来影响品牌成功。Dowling（1993），MacIntosh & Doherty（2007）等人的研究则表明，顾客对企业文化的积极感知会影响最终的品牌绩效（Hatch & Schultz，1997；Kowalcyk & Pawlish，2002）。O'Reilly 等人（1991）和 Ostroff 等人（2005）发现，个人价值观与组织价值观之间的匹配对承诺、满意度及销售额都有正向影响。个人价值观与组织价值观之间的契合度（POF）影响员工与顾客交流的方式，从而影响顾客对品牌的感知（Alloza et al.，2004；Bitner et al.，1990；McDonald et al.，2001；Gabbot & Hogg，1994），如果企业内没有适应的、支持性的组织文化，品牌不可能在企业内得到支持（Schultz，2003）。实际上，除了 De Chernatony 和 Cottam（2008），Papsolomou 和 Vrontis（2006a，b）和 Hankinson & Hankinson（1999）等人在研究中直接探讨了组织文化与公司品牌绩效之间的关系，这方面的文献还不多见。他们指出，企业文化对品牌绩效的影响与发挥作用的过程实际上是组织（员工）文化与消费者文化相互作用的过程，核心是组织（员工）价值观与消费者价值观相互作用的过程（朱青松，2007）。Rubino（1998）认为，既然组织文化对品牌绩效有正向影响，那么，员工价值观就应该与品牌价值观相匹配，员工的品牌态度与行为方能支持期望的品牌价值观（Griseri，1998）。如果期望的公司品牌价值观不同于实际的公司品牌价值观，那么将会导致员工不信任与不愿意支持品牌（Yaniv & Farkas，2005），从而可能导致员工的不恰当品牌行为。因此，企业文化建设必须考虑（组织）品牌价值观、员工价值观与消费者价值观三者的匹配问题。所以，为了创建一个可信的公司品牌，企业必须建立在产生组织象征意义的文化价值观上（Harris & De Chernatony，2001）。

三、企业文化理论述评

传统企业文化理论是基于企业内部的管理文化，或组织文化，主要关注企业内部，试图通过影响员工的态度和行为来提高组织效率（代世勇，2008），缺乏对消费者文化动态变化的关注，所以导致强势企业文化并不一定能促进企业的经济绩效或品牌绩效。正如 Mullins（2002）所指出，在有着强势企业文化的组织中，员工对组织文化和价值观有着高度认同，这样的组织容易失去灵活性，在这种组织中员工不会有变化的需求，而外部市场却处在持续不断的变化中（刘家凤，2011）。IBM 的发展史就是一个很好的例子。现代企业文化理论逐渐从关注内部管理扩展到与外部影响的相互作用，不再只是关注员工组织价值观匹配，也开始关注组织（员工）价值观与消费者价值观的匹配，对现代公司品牌创建与企业文化建设均具有非常重要的现实意义（薛彬，2010）。然而，这种研究仍然是从企业内部单向视角考虑，缺乏考虑外部消费者的主动性，而消费者的反应决定企业的绩效。因此，有必要同时考虑企业内部员工与外部顾客价值观的主导性，从企业内部员工、外部顾客双向的角度对员工—品牌（组织）价值观—消费者价值观的一致性展开系统的理论和实证研究，建立公司品牌价值观的动态诊断工具，保持企业文化与公司品牌建设的协同，使公司品牌可持续发展成为可能。

第二章

品牌价值观研究综述

品牌价值观正式研究始于 20 世纪 90 年代，迄今还是一个新兴课题。品牌价值观研究的出现，一方面源于作为品牌概念表征的人类价值观能帮助员工们了解他们应该怎么做才能实现品牌支持，支撑品牌承诺；另一方面，品牌价值观可以帮助品牌定位，使品牌拥有稳定连接目标消费对象的文化象征意义，为品牌差异化提供了机会，并吸引着那些价值观与他们所选择的品牌传递的价值观一致的顾客。Chernatony 等人指出，价值观是品牌的重要组成部分，并最终决定该品牌和职员们的命运（De Chernatony & Drury，2004）。随着价值观在品牌建设中的重要性提升，品牌价值观研究逐渐引起营销、组织行为学、沟通、经济学等相关领域学者的关注，尚属于较新的研究领域。目前国外关于品牌价值观的研究文献主要从概念、来源、识别、作用、分类、测量等角度对品牌价值观进行了研究；国内关于品牌价值观的研究文献则仅仅粗浅地探讨了品牌价值观的重要性、概念、特点及作用。国外关于品牌价值观方面的文献主要集中在公司品牌，并进行了一定的实证研究（朱立，2005），而国内关于品牌价值观的研究主要停留在定性探讨上，有关实证研究还几乎没有。国外关于品牌价值观的实证研究亦处于初级阶段，或从外部顾客视角，以消费者价值观量表作为品牌价值观量表进行测量研究，或从内部组织视角，以组织价值观量表作为品牌价值观量表进行测量研究。如何从企业整体视角框架对品牌价值观进行研究和测量（薛云建，周开拓，2012），确定品牌价值观与企业文化、消费者文化、品牌成功的关系，这是企业文化与公司品牌建设协同研究的新课题。

第一节　价值观的概念

中国人常把价值观称作价值观念或价值理念，在英语文献中，价值观则常被表达为"values"或"value propositions"。Kluckhohn 等（1953）指出价值观是一种外显或内隐的，对于人们来说什么是"值得的"看法（转引自：孙虹，2008）。这种看法影响人们的行动方式、途径及目的的选择。孙虹（2008）将价值观定义为泛化的价值关系主体化、抽象化，是人们在长期的价值活动的实践中，对种种关于事物的利害、好坏、善恶福祸、美丑等观念的总结所形成的相对稳定的价值取向结构。Schwartz（1992）认为价值观代表人类在生存时追求个体需要的最基本的要求或集体的需要。心理学家 Rokeach 从方法论的角度将价值观定义为人类的一种持久信念，一种个人或者社会所认同或者反对的具体行为模式或最终表述，认为不管是个人层面还是社会领域，一种具体的行动方式或者存在的目的要优于其他的行动方式或者存在的目的（转引自：王新新，陈润奇，2010）。这个定义主要基于以下几个前提：（1）价值观是一个多维结构，在做决策时，是几种价值观而不是只有一种价值观在起作用（孙虹，苏祝清，2008）；（2）每个人都有相同的价值观，但每一条价值观对每个人的重要性不同；（3）人类价值观源于文化、社会、组织和个性。因此，作为衡量事物意义与重要性的标准（Zander，1965），人们通常拥有一套相对完整的价值体系，包括一系列核心价值观与一般价值观，受不同文化、社会、组织和个体影响，形成相应行为规范来影响特定群体成员的态度和行为。

综上所述，人们关注价值观的原因之一在于它们影响人们的行为。但是，长期以来，理论界对价值观的研究主要集中在个人与组织层面，且多从哲学、心理学、人类学、伦理学、文化学、消费者行为学、组织行为学等角度展开，从文化学与品牌管理角度对品牌价值观进行的研究还很稀缺。尽管早有营销研究学者指出，不同品牌价值取向导致不同的品牌存续状态。企业界也常常提出打造产品/服务/公司品牌价值观，但是，企业界与学术界对"品牌价值观"的认识并不清楚，直到 20 世纪 90 年代，有关"品牌价值观"的研究才走向自觉，在此之前多处于无意识的研究状态。

第二节　品牌价值观的概念

品牌价值观是一个广泛使用却尚未具有确切定义的概念。有关品牌价值观的表达，在汉语中就至少有"品牌价值观""品牌价值主张""品牌核心价值"

和"品牌价值理念"等几种表达；在英语中则主要有"brand values"和"brand value proposition"两种表达方式。在中国商业期刊上以"品牌价值观"为主题的文章不下千篇，但是在正规的学术期刊上对"品牌价值观"概念进行正式定义的文章却寥寥无几，更不要说对品牌价值观进行深入研究。总的来看，学术界对品牌价值观的认识经历了一个不断发展的过程（刘家凤，林雅军，2013）。鉴于消费者的重要性，营销领域常常关注以消费者为中心的研究（Zeithaml and Bitner，2006）。早期的品牌价值观（brand values）研究源于价值观对消费者行为的影响，将人类价值观作为品牌概念的表征，使得品牌成为一种文化象征意义（刘家凤，林雅军，2013），帮助树立品牌形象和定位，增加品牌附加值，成为品牌资产的来源（Torelli et al. 2008）。Levy（1959）对品牌象征进行研究，发现消费者行为受到产品（品牌）象征意义的影响，消费者通过购买他所认同的品牌理念与品牌产生关系，进而构建自己的身份。把抽象的人类价值观加入品牌，使品牌人格化，进而影响消费者购买产品的决心。品牌中的价值观变得越来越强并与顾客关系越来越密切相关时，品牌的参与性就会增强，而越高的消费者参与度意味着越强盛的品牌、越高的品牌和越高的生产者价值（Jesper，2002）。De Chernatony（2001）改编了Gutman提出的价值观对人们行为的影响，如图2.1。

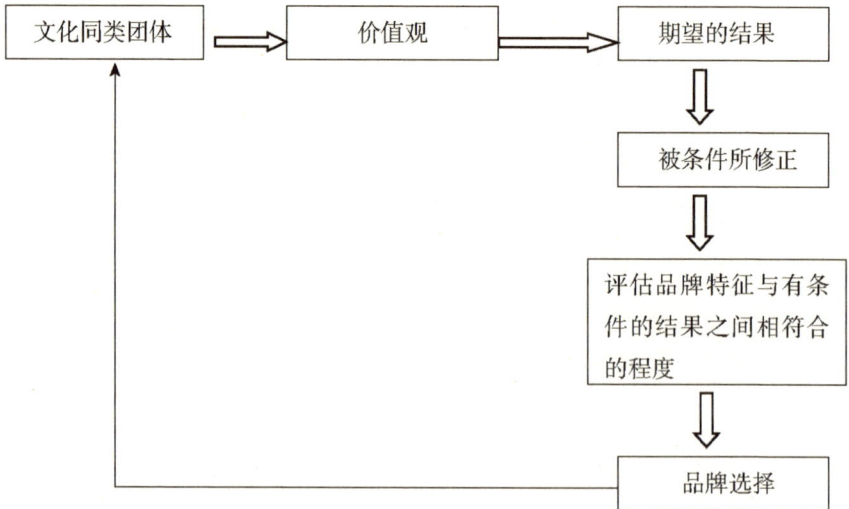

图2.1 价值观如何影响行为（引自 De Chernatony，2001）

因为从外部消费者视角看，无论消费者购买什么样的产品，其购买决策往往源自共同的驱动因素——消费者自身的价值观（杨桦，2006）。在决策购买的过程中，消费者会对不同品牌沟通过程中所传递的信息进行"接收"和"过滤"，形成他们对品牌价值的理解，消费者所"感知"到的品牌价值定位与其自身价值观的重合程度越高，就越能够产生共鸣，越能够形成品牌偏好度和忠诚度（Jamal & Goode，2001；孙虹，2008；骆群，2008；王新新，陈润奇，2010；刘家凤，林雅军2013）。随着信息透明化时代的到来，消费者能够通过不同渠道体验品牌承诺，为了使顾客对于品牌的预期与感知达到一致，必须把品牌价值观深植于企业行为中，也就是通过员工的品牌态度和行为体现出来。从员工视角看，如果品牌价值观反映了与员工价值观一致的组织价值观，员工会对品牌价值观有积极的态度，从而对公司有更高的品牌满意度、品牌认同度及品牌支持行为（Herman，2001；金立印，2005；刘家凤，2011）。从组织视角看，品牌价值观是品牌在运营过程中形成的共享观念体系，所推荐的行为方式和存在的终极状态（乔春洋，2005；王新新，陈润奇，2010）。从涉及的人群来看，品牌价值观研究逐渐从品牌组织外部顾客扩大到与品牌相关的其他利益相关者研究中；尤其是支撑品牌承诺的内部员工研究（刘家凤，2011）；从涉及的层次来看，品牌价值观研究则逐渐从产品/服务品牌层次扩大到公司品牌层次研究。

Czellar 和 Palazzo（2004）认为，品牌价值观是由企业提出的、消费者感知到的一系列价值观条目在品牌中的体现程度与消费者赋予各价值观条目重要性之积的总和，因为品牌反映个人价值观并将其传递给消费者，消费者根据其期望和感知的价值观来决定其购买（刘家凤，林雅军，2013）。这个概念强调了企业提出的品牌价值观与消费者价值观匹配对强势品牌建设的重要性，但是没有考虑企业提出的品牌价值观是否在企业内部真实存在。这种基于品牌与消费者价值观匹配的品牌创建模式主要是通过广告塑造品牌形象，关注公司向外宣传的品牌价值观与消费者价值观的一致性，把品牌管理的目的单纯地理解为提高外部顾客满意度和忠诚度，对内部员工如何认知和评价本公司品牌却不太重视，从而不在乎企业向外宣传的价值观是否与企业内部的组织（员工）价值观有关（刘家凤，林雅军，2013）。因此，这种品牌创建模式在企业还是一个黑箱，外部顾客仅能通过企业外部品牌形象感知企业的时代也许可行，但是，随着互联网时代的到来，消费者不仅能够通过企业外部品牌形象感知企业，还能够通过其他渠道感知企业，就必须把基于消费者的品牌承诺转化为企业实实在在的行动，必须关注内部员工对品牌的认同与支持（刘家凤，2011）。

乔春洋（2005）认为，品牌价值观是指品牌在追求经营成功的过程中所推崇的基本信念和奉行的目标，是品牌经营者一致赞同的关于品牌意义的终极判断（王新新，陈润奇，2010；薛云建，周开拓，2012；刘家凤，林雅军，2013；资雪琴，2014）。这个概念强调了企业自身价值观的主导性，认为品牌价值观来自组织传统和文化（Lawer & Knox，2007），是一种管理工具和手段，是为实现品牌使命而提炼出来并予以倡导的，是企业文化在品牌上的集中体现，是一种经营管理价值观（刘家凤，林雅军，2013）。国内学者几乎都是从这一角度出发对品牌价值观进行定义的，如苏勇与陈小平（2003）认为，品牌价值观是结晶在品牌产品生产、销售、服务等价值链活动中的价值观念形态的总和。谭晓芳（2010）认为，品牌价值观就是某一消费群体对某一品牌长期倡导推广的主流思想或主流理念的认可、接受和信任。这种基于企业经营管理价值观的品牌创建模式强调品牌价值观是组织文化的一部分，关注企业员工在与顾客接触过程中的态度和行为是否能够原样传递企业的价值观，假定企业向外传递的价值观就是顾客所欣赏的。这类概念突出了品牌价值观深植品牌组织内部的重要性，却缺乏考虑顾客对企业的实际评价和文化需求，把消费者作为品牌价值观的消极接受者。

Wong 和 Saunders 等人（1993）发现，对于公司的长期战略而言，只关注顾客是不够的，能够取得好的绩效的公司总是能把内部导向和外部导向很好地结合在一起。这种内外部平衡的思想得到了很多学者的认同（Gummesson，1998；Lings，2004；白长虹，邱玮，2008）。在此观点下，强势品牌创建强调企业内外部利益相关者的互动，认为品牌价值观是组织价值观与消费者价值观相互作用的结果。国内学者余明阳等（2008）认为，品牌价值观是企业价值观的细化，是企业价值观的市场化体现，反映品牌的精神和承诺。品牌价值观的形成受消费者的影响，既不能单纯以企业价值观代替消费者的价值观，也不能忽视企业的价值观，品牌价值观是企业管理文化价值观与消费者价值观的结合（薛云建，周开拓，2012；资雪琴，2014）。国外学者 Yaniv 和 Farkas（2005）在众多文献研究的基础上，提出了一个较为完整的概念，品牌价值观是企业管理层希望在企业内部根植的、被外部消费者感知的组织核心价值观。这一概念同时考虑了内部员工与外部顾客价值观的作用与映射，试图在企业内部员工与外部顾客中间建立一致感知，强调组织内外部的平衡与互动，认为品牌价值观是组织（员工）价值观与消费者价值观相互作用的结果。但在这个信息透明化时代，企业不仅要考虑企业内部员工与外部消费者价值观的作用与映射，还有必要考虑其他利益相关者价值观的作用与映射（刘家凤，林雅军，2013）。

综上所述，现有关于品牌价值观的定义主要有两大视角：一是从单向视角出发，关注品牌价值观是反映消费者价值观还是内部组织（员工）价值观；二是从整体视角出发，关注品牌价值观是否同时反映了外部消费者与内部员工（组织）价值观，作为品牌价值观是否符合公司品牌建设需要的衡量尺度。现有关于公司品牌建设的文献认为，成功的公司品牌建设是随着时间流逝在企业内外部利益相关者之间有着共享的价值观（刘家凤，2011），即品牌价值观与企业内外部利益相关者价值观保持一致（Aaker & Joachimstahler，2000）。因此，综合各学者的研究，结合中国当前社会公司品牌打造的时代背景，本研究将（公司）品牌价值观定义为：（公司）品牌价值观是指（公司）品牌在追求经营成功的过程中所推崇的基本信念和奉行的目标，是企业内外部利益相关者价值观相互作用的结果。是企业希望被内部利益相关者认同和支持、被外部利益相关者感知和欣赏的组织价值观。这个概念同时兼顾企业内外部利益相关者价值观的主导性，通过让内部利益相关者对品牌价值观的认同和支持、外部利益相关者对品牌价值观的感知和欣赏，实现公司品牌成功（刘家凤，林雅军，2013；刘家凤，2013）。各学者对品牌价值观的定义汇总如表2.1。

表2.1　品牌价值观定义汇总表

年代	研究学者	定义	研究视角
2004	Czellar & Palazzo	品牌价值观是由企业提出的、消费者感知到的一系列价值观条目在品牌中的体现程度与消费者赋予各价值观条目重要性之积的总和（刘家凤，林雅军，2013）	消费者
2005	Kim	品牌价值观是品牌所反映的人类价值观（同上）	
2005	乔春洋	品牌价值观是指品牌在追求经营成功的过程中所推崇的基本信念和奉行的目标，是品牌经营者一致赞同的关于品牌意义的终极判断（乔春洋，2005；王新新，陈润奇，2010；刘家凤，林雅军，2013）	企业
2003	苏勇	品牌价值观是结晶在品牌产品生产、销售、服务等价值链活动中的价值观念形态的总和（刘家凤，林雅军，2013）	

续表

年代	研究学者	定义	研究视角
2010	谭晓芳	品牌价值观就是某一消费群体对某一品牌长期倡导推广的主流思想或主流理念的认可、接受和信任（同上）	企业
2005	Yaniv & Farkas	公司品牌价值观是企业管理层希望在企业内部根植的、被外部消费者感知的组织核心价值观（同上）	
2008	余明阳	品牌价值观是企业价值观的细化，是企业价值观的市场化体现，反映品牌的精神和承诺。品牌价值观的形成受消费者的影响，既不能单纯以企业价值观代替消费者的价值观，也不能忽视企业的价值观，品牌价值观是企业管理文化价值观与消费者价值观的结合（同上）	平衡视角

第三节　品牌价值观的来源与识别

一、品牌价值观的来源

品牌价值观的产生主要有两条路径：一是源于外部消费者，受到消费者价值观的影响；一是源于组织内部，受到企业创建者、经理和员工的影响。

第一，源于消费者。从消费者视角看，无论消费者购买什么样的产品，其购买决策往往源于共同的驱动因素——消费者自身的价值观。在决策购买的过程中，消费者会对不同品牌沟通过程中所传递的信息进行"接收"和"过滤"，形成他们自己对品牌价值的理解，消费者所"感知"到的品牌价值定位与其自身价值观的重合程度越高，就越能够产生共鸣，越能够形成品牌偏好度和忠诚度（杨桦，2005；王新新，陈润奇，2010；刘家凤，林雅军，2013）。Gutman 早在 1982 年就提出，顾客喜欢与自我价值观匹配的品牌。Riza 和 Yelena（2009）研究也发现，在时装市场，消费者价值观比消费者个性能更好地预测品牌偏好。McCracken（1986），Fournier（1998），Kim（2005）等认为，品牌反映个人价值观，并将其传递给消费者，消费者根据其期望的和感知的价值观来决定购买

（刘家凤，林雅军，2013）。Kim（2005）认为，通过将品牌与消费者个人价值观相连，消费者对与其价值观相匹配的品牌产生依恋，并购买此品牌。Phua & Lau（2001）通过实证研究表明，当品牌价值观与消费者价值观一致时，品牌价值观对购买意愿有更大的影响。消费者更愿意购买与其自身价值观一致的品牌表明，品牌经理们可以根据消费者的价值观来差异品牌，并将其价值观融入品牌设计，从而得到期望的反应。Allen（2002）指出，价值观—品牌一致性在本质上是自我一致性理论的扩展，品牌偏好是基于品牌所象征的人类价值观与消费者价值观的一致性（刘家凤，2011）。因此，在传统的品牌创建与管理范式中，外部品牌形象中的价值观主要源于目标消费群体的个人价值观及其期望的价值观。

第二，源于企业创建者、经理和员工。从企业内部看，品牌价值观首先源于企业的创建者、经理和员工的价值观（朱青松，2007）。品牌在最初形成的时候，主要是品牌企业的创建者，品牌经理与相关员工的信仰、价值和设想为品牌提供运作和行动的具体模式。这些信仰、价值和设想在实践运作中，与以消费者为代表的外部利益相关者相互作用，逐渐形成品牌的价值观。成为一种管理工具与手段，是为实现品牌使命提炼出来并予以倡导的，是企业文化在品牌上的集中体现，是组织价值观的一部分，用以指导企业所有内外部品牌建设行为，引导消费者的品牌消费行为。因此，在这种品牌创建与管理范式中，主要注重以组织价值观作为品牌识别中的价值观进行品牌创建与管理的依据。

二、品牌价值观的识别

De Chernatony 和 Drury（2004）指出，由于品牌价值观的无形特征及意义的动态性，品牌价值观的识别还不是一门真正的科学。对于品牌价值观的识别，共有三种方法，第一种是基于品牌识别的内部确定法，第二种是基于品牌形象的外部确定法，第三种是兼顾品牌识别与品牌形象两者的方法。而目前品牌建设中主要采用第一种和第二种方法。对于产品品牌来说，常常采用第二种方法。因为在传统的产品品牌建设中，品牌包装和广告中传递的价值观源于目标消费者群体价值观，不一定在企业内部真实存在，导致企业对外沟通中的品牌价值观与其实际支持的品牌价值观有可能不一致，消费者感知到的品牌价值观可能与员工所持有的品牌价值观不一致。对于服务品牌来说，则常常采用第一种方法。因为在服务品牌建设中，品牌价值观更多地取决于企业的创建者及其员工

（Ciulla，1999；Davidson，2002）。员工就是品牌本身，通过对品牌价值观的理解，职员们会对他们应该接受的以强化品牌的那些行为有更好的了解。目前，品牌价值观识别主要有三种方法，如表2.2。

表2.2　品牌价值观识别方法归类

品牌价值观识别方法名称	品牌价值观识别方法归类
火星分组法（Mars group method）	Collins 和 Porras（1996）提出采用"火星分组法"来识别公司品牌价值观，一是通过让品牌经理们回答一系列问题的方式来深入了解一个品牌的价值观，比如，（1）你的品牌价值观是什么？（2）你个人带到工作中去的价值观是什么？即那些对某人来说非常重要，以至于无论得到奖励与否都会信奉的价值观。（3）你告诉你孩子你在工作中信奉的并希望他们将来工作时也信奉的价值观有哪些？（4）假如你要成立一家公司，你会采用哪些价值观？二是基于沙因（Scheins，1984）的研究，一个品牌的价值观会通过一些事物表现出来，比如，该品牌的广告、定价，为该品牌工作的人的类型、办公室、介绍手册和职员使用的语言等。所以，可通过在工作小组展示品牌，清楚表明的事物样品（照片、介绍手册等）来了解品牌价值观，或通过要求工作小组思考品牌历史、确认品牌曾面临的新机遇与威胁阶段及考虑公司要采取的行动，也可了解品牌价值观
排名法（the laddering technique）	基于 Gutman（1982）提出的手段—目的理论，Reynolds 和 Gutman（1988）提出采用排名法的方式来确定品牌核心价值观。这种理论认为，一个品牌的特征（手段）会对一个人产生影响，这些特征还会强化这个人的个人价值观（目的）。所以，品牌小组每个成员对品牌关键特征的看法可以被认为是这些特征作用的结果，也是被强化的个人价值观。通过对品牌特性的排序，就能了解品牌价值观
问卷调查与深度访谈法（surveys and in–depth interviews）	首先采用匿名的员工调查来识别品牌价值观（Davidson，2002），再通过深度访谈或顾客移情研究来深化品牌价值观的识别。Thornbury（1999）就采用深度访谈揭示了 KPMG 的品牌价值观。顾客移情研究（Davidson，2002）则是通过让访谈员装成顾客给员工打电话，在相互交流中了解支撑品牌的价值观，从而可减少直接询问员工可能得到的反映错误

第四节　品牌价值观的作用与分类

一、品牌价值观的作用

品牌价值观为品牌差异提供机会，吸引有着相同或相似价值观的消费者，以及使认同品牌价值观的企业员工有着相应的品牌行为（刘家凤，2011）。也就是说，品牌价值观对顾客和职员都会产生影响。

第一，职员们知道该品牌追求的是什么，因而可更好地理解它们支持这一点所发挥的作用。第二，价值观为激发和团结职员提供了机会。第三，职员和消费者能够更好地理解该品牌与众不同的地方。第四，信奉一种品牌的价值观的人会被吸引去为某一家组织工作。第五，消费者可以更好地理解该品牌所做出的承诺。第六，支持该品牌的营销活动，如进行交流、定价和零售系统更容易根据价值观进行确认（De Chernatony，2001）。

二、品牌价值观的分类

品牌价值观的分类方法有许多种。依据不同标准，可将其分为不同种类：

（一）基于不同主体的分类

从价值观主体及其功能的区别，品牌价值观可分为管理型与消费型两种。其中，管理型品牌价值观是组织群体追求的特定行为方式；消费型品牌价值观是满足消费者心理需求的一些价值主张，旨在引导消费者的品牌行为（刘邦根，2006）。

（二）基于不同内容的分类

基于不同内容，品牌价值观可分为"面向顾客""以人为本"和"不断创新"三类（彼得斯和沃特曼，2003）；基于不同目的，品牌价值观被劳伦斯·米勒分为目标价值观、共识价值观、卓越价值观、一体价值观、成效价值观、实证价值观、亲密价值观和正直价值观（转引自：刘家凤，2014）；从企业内部价值观管理角度，品牌价值观可分为实用价值观、伦理—社会价值观和情感—发展价值观（西蒙等，2009）。其中，经济—实用价值观主要用于指导计划、质量保证和财务会计等活动；伦理—社会价值观指导人们在团队/群体中的行为。伦理—社会价值观是关于人们在公共场合、工作和人际关系中应当如何立身行事的一些理念，它与社会价值观，诸如诚实、和谐、尊重和忠诚，紧密联系在一起（甄志禄，2010；陈泽，2012）；情感—发展价值观与信任、自由和幸福联系在一起等。由于公司品牌价值观是组织文化的一部分，与组织价值观保持一致，因此，也包含这三个维度。

（三）基于品牌价值观的演变

国内学者乔春洋（2005）从品牌价值观的演变角度出发，认为在西方发达国家的品牌发展过程中，品牌价值观经历了多种形态的演变。其中最大利润价值观、经营管理价值观和企业社会互利价值观是比较典型的品牌价值观，分别代表三个不同历史时期西方品牌的基本信念和价值取向（乔春洋，2009；刘家凤，2013）。

第五节   品牌价值观的测量

品牌价值观的测量研究主要是因为品牌价值观与品牌成功紧密相关。什么样的品牌价值观可引导品牌获得成功？引导品牌获得成功的品牌价值观具有什么样的特征？如何来确定一家公司品牌的价值观可引导品牌成功？这必须得有测量工具，即品牌价值观问卷或量表。如果不能有效识别与管理品牌的价值观，品牌很有可能在员工与顾客中迷失方向（刘家凤，2011），这使得品牌价值观的测量与管理成为公司品牌建设中的一个重要课题。

迄今，关于品牌价值观的测量研究主要有两种导向：第一，外部导向，即以消费者价值观测量量表作为品牌价值观的测量工具，测量品牌与消费者价值观的一致程度；第二，内部导向，即以组织价值观测量量表作为品牌价值观的测量工具，测量员工—组织（品牌）价值观的一致程度。这两种导向的测量工具选择均取决于不同的品牌成功衡量标准。以消费者价值观测量量表作为品牌价值观的测量工具，是由于传统产品品牌管理主要关注以消费者为中心的外部品牌形象对基于消费者和财务的品牌绩效的影响；以组织价值观测量量表作为品牌价值观的测量工具，则是因为服务/公司品牌管理主要关注以员工为中心的内部品牌识别对员工品牌态度和行为的影响（刘家凤，林雅军，2013）。

一、基于外部导向的品牌价值观测量研究

价值观—品牌一致性概念表明，品牌偏好是基于品牌所象征的人类价值观与消费者价值观的一致性（Allen，2002）。也就是说，外部品牌形象中的价值观是品牌象征的人类价值观的反映，所以，从外部导向对品牌价值观的测量研究，实质上是测量品牌象征的人类价值观与目标消费者群体价值观的一致性，即以消费者价值观测量量表作为品牌价值观的测量工具，这体现了传统品牌管理主要关注以消费者为中心的外部品牌形象对品牌绩效的影响（刘家凤，林雅军，2013）。

（一）常用的消费者价值观测量量表

1. 罗克奇价值观量表

罗克奇（Rokeach，1973）将价值观分为目的性价值观和工具性价值观两大类（转引自：李燕，2006），并采用相应的指标来测量消费者的目的性与工具性价值观，进而与品牌联系起来。其中，目的性价值观指的是一种期望存在的终极状态，是一个人希望通过一生而实现的目标。另一类是工具性价值观，这种价值观指的是偏爱的行为方式或实现终极价值观的手段（刘家凤，林雅军，2013）。

2. Hawkins，Best 和 Coney（1989）的价值观量表

Hawkins，Best 和 Coney（1989）在价值观影响消费者行为理论基础上构建了消费价值观量表。他们把影响消费者行为的价值观分为三种形式：第一，他人导向价值观。此类价值观反映社会对于个体之间、个体与群体之间应该如何相处或建立何种关系的基本看法。第二，环境导向价值观。此类价值观反映的是社会成员认为应追求的生活目标以及实现这些目标的途径、方式（李燕，2006；孙虹，2008；刘家凤，林雅军，2013）。第三，自我导向价值观。

3. Kahle 价值观量表

20 世纪 80 年代，Kahle 等人（1986）提出的价值观量表，简称 LOV，用来度量消费者价值观的指标体系及步骤。主要包括以下九项内容：自我尊重、倍受他人尊重、自我满足、成就感、开心和享乐的生活、刺激感、安全感、归属感以及与他人融洽相处。并采用了七级量表来衡量受访者对某项内容重要性所持有的看法，其中"1"表示"非常不重要"，"7"表示"非常重要"。LOV 量表被广泛应用，其效度（validity）获得国际认同（李燕，2006；孙虹，2008；

刘家凤，林雅军，2013）。

4. Schwartz 价值观量表

Schwartz 认为，价值观是超越环境的目标，这个目标是个人或团体的兴趣所在。为了度量复杂的、几乎被所有人接受的价值观，Schwartz 等人（1995）编制了"Schwartz 价值观量表"，简称 SVS，试图描绘出一个世界范围的价值观地形图，将各个文化标识在相对的位置上。他把消费者价值观分为十种类型，包括权力、成就、幸福、我行我素、博爱、仁慈、传统、遵从以及安全等，采用 9级量表，其中"-1"代表"与我的价值观相反"，"+7"代表"极端重要"。在研究中，通常这十种消费价值观向上组合成更高阶的个体主义/集体主义维度，其中，个体主义维度包括权力、成就、幸福、刺激、我行我素等五项，集体主义包括仁慈、传统以及遵从等三项（李燕，2006；孙虹，2008；刘家凤，林雅军：2013）。

5. Mitchell（1983）提出的"价值观和生活形态"（VALS）量表

1983 年，Mitchell 依据行为心理学家马斯洛的需求层次理论及社会学理论，提出了"价值观和生活形态"价值观量表，简称"VALS"量表，并在后期进行修订完善。该量表将消费者分为"盼成者""盼位者"和"盼有者"三类，不仅关注个人心理因素对消费者行为的影响，还加入收入、教育程度与购物欲望等因素，用矩阵方式对消费者进行分类，对具有不同价值观的消费者类型进行准确识别，为品牌能够恰当定位提供服务（李燕：2006；孙虹，2008；刘家凤，林雅军，2013）。

（二）消费者价值观量表在品牌价值观测量研究中的应用

西方学者最早提出"自我—品牌匹配"的概念（Belk，1988；Grubb & Grathwohl，1967；Levy，1959；Sirgy，1982）。随后，营销研究人员开始尝试以文化概念来分析消费者的品牌消费行为。Rokeach（1973）认为，价值观是人们关于生活和行动的持久信念，是消费者行为更为深层次的决定因素。De Mooij（1998）等也指出，价值观是文化的核心，影响人们对符号与仪式的感知，指导人们在特定环境下的行为与判断。所以，品牌与消费者文化匹配应以价值观作为研究对象，即采用消费者价值观量表作为品牌与消费者价值观匹配研究的测量工具（刘家凤，林雅军，2013）。

Czellar 和 Palazzo（2004）在《感知公司品牌价值观对品牌偏好的影响》一文中采用实证研究调查了公司品牌所代表的终极价值观对品牌偏好的影响。在文中，他将感知公司品牌价值观定义为企业提出的、消费者感知到的各价值观条目在品牌中的体现程度与消费者赋予各价值观条目重要性之积的总和。他采用 Kahle 提出的 LOV 量表作为感知品牌价值观测量量表，通过计算消费者赋予每一价值观条目的重要性与其在品牌中的体现程度之积，再将这九个积相加，作为消费者感知的公司品牌价值观。另外，Torelli（2008）则采用 Schwatz（1992）提出的文化价值观量表作为品牌价值观量表，测量品牌与消费者价值观匹配对消费者的品牌知觉影响（刘家凤，林雅军，2013）。

（三）品牌与消费者价值观匹配对消费者的影响研究

关于品牌与消费者价值观匹配对品牌绩效的影响，从文献检索情况来看，主要是西方学者在研究，涉及品牌与消费者价值观匹配对外部消费者品牌认同、品牌选择、品牌偏好、品牌满意度、品牌忠诚、品牌声誉、顾客保持等方面的影响（Carman, J. M, 1978；Allen, 2002；Betty, Kahle & Homer, 1991；de Chernatony, 1999；Czellar & Palazzo, 2004）。从国内学者的研究情况看，乔春洋、张红霞、朱立、刘家凤等从事这方面研究较早。21 世纪初，乔春洋（2005）探讨了品牌价值观的内涵及品牌价值观对品牌绩效的影响。朱立（2005）撰写了以品牌价值观为核心的品牌文化战略研究论文。丁瑛与张红霞等（2010）进行了品牌文化测量工具研究。但是，他们主要是将品牌价值观作为品牌文化的一个部分进行研究，并未充分展开，挖掘品牌文化力的来源，其研究还存在很大的拓展空间。因此对实际的公司品牌创建与管理缺乏足够的指导与借鉴。

西方关于品牌与消费者价值观匹配的影响研究一般分为两类：一是匹配对品牌定位的影响（孙兵，2008）；二是匹配对消费者行为的影响（Allen, 2002；Betty, Kahle & Homer, 1991；Dibley & Baker, 2001；Vinson et al. 1977）。

1. 品牌与消费者价值观匹配对品牌定位的影响

品牌与消费者价值观匹配对品牌定位的影响研究主要体现在两个方面。一是为了维持长期的品牌消费者关系，品牌与消费者价值观的匹配是关键，品牌在定位时考虑品牌与消费者的价值观匹配问题，可以为品牌的消费对象选择提供有意义的参考（刘家凤，2011），又可以兼顾支撑品牌的组织、企业家、员工的价值观，充分利用组织内的品牌资源，使品牌建设具有坚实的基础。二是消费者如何选择品牌，消费者究竟喜欢什么样的品牌。品牌的声誉、品牌的价值观、品牌后面的组织及组织成员都会对消费者的品牌选择有着特殊的影响，而消费者正是基于对品牌与自身匹配情况的内外判断，做出对品牌的选择。

2. 品牌与消费者价值观匹配对消费者行为的影响

这方面的研究认为品牌与消费者价值观的匹配对于消费者的品牌态度与行为有正面效应，如匹配水平高的消费者有更高的品牌偏好、更强的购买/消费意愿、更高的品牌忠诚倾向（刘家凤，2011）。西方学者的研究表明，品牌与消费者价值观对品牌偏好、品牌认同及品牌承诺有重要的决定作用。里克·莱兹伯斯（2004）指出，价值观在很大程度上影响个人的品牌购买行为。当消费者需要品牌体现的价值观层次与品牌倡导与内部支持的承诺相一致时，该消费者更加倾向于做出选择该品牌的行为（刘家凤，2011）。同时，目标消费者的品牌忠诚度越高，公司品牌绩效越好。

二、基于内部导向的品牌价值观测量研究

在公司品牌建设中，品牌价值观是企业文化的一部分（De Chernatony，2001）。基于内部导向的品牌价值观测量研究，是以组织价值观测量量表作为品牌价值观的测量工具来衡量品牌与员工（组织）价值观一致性。这体现了服务/公司品牌管理主要关注企业文化对员工品牌态度和行为的影响。如果品牌与员工（组织）价值观一致，组织成员将会在他们的工作行为中体现品牌价值观。否则，作为"公司品牌大使"的员工按照个人（组织）价值观采取的行为很可能与期望的品牌价值观相矛盾（Griseri，1998）。员工（组织）价值观与品牌价值观匹配能够预测员工的态度和行为，如员工满意度、员工承诺、营业额与绩效（Chatman，1989）。所以，从内部视角对品牌价值观的测量研究，实质上是测量品牌象征的组织价值观或组织价值观的一部分。

（一）常用的组织价值观测量量表

1. Hofstede 价值观量表

Hofstede（1990）在对国家文化研究的基础上提出对组织和企业文化进行测量。根据他的观点，组织文化包括价值观和实践两个部分。其中，价值观包括对安全的需要、以工作为中心，以及对权威的需要三个维度；实践则包括六个独立的成对维度。由于 Hofstede 所提出的价值观量表信效度较高，在组织文化研究中得到了广泛运用（张勉，张德，2004；王国顺，张仕璟，邵留国，2006；刘家凤，林雅军，2013）。

2. OCP 价值观量表（Organizational Cultre Profile，OCP）

为了研究人与组织匹配和个体结果变量间的关系，O'Reilly 和 Chatman 于 1991 年构建了 OCP 组织价值观量表，简称 OCP。这一量表主要作为在组织价值观与个人偏好相关层面上测量个人与组织匹配的一种客观手段。完整的 OCP 工具包括 7 个维度，革新性、稳定性、注重细节、进取心、团队导向、稳定性和支持性，总计包括 54 个价值观陈述语句。其测量方法原本为 Q 分类自比式（ipsative）记分方法。后来，James C. Sarros 等将其改为更利于使用者的利克特记分形式。Judge 则在对 OCP 量表的深入分析后，将 54 个陈述语句精简为 40 个测项（转引自：王吉鹏，李明，2005）。OCP 量表是目前少数揭示了关于可靠性和有效性细节的测量工具之一，也是最常用的价值观测量量表之一（张勉，张德，2004；王国顺，张仕璟，邵留国，2006；赵欣，2008；刘家凤，林雅军，2013）。

3. Barrett 价值观量表

Barrett（2002）提出了一个"文化资本"模型，他认为，价值观与组织有效性之间、价值观匹配与财务成功之间有很强的联系。为了测量文化资本，为了测量个人价值观、真实文化价值观与理想文化价值观之间的匹配程度，他提出了一个测量工具——企业转换工具——来测量个人和组织价值观的匹配（刘家凤，林雅军，2013）。

4. 郑伯埙价值观量表（Values in organizational culture scale，VOCS）

为了完善个体层面上的组织文化测量研究的理论构架，著名台湾学者郑伯埙（2001）构建了包括社会责任、敦亲睦邻、顾客取向、科学求真、正直诚信、表现绩效、甘苦与共、卓越创新以及团队精神九个维度在内的组织文化价值观量表（朱青松，2007），这一量表的目的在于采用不同的契合度计算方式来考察组织价值观和个体结构变量之间的关系。此外，清华大学经济管理学院在对中外企业文化的量化管理进行系统研究的基础上提出了包括 8 个维度和 40 多个测量项目组成的测量工具（张勉，张德，2004；王国顺，张仕璟，邵留国，2006；赵欣，2008；刘家凤，林雅军，2013）。

（二）组织价值观量表在品牌价值观测量研究中的应用

在公司品牌建设中，企业自身成为品牌建设中心，员工成为"公司品牌大使"（Hemsley，1998），在建立品牌与企业各利益相关者之间的关系及传递品牌意义方面非常重要（如向他人表达我们作为一个企业是谁），对消费者感知品牌与组织有着重大影响（Hatch and Schultz，1997；De Chernatony，2001；Harris &

de Chernatony，2001；Balmer & Soenen，1999）。为增强员工对公司品牌的认同与支持，公司品牌价值观必须反映组织价值观与企业文化。如果公司品牌价值观（前台）与实际组织价值观（后台）之间存在差距，那么，员工认为公司品牌价值观是一个谎言，将会破坏他们对公司品牌的信任，最终导致公司品牌价值观与顾客感知他们的方式之间产生越来越大的差距，从而降低顾客品牌忠诚（Herman，2001）。所以，Harris 和 De Chernatony（2001）及 Key（2002）等人提出，为了提高品牌绩效，公司品牌价值观必须与组织价值观的概念一致。Sheridan（1992）在研究中也指出，服务行业中员工与顾客相互作用会通过员工传递品牌价值观的一致性来影响品牌成功。Aaker（1996）、De Chernatony 和 Drury（2004）认为，当品牌价值观与组织文化及组织价值观一致时，才能在关键利益相关者眼中创造出可信性（如一个创新组织，一个可信赖组织，或一个值得尊重的组织）。因此，在了解品牌价值观对员工品牌态度和行为的影响时，通常以组织价值观量表来测量品牌与员工价值观的一致性程度（刘家凤，林雅军，2013）。

Yaniv 和 Farkas（2005）认为，品牌价值观是企业文化的一部分，是企业希望在内部根植、在外部被消费者感知的组织核心价值观。因此，他们以 OCP 组织价值观量表作为公司品牌价值观量表的选择基础，研究 POF 对企业内部员工与外部顾客对公司品牌价值观的感知程度及其作用。他们首先让企业管理层从 OCP 量表中的 54 个组织价值观条目中选择出了他们最希望在企业内部根植、在外部被消费者感知的 8 条价值观条目作为公司品牌价值观量表，测量相应企业员工与顾客对公司品牌价值观的感知程度。他们之所以选用这个量表来测量公司品牌价值观是因为 OCP 量表是为研究人与组织匹配和个体结果变量间关系而构建的，其目的是作为在组织价值观与个人偏好层面上测量个人与组织匹配的一种客观手段。OCP 量表总计包括 54 个价值观陈述语句，是一个涵盖广泛的价值观量表，足够供企业管理层选择其希望在组织中看见、在外部被消费者感知的价值观条目，也是少数提供了关于可靠性和有效性细节的价值观测量工具之一。他们的研究结果表明，如果公司品牌价值观与员工自身价值观相匹配，那么，员工对公司品牌认同度更高。当员工认同公司品牌，品牌价值观得到完全与连续认知，就会影响消费者对品牌的信赖。换句话说，员工信任品牌，并愿意作为品牌大使来支撑品牌（Hemsley，1998）。因此，大多数消费者感知到这些价值观，并对其产生高度认同。正如 Hatch 和 Schultz（2001）提出，组织文化和企业形象之间的关系揭示了员工态度及外部世界感知之间的可能差异，也强调了公司品牌建设是一种可以通过企业内部文化和组织外部形象之间的匹配建设而实现。但是，员工个人—组织匹配与顾客品牌感知程度却不相关。这是个人—组织匹配的负面作用。正如 Mullins（2002）所指出，在有着强企业文化的组织中，员工对组织文化和价值观有着高度认同和承诺，这样的组织容易失去灵活性，因为，在这样的组织中，员工不会有变化的需求。这也是对 IBM1993 现象的解释（刘家凤，林雅军，2013）。

（三）品牌与员工（组织）价值观匹配对员工的影响研究

关于品牌与员工（组织）价值观匹配的影响研究，从文献检索情况来看，依然是西方学者研究较多，涉及品牌价值观与员工（组织）价值观匹配对内部员工品牌满意度、内部品牌承诺、员工品牌公民行为、离职意愿等方面的影响（Mitchell，2002；De Chernatony & Cottam，2006）（转引自：刘家凤，2011）。而国内学者对品牌价值观的研究尚处于初级阶段，目前主要是将品牌价值观作为品牌文化的一个部分进行定性研究，并未充分展开，挖掘品牌文化力的内部来源，其研究还存在很大的拓展空间。因此对公司品牌创建与管理、企业文化建设均缺乏足够的指导与借鉴。正如卫海英（2005）指出，"在基于企业行为的品牌资产生成路径中，品牌价值观和文化建设开展相对滞后，由此造成国内众多企业轻视以品牌为导向的企业文化建设现象"。真正独立进行品牌价值观在企业内部的匹配及其影响研究还很少。

中西方关于品牌与员工（组织）价值观一致性匹配的影响研究一般分为两类：一是匹配对员工招聘的影响；二是匹配对员工行为的影响。

1. 品牌与员工（组织）价值观匹配对员工招聘的影响

员工作为"公司品牌大使"，是品牌的可视证明，他们的个人价值观通常被视为品牌的价值观。消费者喜欢与真实传递公司品牌价值观的员工打交道（de Chernatony，2001）。而且，当协调每个人的活动时，在那些价值观与品牌价值观一致的职员中间，只需投入较少精力进行监督。因此，为了实现品牌价值观（组织）与员工价值观匹配，也就是要确保职员所拥有的价值观与公司品牌价值观相同，许多公司开发的职员招聘政策，都把重点放在招聘具有与其品牌价值观相一致的职员上。

2. 品牌（组织）与员工价值观匹配对员工行为的影响

个人的工作价值观会影响其工作意愿或目标，进而影响其努力程度与工作表现。当组织成员接受企业的组织文化、员工个人价值观与组织价值观匹配时，个人角色外的行为比较好，会超过组织设置的标准（Organ，1989；董进才，2011；刘家凤，2011）。Chatman 等（1989）发现，员工与组织共享价值观时，会对组织产生较高的承诺，对工作产生较高的满足和较少的离职现象（转引自：董进才，2011）。品牌（组织）与员工价值观匹配意味着得到内部员工的认同与支持，使品牌的影响深入员工内心，落实到员工行动上，从而使员工在与顾客接触时产生相应的品牌角色行为。Mitchell（2002）等认为，顾客常把提供服务的员工看作服务商品的一部分，顾客与企业员工接触的每个瞬间，员工的态度和行为直接影响顾客对服务质量的感知，进而影响顾客对公司品牌的认知和评价（刘家凤，2011）。Herman（2001）认为，企业宣称的品牌价值观（组织）与员工价值观之间的差距越小，品牌绩效越好。Harris 和 De Chernatony（2001）和 Key（2002）认为，为了提升品牌绩效，公司品牌价值观与组织价值观必须匹配。关于 POF 与品牌成功之间的关系，Harris 和 De Chernatony（2001）指出，组织价值观和公司品牌价值观之间匹配度越高，品牌绩效越好；员工个人价值观与组织价值观之间匹配度越高，品牌绩效越好（转引自：刘家凤，2011）。当公司品牌价值观反映了组织价值观时，员工将会更加信任品牌，因为他们意识到他们传递给顾客的品牌承诺和品牌价值观是与组织价值观一致的。因此，他们感知到的公司品牌价值观会与管理层宣称的公司品牌价值观一致或相似，他们对品牌价值观的认同度更高（刘家凤，2011）。而且，员工与组织匹配（POF）度越高，管理层宣称的公司品牌价值观与实际的公司品牌价值观差距越小。Eyring（2002）认为，关于品牌的共享价值观创造出来后，可以确保品牌承诺和品牌价值观被原样传递给顾客（刘家凤，2011）。员工是品牌价值观的最好使者（Cable & DeRue，2002）。因此，员工和顾客的品牌感知匹配越高。

第六节 品牌价值观衡量指标探讨

品牌价值观作为影响品牌成功的关键要素之一，其测量研究也日益受到广泛关注。由于研究目的的不同，不同取向的品牌价值观测量模式有着不同衡量指标选择。现有研究对品牌价值观的测量取向主要有两种视角：一是外部视角，测量品牌与消费者价值观的一致性；二是内部视角，测量品牌与员工（组织）

价值观的一致性。关于测量效度，无论是外部视角还是内部视角，都分别依赖于品牌与消费者价值观之间、品牌与员工价值观之间的匹配度做出判定的能力。现有文献一般采用直接测量法和间接测量法来衡量人与（组织）品牌是否匹配（朱青松，2012）。其中，直接测量法是指让员工或消费者来评价品牌与其自身的符合程度。比如说，通过向员工或者消费者提出问题如"你是否认为品牌与你之间存在良好匹配"进行匹配程度判断，通常能够得出匹配度与个体结果变量显著相关。同理，直接测量法也可用于员工或消费者直接判断与（组织）品牌的匹配程度，来了解匹配度与个体变量之间的关系。间接测量法是在对员工或者消费者和品牌的特征分别测定的基础上对二者进行比较，进而获得员工或消费者与品牌相似性的评估结果。匹配程度的评估则是将匹配度简化为一个反映相似性的指数：差异分数或相关系数。其中，差异分数包括减差、绝对值和平方差等；相关系数是用来描绘总体上的相似性（朱青松，2012）。在匹配度研究过程中，差异分数在匹配度研究中应用较为广泛，研究者认为，员工或消费者与品牌之间的差距越小，员工或消费者与品牌的匹配度越高（赵慧娟，龙立荣，2010）。但是，这类匹配度也存在问题：或忽略员工、消费者与品牌之间的差异方向，或隐瞒每一因素对总分的个体贡献，无法给出清晰解释。利用相关系数衡量员工或消费者与品牌特征之间的匹配，如果员工或消费者与品牌特征之间的相关度越高，那么，匹配度越高。可是，相关分数虽然能描述总体相似性，却在多预测因子情形下会对差异来源不敏感（赵慧娟，龙立荣，2010）。

一、品牌与消费者价值观匹配衡量指标探讨

关于品牌与消费者价值观匹配（刘家凤，2011），De Mooij（1998）提出，消费文化影响消费者的行为，而价值观是文化的核心，影响人们对符号与仪式的感知，指导人们在特定环境下的行为与判断（刘家凤，2011）。从品牌的价值内核分析，构成品牌认知的根本是品牌与顾客本身所具有的文化特质，是由文化基础形成的价值观的体现（朱立，2005）。品牌的价值观系统是目标消费者文化的集中反映，因此，可以采用价值观来衡量品牌与消费者文化是否匹配（刘家凤，2011）。品牌价值观通过反映目标消费者群体的价值观来发挥作用，即需要考虑消费者感知到的品牌价值观与消费者自身价值观的一致程度，否则，极可能发生价值观冲突的现象。所以，品牌与消费者文化匹配研究应以价值观作为研究对象（Balmer and Greyser，2002），以匹配度的匹配衡量概念来探讨价值

观一致性对目标消费者品牌态度和行为的影响（刘家凤，2011）。

品牌与消费者价值观匹配研究的隐含假设前提是匹配程度越高，目标消费者的正向行为就越可能产生。那么，应该如何界定匹配程度衡量指标？由于每个企业都存在强弱不一的品牌价值观，不同公司品牌的目标消费者面对企业传播的品牌价值观时，可能采取不同的感知方式；而同一公司品牌的目标消费者面对其品牌价值观时，感知的结果也不尽相同，因此，就目标消费者而言，有主动感知与解释公司品牌价值观的能力（刘家凤，2011）。同时，目标消费者先前的品牌经验会影响他对品牌的感知，先前的经验影响目标消费者对品牌事件的解读。品牌与消费者的价值观匹配程度测量的指标很多。鉴于在早期的公司品牌建设过程中，营销界学者认为，消费者感知到的公司外部品牌形象中的价值观与消费者自身价值观越一致，消费者的品牌偏好越强，即目标消费者倾向于根据其期望的和感知的价值观来决定其购买，因此强调公司品牌价值观应围绕消费者价值观进行构建，即公司品牌价值观受消费者价值观驱动（Gutman，1982；Kim，2005；刘家凤，2014）。品牌与消费者价值观匹配程度的界定可由消费者感知到的品牌价值观与期望的品牌价值观之间的一致性程度来测量，通过减差来表示契合度匹配指标，假设当消费者感知到的品牌价值观与期望的品牌价值观类似（即差距接近于0）时，消费者的品牌态度越好。Betty，Kahle and Homer（1991）也指出，个人价值观促进品牌期望的利益，主要是品牌选择，假设当消费者感知到的品牌价值观与其自身价值观越一致（即差距接近于0）时，消费者的品牌偏好度越高，品牌忠诚度越高（刘家凤，2011）。Czellar and Palazzo（2004）则通过计算消费者感知的公司品牌价值观吸引力大小来探讨品牌价值观与品牌偏好之间的关系。他们认为品牌价值观的吸引力越大，消费者的品牌偏好度越强（刘家凤，2011；刘家凤，2013）。

二、品牌与员工价值观匹配衡量指标探讨

由于品牌价值观是企业文化的一部分（De Chernatony，2001），如果员工与组织价值观一致，而品牌价值观又体现了组织价值观，那么员工将会有积极的品牌支持行为（Herman，2001）。西方学者最早提出"个人—组织匹配"（Joyce，Slocum，1984；Tom，1971）的概念，随后，相关领域研究者们开始尝试以文化概念来分析组织中个人和团体的行为（Ouchi & Wilkins，1985）。De Chernatony认为，新的公司品牌建设范式在企业内部是文化管理，即通过员工参与关系构建来强调价值观（Gulati，2007）。因此，价值观理所当然成为"个人—文化匹配"的研究对象，即"员工—品牌匹配"的关键是品牌与员工价值观匹配。关于品牌与员工价值观匹配研究，由于品牌价值观是组织文化的一部分，公司品牌价值观与员工（组织）价值观越一致，员工越可能表现出恰当的品牌态度和行为（刘家凤，2014），因此大多数研究都主要关注员工与组织价值观匹配，强调公司品牌价值观应围绕员工（组织）价值观进行构建，即公司品牌价值观受员工（组织）价值观驱动，以员工与组织（品牌）价值观的契合度作为衡量匹配的契合度概念（刘家凤，2014）。因此，（组织）品牌的价值观系统成为企业文化定义的关键元素，也就是说，可采用价值观来证实衡量企业文化，即测量员工对企业宣称的品牌价值观的接受程度。通过把员工感知到的公司品牌价值观、组织价值观与自身价值观相比较，De Chernatony（2001）提出，可通过组织的营销文件确认组织的价值观，这些价值观被放进一张调查问卷，然后将调查问卷给那些由最高级营销人员提名的职员。调查问卷要求职员用"1"到"5"的代号来给每一个价值观做记号以表示它表述品牌的程度（1＝较少，5＝很多）。在另一个问题中，问卷要求职员再用5分的评分等级评价同样的价值观，但这次是根据它们的重要性进行评价。通过对问卷中得到的分数进行比较，员工与品牌价值观之间的匹配程度就能确定（刘家凤，2014）。Herman（2001）认为，公司品牌与员工价值观匹配程度的界定可由员工感知到的公司品牌价值观与组织价值观或自身价值观之间的一致程度来测量。员工与公司品牌价值观匹配程度测量的指标很多。可以用差的绝对值或差平方来表示契合度匹配指标，即假设当员工个人价值观与公司品牌价值观类似（即差距接近于0）时，员工的品牌满意度越高，有正向的品牌支持性行为（刘家凤，2011）。也可以用相关度来表示契合度匹配指标，即假设当企业宣称的品牌价值观与企业内部实际的价值观类似时，员工将不会感到受欺骗，因为他们意识到他们传递给消费者的品牌承诺和品牌价值观是与组织价值观一致的，从而可以确保"原样"传递品牌承诺和品牌价值观给消费者（刘家凤，2011）。这时，员工是品牌价值观的最好使者（Cable and DeRue，2002）。Yaniv等人（2005）提出，品牌价值观是企业文化的一部分，员工组织价值观一致性影响员工的品牌价值观感知，如果企业对外宣称的品牌价值观与员工（组织）价值观一致，员工将会原样传递品牌价值与承诺，从而影响品牌成功（刘家凤，2011；郭玉佳，2012）。

随着世界进入信息透明化时代，市场环境越发复杂，市场竞争更加激烈，

公司品牌理论与实践从以关注公司品牌外部形象的外部品牌化管理转向强调公司品牌核心价值解析的内部品牌化管理，公司品牌价值观的内涵有了更广泛更深刻的内容，更多的利益相关者被纳入品牌塑造范畴。成功的公司品牌被认为能够随着时间流逝在公司内外部利益相关者之间实现公司价值观的一致（刘家凤，2014）。而现有国内外学者在探讨品牌价值观一致性匹配研究中，要么从内部视角出发，以价值观一致性（相似性）、价值观感知度作为匹配衡量指标，主要通过减差（$\sum D$）、差的绝对值（$\sum |D|$）或相关系数（刘家凤，2011；朱青松，2007）测量品牌与员工价值观匹配程度及其影响（丁虹，1987；朱青松，陈维政，2009；朱青松，2012），假定员工向外传递的品牌价值观就是理想的品牌价值观，是消费者欣赏的价值观（刘家凤，2011；刘家凤，2013）要么从外部视角出发，以价值观一致性（相似性）、价值观感知度作为匹配衡量指标，主要通过减差（$\sum D$）、差的绝对值（$\sum |D|$）或相关系数来测量品牌与消费者价值观匹配程度及其影响（刘家凤，2011；朱青松，2007），假定消费者感知到的品牌价值观在企业内部真实存在。

不管是从内部视角出发，还是从外部视角出发，都是一种单向静态的研究，不是忽视员工个人价值观的作用与映射，就是忽视消费者价值观的作用与映射。所以，尽管现在关于品牌与员工/消费者价值观匹配研究的匹配衡量指标具有一定合理性，在一定程度上成功测量了品牌与员工/消费者价值观的匹配程度，但是，却存在严重缺陷：缺乏从企业内外部双向视角以一个统一的品牌价值观匹配衡量指标来进行品牌价值观一致性衡量，难以实现品牌价值观在企业内外部的真正一致（刘家凤，2011；刘家凤，2013）。这也正是当前公司品牌建设实践中导致消费者对于品牌承诺与实际体验差异引起的不满愈演愈烈的主要原因之一。

第七节　品牌价值观测量视角探讨

分析国内外文献成果，关于品牌价值观的测量研究，其研究取向主要有两种视角：一是从自我—品牌匹配的外部研究视角，品牌与消费者的价值观匹配是"自我—品牌匹配"研究的一部分。自我—品牌匹配是指品牌和顾客自身特征之间的一致程度或相互适应性。品牌特征定义并反映着品牌的个性与价值观，当品牌特征与顾客特征、个性或价值观相符时，品牌与顾客之间会产生共鸣，进而会诱发顾客的品牌忠诚（刘家凤，2011）。郭毅等人（2006）指出，当企业从关系和系统的角度来认识顾客时，目标市场的文化背景成为制定品牌战略的最主要的前提。文化解决的不是能不能满足基本需求的问题，而是应不应该满足、如何以符合消费者价值观审美观的方式更好地满足等问题（刘家凤，2011）。因此，从外部视角对品牌价值观的测量，主要基于外部消费者的感知，研究品牌形象中的价值观是否与消费者自身价值观匹配及对消费者的影响研究，假定品牌形象中的价值观与企业内部的价值观匹配（刘家凤，2011）。此时的品牌价值观是指品牌所象征的人类价值观（Allen，2002）。二是从企业文化影响员工的内部研究视角，如 Davies（2000）、De Chernatony（2001）、Tosti & Stotz（2001）等为代表的研究者认为，组织文化是品牌内化中不可缺少的要素，因为它能够影响组织成员的感知、想法、解释、决策和行为（Gummesson，1998），从而帮助品牌价值观深植组织成员的意识中。而价值观是组织文化中最基本最持久的思想层面（刘家凤，2011），品牌价值观又是组织文化的一部分，通过评估员工与组织之间价值观的相容性，可考察员工与品牌价值观的匹配情况。因此，从内部视角对品牌价值观的测量，主要基于内部员工的感知，研究员工与组织价值观是否匹配及对员工的影响研究，假定员工向外传递的价值观是理想的，是消费者所欣赏的（刘家凤，2011）。

现有关于品牌价值观测量研究取向只是把品牌价值观一致性作为自我—品牌匹配、企业文化作用研究的一个部分、一个媒介，没有把其作为一个独立的问题（刘家凤，2011），从企业文化与消费者文化相互作用的角度，从企业文化与品牌建设协同角度，专门探讨品牌价值观在企业内外部的匹配程度及其对内部员工、外部顾客的影响；同时，从外部视角出发研究品牌与消费者价值观一致性的研究人员所拥有的组织文化概念是相当天真的，在很大程度上，没能识别理想价值观（如许多组织愿景中所陈述的那样）与组织中的实际价值观（现有的组织文化）之间可能存在差异，忽视了内部员工价值观对公司品牌价值观的影响，这就可能使得品牌形象中的价值观与企业内部的实际价值观毫无关联（刘家凤，2011）。从内部视角出发研究品牌与员工价值观一致性的研究人员主要考虑员工是公司品牌向外的品牌价值及承诺传递者，如果员工与组织价值观一致，而品牌价值观又反映了组织价值观，那么员工将感到满意，并会原样传递品牌价值及承诺（Herman，2001）。然而，这种对品牌价值观与员工（组织）

价值观一致性的强调，由于忽视了外部消费者价值观对公司品牌的影响，则可能导致员工传递给消费者的价值观并不为消费者所欣赏（刘家凤，2011）。这无疑是研究的缺陷。

第八节　研究述评以及研究机会

综上所述，现有研究存在问题、现状及研究机会，主要体现在以下方面：

第一，品牌理论研究了外部品牌管理、内部品牌管理的内容、作用及测量。提出了品牌与外部消费者匹配、品牌与内部员工匹配对品牌成功具有重要作用的基本理论。在企业文化理论中，关于员工与组织/品牌价值观的塑造与管理对企业内外部绩效有显著影响的论述，为本研究奠定了厚实的理论基础。

第二，现有的品牌价值观相关研究，在品牌价值观的概念和内涵上尚没有达成共识，即使在同一时代和社会背景下亦是如此。学者和企业界人士对品牌价值观的认识仁者见仁的界定和评价，导致概念内涵的复杂性和模糊性。"什么是品牌价值观"这个最基本的问题得不到解决，其他的所有问题都无法得到解决。

第三，现有的品牌价值观相关研究，在品牌价值观的测量研究视角上还存在缺陷。虽然现有从外部视角对品牌价值观与消费者价值观匹配或从内部视角对品牌价值观与员工价值观匹配的测量研究（刘家凤，2011；刘家凤，2013）已较为成熟，不过，从外部视角出发的研究人员所拥有的组织文化概念是相当天真的，在很大程度上，没能识别理想价值观（如许多组织愿景中所陈述的那样）与组织实际价值观（现有的组织文化）之间存在差异，即品牌形象中的价值观与企业内部的价值观之间可能毫无关联，难以在内部得到认同和支持，导致品牌不可持续发展。因为只有当品牌价值观反映了组织文化及其核心价值观，组织文化才可能是一种竞争优势来源。从内部视角研究品牌与员工价值观一致性匹配的学者认为，企业对外宣称的价值观必须与组织成员所持有和表现出来的价值观产生共鸣，这意味着组织成员在公司品牌价值观的创造中有着非常重要的作用，由此强调品牌（组织）价值观受员工价值观驱动，假定员工传递的公司品牌价值观是理想的，为消费者欣赏。从该视角出发的研究人员又犯了"将公司品牌价值观静态化"错误，正如 Kotter 和 Heskett（1992）所指出那样，一个有着强势文化，又能主动适应外部环境的企业经营业绩最好。也就是说，拥有员工组织价值观高度匹配的强势企业文化如果不能及时反映外部消费者价值观的变化（刘家凤，2011），品牌价值观对消费者缺少吸引力，那么，公司品牌将难以持续强势。以上两种研究视角都是单向的、静态的研究，缺少了从企业内外部双向视角进行测度与衡量（刘家凤，2011），难以实现品牌价值观在企业内外部的真正匹配，从而无法实现品牌价值观对企业内外部品牌建设的指导作用，这无疑是品牌价值观领域研究的一大缺陷（刘家凤，2011）。

第四，现有的品牌价值观相关研究，在品牌价值观的衡量指标选取上也存在争议。由于对品牌价值观的研究视角存在差异，因而对品牌价值观的衡量指标选取也存在差异，即要么从外部品牌形象视角，进行品牌与消费者匹配的匹配指标界定与衡量研究，要么从内部企业文化视角，进行品牌（组织）与员工匹配的匹配指标界定与衡量研究。缺乏从公司品牌内外部双向视角出发，采用统一的衡量指标对品牌价值观在企业内外部的一致性进行衡量研究。因此，尚需要进行更多的新探索，更好地解释匹配衡量问题（刘家凤，2011；刘家凤，2013；朱青松，2007）。

第五，截至目前的品牌价值观研究，在品牌价值观一致性及其影响研究方面，多为定性分析，并且大多数研究只考虑了一个变量或一个层面的变量。从外部视角进行的品牌与消费者价值观匹配主要关注对消费者行为变量（品牌偏好、品牌选择、品牌忠诚、购买意愿、顾客保持等）的影响、对品牌财务绩效等的影响，如 Phau 和 Lau（2001），Bhattacvharya 和 Sen（2003），Czellar 和 Palazzo（2004），McCracken（1986），Quester，Beverland 和 Farrelly（2006）和 Kim（2005）等人的研究。从内部视角进行的品牌与员工价值观匹配主要关注对员工行为变量［员工品牌满意度、员工品牌公民行为、员工品牌承诺、离职率（朱青松，2007；朱青松，陈维政，2009）］等的影响（刘家凤，2011）、对组织绩效等的影响，如 Herman（2001），Harris 和 De Chernatony（2001），Key（2002），Eyring（2002）与 Yaniv 和 Farkas（2005）等人的研究。但是，从企业内外部双向视角出发，进行品牌价值观在企业内外部的一致性匹配，并探索这些不同匹配类型对公司品牌持续成功的影响关系如何，国内外研究还很少涉及。然而，品牌价值观的多利益相关者特性要求依据一定的标准区分品牌价值观的维度，实证检验品牌价值观内在各维度与其他各利益相关者变量的相关和因果关系，从而对实践应用起到一定的指导作用（蒲德祥，2011）。

　　第六，截至目前的品牌价值观研究，尚处于起步阶段，停留在较为零散性的层面，如品牌价值观在企业内外部的匹配程度如何及其作用等比较深入的研究尚未涉及，而这对公司品牌和企业文化建设有着积极意义。

　　第七，截至目前的品牌价值观研究，实证研究相对较少，国内相关研究缺乏。从国内来看，与品牌价值观相关的研究文献寥寥可数，而相关的实证研究几乎是空白，还看不到相关的调查数据和实证研究结果。

　　第八，截至目前的品牌价值观研究，尚未探讨理想的公司品牌价值观管理模式（刘家凤，2011；朱立，2005）在企业内外部的实现路径问题。

　　在信息透明化的时代背景下，理论界和实践界有必要从企业整体视角出发，采用统一的衡量指标，构建与划分特定品牌价值观差异匹配类型（刘家凤，2011），并研究特定品牌价值观匹配类型及其作用机制，为公司品牌建设提供切实可行的品牌价值观诊断工具及管理策略，为企业文化与公司品牌建设如何实现协同提供启示，这应该成为企业与研究者共同关注的重要议题。

第二篇

02

公司品牌"双核价值驱动"匹配研究模型

上一篇对品牌价值观研究的理论基础、概念、测量研究进展等方面进行了述评，总结了需要进一步研究的问题。本篇将在上一篇基础上提出本研究模型的理论依据，提出对品牌价值观概念的界定及品牌价值观衡量新指标"双核价值驱动匹配"，从营销学和组织行为学视角分析品牌价值观在企业内外部的驱动匹配作用关系，基于"双核价值驱动匹配"构建公司品牌"双核价值驱动"匹配研究模型研究框架。如图 3.1 所示。

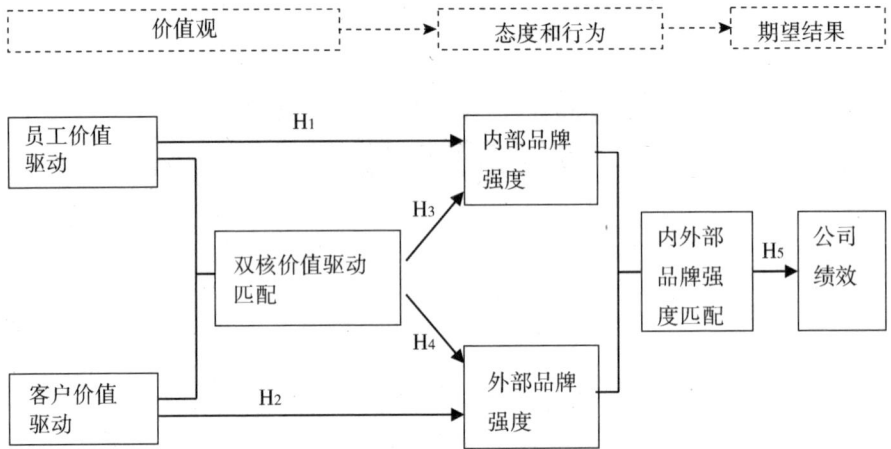

图 3.1　公司品牌"双核价值驱动"匹配模型

第三章

研究模型的构建及研究假设的提出

第一节 研究模型提出的理论依据

Rokeach（1973）指出，价值观通过影响组织和个人行为从而产生期望的结果。价值观相似的人们感知事物的方式也具有相似性（Melgino & Ravlin，1998）。成功企业通常有着清晰定义并与员工共享的价值观，并以此指导员工行为（McDonald and Gantz，1991），获取期望的结果，如良好的员工绩效（包括微观层面的员工品牌绩效或品牌资产）。成功品牌则是通过清晰定义自身价值观，确保与顾客价值观一致（Phau and Lau，2001；Kim，2005），获取期望的结果，如顾客品牌满意与品牌忠诚，从而影响企业外部品牌绩效或品牌资产。在公司品牌建设中，品牌与组织的价值观是一致的，品牌绩效与组织绩效紧密相连。Erez（1992）提出，共享价值观能够获得更多的支持与更高的承诺。因此，品牌价值观在企业内外部的一致性通过对内部员工的品牌支持行为与外部顾客的品牌消费行为的影响，影响企业整体绩效。

第二节 品牌价值观的概念界定和匹配衡量新指标的提出

一、品牌价值观的概念界定

品牌价值观把人类价值观作为品牌概念的表征，使品牌拥有文化象征意义，其内涵随着品牌内涵的发展而发展，随着信息透明化时代的到来，公司品牌可持续发展的竞争优势不仅在于它能够反映目标消费者的价值观，还因为它是反映员工集体价值观的合适的组织文化（de Chernatony，2001）。现有关于公司品牌建设的文献则认为，成功的公司品牌建设是随着时间流逝在企业内外部利益相关者之间有着共享的价值观（刘家凤，2011；刘家凤，2014），即品牌价值观与企业内外部利益相关者价值观保持一致（Aaker & Joachimstahler，2000）。因此，综合各学者的研究，结合中国当前社会公司品牌打造的时代背景，本研究将（公司）品牌价值观定义为：（公司）品牌价值观是指（公司）品牌在追求经营成功的过程中所推崇的基本信念和奉行的目标，是企业内外部利益相关者价值观相互作用的结果。是企业希望被内部利益相关者认同和支持、被外部利益相关者感知和欣赏的组织价值观（刘家凤，2013；刘家凤，林雅军，2013；刘家凤，2014）。这个定义既注重外部利益相关者对品牌价值观的感知和欣赏，又强调内部利益相关者对品牌价值观的认同和支持，从而有利于公司品牌获得持续成功。正如 Wong & Saunders（1993）等人指出，企业要获得出色绩效必须源于内部与外部的平衡。但是，由于顾客是公司品牌外部利益相关者中最重要的公众，员工是公司品牌内部利益相关者中对品牌最重要的支撑力量，因此，本研究报告主要从企业内部员工、外部客户双向视角来研究"双核价值驱动匹配"及其作用。

二、"双核价值驱动匹配"的提出

在第二章对品牌价值观概念的梳理归纳中，本研究总结了品牌价值观测量的两种视角：一种是外部视角，关注外部品牌形象对消费者的作用，强调品牌与消费者价值观的匹配（刘家凤，2011；刘家凤，2013；刘家凤，林雅军，2013）；一种是内部视角，关注企业（品牌）文化对员工的作用，强调品牌与员工价值观的匹配。本研究认为，两类概念各有侧重，都有可取之处，强调品牌与消费者价值观的一致性，是由于消费者的重要性使得传统品牌管理关注以消费者为中心的研究（白长虹，邱玮，2008；刘家凤，2011；刘家凤，2013；刘家凤，林雅军，2013）；强调品牌与员工价值观的一致性（刘家凤，2011），则是因为品牌与员工的价值观越一致，员工越可能产生与品牌要求一致的支持行为（刘家凤，2013）。但是，只有当品牌价值观在企业内外部实现一致性匹配时，基于消费者的品牌承诺才能转化为企业实实在在的行动。现有测量研究存在两大缺陷。一是无论是品牌与消费者价值观匹配,还是品牌与员工价值观匹配,都是单向、静态的测量研究(刘家凤,2011)。品牌与消费者价值观匹配是建立在假定消费者感知品牌价值观与企业内部价值观一致的基础上,消费者感知到的价值观可能反映了品牌企业向外宣称的价值观,却无法体现这种向外宣称的品牌价值观是否在品牌组织内部真实存在,忽视了员工价值观的主动性(刘家凤,2013);品牌与员工价值观匹配则是建立在假定员工向外传递的价值观就是消费者欣赏的价值观,忽视了消费者价值观的主动性(刘家凤,2011;刘家凤,林雅军,2013)。二是关于品牌价值观的测量指标,正如第二章中所讨论的那样,无论是品牌与员工价值观一致性匹配衡量指标,还是品牌与消费者价值观一致性匹配衡量指标(刘家凤,2011;刘家凤,林雅军,2013),虽然都在一定程度上测量了品牌与员工/消费者价值观的匹配程度,但是在测量中要么忽视了员工个人价值观的作用与映射,要么忽视了消费者个人价值观的作用与映射(刘家凤,2011;朱青松,2007)。迄今,尚缺乏从企业内外部双向视角以一个统一的品牌价值观测量指标来进行衡量并实证分析其作用机制,难以实现品牌价值观在企业内外部的真正一致。

Czellar 和 Palazzo(2004)从外部视角提出"品牌价值观吸引力"(刘家凤,2013)。作为衡量品牌与顾客匹配的指标,指出品牌价值观对顾客吸引力越大,表明品牌受顾客价值观驱动越大,品牌与顾客价值观匹配程度越高。针对现有研究的缺陷,本研究依据文献回顾,借鉴 Czellar 和 Palazzo(2004)用于从外部视角衡量品牌与顾客匹配的指标"品牌价值观吸引力",从企业内外部利益相关者双向视角出发,以品牌价值观对客户的吸引力大小来衡量品牌与客户价值观匹配程度(刘家凤,2011;刘家凤,林雅军,2013),品牌价值观对客户的吸引力越大,表明品牌受客户价值观驱动越大,品牌与客户价值观的匹配度越高,品牌与客户价值观匹配的衡量指标在本报告中称为"客户价值驱动";以品牌价值观对员工的吸引力大小来衡量品牌与员工价值观匹配程度(刘家凤,2011),品牌价值观对员工吸引力越大,表明品牌受员工价值观驱动越大,品牌与员工价值观的匹配度越高,品牌与员工价值观匹配的衡量指标在本报告中称为"员工价值驱动";以"双核价值驱动匹配"作为从企业内部和外部双向视角衡量品牌价值观在企业内外部匹配新指标(如图3.2)。一家公司品牌的价值观,如果在企业内部受员工价值驱动程度高,在企业外部受客户价值驱动程度也高,那么,本研究认为,品牌价值观在企业内外部的匹配度高(刘家凤,2013),即为

"双核价值驱动型"；反之，则品牌价值观在企业内外部的匹配度低，即为"空洞型"。用"双核价值驱动匹配"来测量品牌价值观在企业内外部的一致性，着眼于品牌价值观在企业内外部的实现，是品牌价值观在企业内外部的动态匹配（刘家凤，2011；刘家凤，2013）。

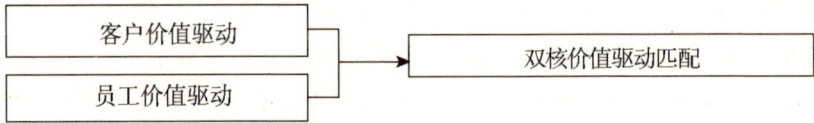

图 3.2　品牌价值观匹配衡量新指标提出

第三节　员工价值驱动对内部品牌强度的作用关系

现有匹配研究模式认为，有着相似价值观的人们倾向于以相似方式感知事物（Meglino & Ravlin，1998）。成功组织通过清晰定义自身价值观，并确保与员工共享（Deal and Kennedy，1982）。共享的组织价值观指导员工行为（McDonald & Gantz，1991）。在公司品牌建设中，品牌与组织的价值观是一致的。因此，如果品牌价值观与员工价值观一致，那么品牌价值观将能够获得更多的支持与更高的承诺（刘家凤，2011；刘家凤，2013）。也就是说，如果要提升内部品牌强度，就必须要让品牌与员工价值观保持一致（Hatch & Schultz，1997；de Chernatony，1999；Bickerton，2000；Herman，2001；Harris & de Chernatony，2001；Key，2002；Van Gelder，2002；Urde，2003），尤其是品牌价值观要被员工认同和支持，对员工具有吸引力。

内部品牌强度是指对内部利益相关者（如员工）来说品牌内部行为的重要性（转引自：Burmann，Benz，和 Riley，2009）。Bumgarth & Schmidt（2010）认为，基于员工的内部品牌强度是品牌识别的内部化，作为企业的内部品牌资产，支撑基于顾客的外部品牌绩效。他们将内部品牌资产定义为品牌化对员工行为影响带来的附加价值或利益，用来描述和测量品牌内部员工现在和未来在其组织角色内的品牌支持行为产生的推动力（刘家凤，2013；刘家凤，2014）。与外部品牌强度相比，内部品牌强度测量受到的关注非常有限。原因在于，迄今为止，还非常缺乏对品牌支持性行为的一致理解（Henkel et al.，2007）。关于品牌支持行为的内容，Morhart，Herzog，Tomczak（2009）和 Punjaisri 等人（2009）区别了内部品牌化中的留职意愿、员工角色内行为和角色外行为的作用。Aaker（1991）声称，品牌忠诚是品牌资产的一个基本要素。Wheeler 等人（2006）的研究发现，员工对公司品牌的正向感知和其留职意愿显著相关。与品牌一致的角色内行为被定义为"支持品牌建设目标的个人沟通"，Henkel 等人（2007）提出，员工日常沟通总会包括与品牌相关的对话。因此，对内部品牌资产的测量，关键在于支持品牌并与品牌相关。而服务传递和组织行为研究发现，当员工显示积极的额外角色行为时，对公司全面绩效有益（Bell & Menguc，2002；Koys，2001，Podsakoff & Mackenzie，1994）（刘家凤，2013）。为了评估品牌对员工的心理和行为影响，Burman 和 Zeplin 于 2005 年提出了一个整合模型。通过两个相关的构念来测量内部品牌强度：一是品牌承诺，用于测量员工愿意在工作中体现品牌公民行为的心理过程，即员工对品牌的依恋程度；二是品牌公民行为，用于测量员工参与品牌的行为过程，即员工行为上支持品牌的程度。Bumgarth & Schmidt（2010）则提出了用于衡量内部品牌强度的内部品牌资产的三个维度，分别是：员工品牌忠诚、员工品牌角色内行为和员工品牌角色外行为。由于品牌与员工匹配主要是关注员工的品牌支持性行为，所以本研究直接采用 Bumgarth & Schmidt（2010）提出的内部品牌资产的三个维度来衡量内部品牌强度，作为表现内部品牌强度的测量指标。

根据上述员工价值驱动对内部品牌强度解释力的关系分析，本研究形成员工价值驱动对内部品牌强度的作用关系（如图3.3）。因此提出假设：

H1：员工价值驱动对内部品牌强度有高度的解释力，即对内部品牌强度指标员工品牌忠诚、员工品牌角色内行为、员工品牌角色外行为有显著性影响。

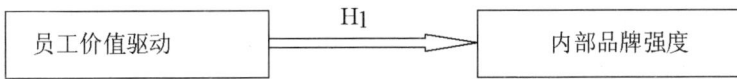

图 3.3 员工价值驱动与内部品牌强度关系分析

第四节 客户价值驱动对外部品牌强度的作用关系

前述提出客户价值驱动作为品牌与消费者价值观匹配衡量指标，那么，这种匹配度衡量指标对外部品牌强度有什么作用关系呢？现有关于品牌与消费者价值观匹配研究模式也认为，个人价值观指导着个人行为（Rokeach，1973；Melgino & Ravlin，1998）。目标消费者期望的和感知的价值观之间的差距影响其购买决定（Gutman，1982；Kim，2005），当品牌与消费者价值观相匹配时，消费者对品牌会有正面的品牌态度与行为（Gutman，1982；Phau and Lau，2001；Quester，Beverland and Farrelly，2006）（朱青松，2007；朱青松，陈维政，2009）；品牌价值观要能影响消费者的态度与行为，那么，品牌价值观必须被消费者感知和欣赏，也就是受消费者价值观驱动。因此，本研究借鉴现有研究模式，采用客户价值驱动对外部品牌强度的解释力来衡量其对外部品牌强度的作用关系。

外部品牌强度是指对外部利益相关者（如顾客）来说品牌外部行为的重要性（转引自：刘家凤，2013）。许多研究提出了各种各样的外部品牌强度测量方法。目前主要采用三种基于消费者的品牌资产测量方法来衡量外部品牌强度（Walser，2004）。第一种关注品牌知识（Keller，2003），认为外部品牌强度是来自不同顾客相互作用的一组品牌联想（Srivastava and Shocker，1991；Krishnan，1996），因此，外部品牌强度的大小取决于品牌联想的数量和质量。第二种采用品牌利益作为衡量外部品牌强度的起点（Farquhar，1990；Baldinger，1990；Aaker，1991；Simon and Sullivan，1993；Rangaswamy et al.，1993），品牌提供给顾客的品牌利益级别与外部品牌强度大小相符。第三种强调长期偏好，即与竞争品牌相比所具有的品牌吸引力，这种方法用长期品牌关系进行测量。以上三种方法包括外部品牌强度的重要方面，因此，好几个商业品牌资产模型都采用这几种方法的某些方面（Interbrand，2001；Riesenbeck and Perrey，2006）。由于品牌与消费者匹配作用的结果变量主要是对消费者态度和行为的影响，关注长期关系的建立，所以采用基于偏好的外部品牌强度测量（刘家凤，2013）。前述文献综述表明，现有关于品牌与消费者匹配对消费者品牌偏好、品牌选择影响的研究已较为成熟（朱青松，2007；朱青松，陈维政，2009），因此，本报告选取客户品牌满意、客户品牌忠诚作为表现外部品牌强度的测量指标。

根据上述客户价值驱动对外部品牌强度解释力的关系分析，本研究形成客户价值驱动对外部品牌强度的作用关系（如图3.4）。因此提出假设：

H2：客户价值驱动对外部品牌强度有高度的解释力，即对外部品牌强度指标客户品牌满意、客户品牌忠诚有显著性影响。

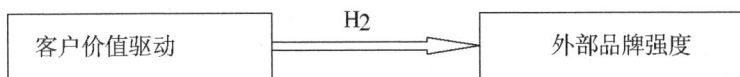

图3.4 客户价值驱动与外部品牌强度关系分析

第五节 双核价值驱动匹配对内外部品牌强度的作用关系

上述提出双核价值驱动匹配作为从企业内外部双向视角衡量品牌价值观的新指标，那么这种基于企业内外部双向视角的一致性衡量指标对内部品牌强度、外部品牌强度的作用关系是什么呢？现有品牌与员工匹配研究模式认为，当公司品牌价值观与员工（组织）价值观匹配时，员工会产生正面的品牌工作态度和品牌工作行为（刘家凤，2013），也就是说，要提升内部品牌强度，品牌价值观就必须反映员工价值观；现有品牌与消费者匹配研究模式认为，当公司品牌价值观与顾客期望的价值观或其自身价值观匹配时，顾客会产生正面的品牌消费态度和消费行为（刘家凤，2013），即提升外部品牌强度，则必须要让品牌价值观反映目标顾客自身（或期望）的价值观（Gutman，1982；Quester，Beverland and Farrelly，2006）。随着市场环境的动态改变，企业回应市场的时间极其有限，企业要获得出色绩效必须源于内部与外部的平衡（Wong and Saunders，1993）。基于消费者的品牌承诺需要企业实际行动的支撑，顾客满意的品牌需要品牌外部传播与内部管理的契合（刘家凤，2014）。因此，为了实现品牌可持续发展，使企业获得卓越绩效，本报告参照现有研究模式，尝试从企业内外部双向视角提出品牌价值观衡量新指标，不仅通过双核价值驱动匹配指标对内部品牌强度的解释力来衡量其对内部品牌强度的影响关系，同时通过双核价值驱动匹配指标对外部品牌强度的解释力来衡量其对外部品牌强度的影响关系（刘家凤，2014）。

根据上述从企业内外部双向视角提出的"双核价值驱动匹配"与对内部品牌强度、外部品牌强度解释力的关系分析，本研究形成双核价值驱动匹配对内部品牌强度、外部品牌强度的作用关系（如图3.5）。

双核价值驱动匹配对内部品牌强度、外部品牌强度作用关系理论假设是：

H3：双核价值驱动匹配对内部品牌强度有高度解释力，即对内部品牌强度指标员工品牌忠诚、员工品牌角色内行为、员工品牌角色外行为有显著性影响。

H4：双核价值驱动匹配对外部品牌强度有高度的解释力，即对外部品牌强度指标客户品牌满意、客户品牌忠诚有显著性影响（刘家凤，2014）。

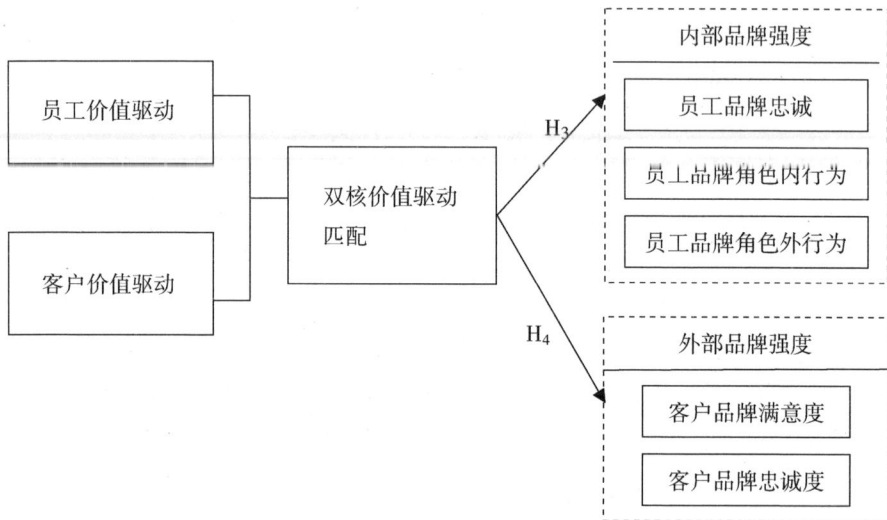

图3.5　双核价值驱动匹配对内外部品牌强度的作用关系

第六节　内外部品牌强度匹配对公司绩效的作用关系

一般来说，一个品牌越强势，公司（品牌）绩效越好。但是，大多数营销学者主要通过基于消费者的品牌资产来衡量品牌是否强势，因为顾客对品牌的满意度和忠诚度越高，品牌绩效越好。而组织行为学相关领域的学者则关注对基于员工的内部员工（品牌）绩效的测量来衡量组织（品牌）是否强势，因为员工的品牌支持行为越积极，品牌绩效越好。但是，随后的实践与研究表明，基于消费者品牌资产衡量的品牌强势实际上是对企业外部品牌强度的衡量，基于员工品牌资产衡量的品牌强势实际上是对企业内部品牌强度的衡量。无论是单独的外部品牌强势还是单独的内部品牌强势，都不一定能产生良好的企业绩效，使公司品牌得以持续发展。组织日益认识到，员工在品牌承诺传递中起着关键作用，员工满意与顾客满意紧密相连（Zeithaml and Bitner，2006）。只有内部员工满意，从而才能获取顾客满意和忠诚，取得丰厚的服务利润与增长。也就是说，只有企业内部品牌强度高、外部品牌强度也高，公司绩效才最好。

关于公司绩效的衡量，目前主要有两种方法，一种是客观度量方法——采用客观的数据来度量（Lawrence，Lorsch，1967）；另一种是主观度量方法——以受访者主观评价的方式来度量（Hayes，1977；Merchant，1981）（郭正茜，2010；裴一蕾，2009；邢周凌，2009；邢周凌，李文智，2010）。这两种方法在研究中都有采用。主观度量方法调查得出的结果不可避免地存在一定的误差，而客观度量方法能够确切地获得公司绩效，因此，如果条件允许，最好采用客观度量方法（Dess and Robinson，1984）。在采用客观度量方法时，基于不同研究目的，也会出现财务指标的选取差异。由于本研究对公司品牌成功的关注主要在于公司品牌是否可持续发展，所以，直接选择上市公司用于衡量公司发展能力的财务绩效指标：净利润增长率和每股收益增长率。

根据上述对内外部品牌强度匹配对公司绩效解释力的关系分析，本研究形成内外部品牌强度匹配对公司绩效的作用关系（如图3.6）。提出假设：

H5：内外部品牌强度匹配对公司绩效有高度的解释力，当内部品牌强度高、外部品牌强度高，即内外部品牌强度匹配为双高型时，企业的净利润增长率和每股收益增长率最好。

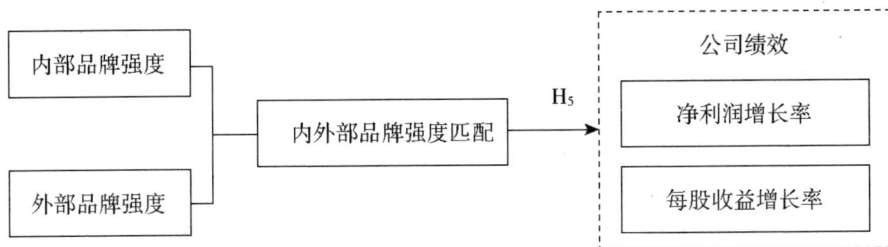

图3.6 内外部品牌强度匹配对公司绩效的作用关系模型

第七节 双核价值驱动匹配类型

基于双核价值驱动匹配衡量指标，本研究以员工价值驱动程度高低、客户价值驱动程度高低作为两个维度，形成基于双核价值驱动匹配的四种公司品牌价值观管理模式类型，如图 3.7。

一、双核价值驱动型：指在该类企业的公司品牌价值观管理模式中，内部员工价值驱动与外部客户价值驱动程度均高。

二、员工价值驱动型：指在该类企业的公司品牌价值观管理模式中，内部员工价值驱动程度高，而客户价值驱动程度低。

三、客户价值驱动型：指在该类企业的公司品牌价值观管理模式中，内部员工价值驱动程度低，而客户价值驱动程度高。

四、空洞型：指在该类企业的公司品牌价值观管理模式中，内部员工价值驱动和外部客户价值驱动程度均低。

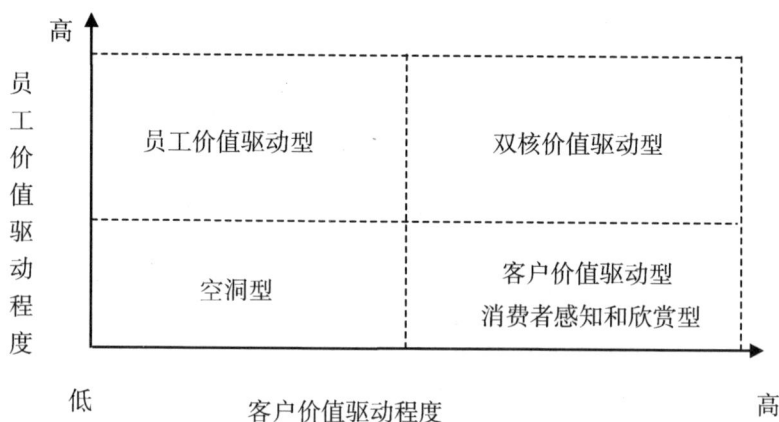

图 3.7　双核价值驱动匹配类型

第八节　双核价值驱动匹配类型、内外部品牌强度与公司绩效的关系模型

双核价值驱动程度高低匹配，形成匹配差异的四种公司品牌类型，那么，双核价值驱动匹配差异类型对内部品牌强度、外部品牌强度有什么不同作用呢？进而会对公司绩效产生什么影响呢？本研究将通过下述文献分析，提出双核价值驱动匹配类型、内外部品牌强度与公司绩效作用关系的理论假设与模型。

一、双核价值驱动匹配类型对内部品牌强度、外部品牌强度的作用分析

研究者们着眼于品牌价值观同时对员工、消费者的作用研究，是因为品牌内部化管理的兴起。21世纪前后，企业信息透明化让品牌管理者聚焦品牌在消费者与企业之间的平衡，关注如何将基于消费者的品牌承诺转化为企业实实在在的行动，实现顾客感知品牌与其预期的品牌保持一致，进而对公司品牌能否取得持续成功有重要影响作用（Boone，2000；Buss，2002；Drake et al.，2005；白长虹，邱玮，2008）。

品牌内部化管理如何影响公司品牌持续成功呢？学者们认为，本质上来说，品牌管理是价值观管理（Pringle & Gordon，2001；刘家凤，2011）。成功的公司品牌建设被认为是在企业内外部利益相关者之间实现了价值观的一致性（转引自：刘家凤，2011）。品牌内部化管理通过让员工理解并欣赏品牌承诺中的品牌价值观，从而愿意以与这种价值观相适应的方式去满足企业对外的品牌承诺，实现公司企业文化与感知公司品牌形象匹配，帮助企业主要利益相关者们对企业是什么和代表什么有着清晰认识，达到提升企业声誉、增加企业吸引力的目的，从而实现公司品牌持续成功（Barich & Kotler，1991；De Chernatony，2001；Dowling，2001；Fombrun，1996；Hatch & Schultz，2001；刘家凤，2013）。De Chernatony认为，品牌内部化管理的内容包括两个部分：一是通过员工参与关系构建来强调价值观，在企业内部建立期望的文化；二是通过顾客参与关系构建来强调价值观，在企业外部进行顾客接触管理。研究表明，品牌内部化管理具有两方面影响力：一是品牌内部化影响顾客的程度，即品牌价值观在多大程度上与顾客价值观一致，使顾客有购买或消费意愿，进而愿意与品牌建立长期关系；二是品牌内部化影响员工的程度，即员工多大程度理解并欣赏品牌承诺中的价值观，从而愿意以与这种价值观相适应的方式去满足企业对外的品牌承诺，最终形成忠诚（Aaker，2004）。

从上述品牌内部化管理的研究，可以了解到品牌内部化对公司品牌持续成功的影响作用，一方面是通过基于顾客定位的品牌价值观沟通，使外部顾客满意，进而形成忠诚；另一方面是通过在内部共享品牌价值观，使品牌承诺得到企业实际行动的支撑，通过保证顾客体验与期望的一致而获取公司品牌持续成功（刘家凤，2011）。

成功的品牌内部化管理使品牌、员工与消费者价值观形成一致性。Hatch

and Schultz（2001）指出，当公司战略愿景、组织文化与公司形象之间实现平衡时，价值观在企业内外部的一致性就可以认为存在。品牌内部化管理可以通过对沟通内容与方式、员工意识和企业管理系统的改变与调整，实现组织文化的有效转变，使组织分享的价值观与品牌价值观达成协同（Gapp & Merrilees，2006）。Gummesson（1998）指出，由于组织文化对组织成员的想法、解释和决策行为等有决定性的影响作用，有助于将品牌价值观深植到组织成员的意识中，使得共享与认同品牌价值观的员工对组织更加忠诚（转引自：白长虹，邱玮，2008；邱玮，白长虹，2012；邱玮，2010；刘家凤，2011），并产生相应的品牌支持行为（De Chernatony & Segal-Horn，2001）。Schein（1984）指出："品牌与文化在价值观层面的联系最为明显。如果组织宣扬的价值观与实际的品牌价值观契合，组织成员更容易理解和接受品牌。"De Chernatony（2001）也提出："品牌成功的可能性取决于员工与消费者在品牌价值观方面达成的共识多少。"因此，品牌价值观在企业内部与外部越一致，基于员工的内部品牌强度和基于消费者的外部品牌强度越强（刘家凤，2013；孙兵，张培峰，2008）。

从上述品牌价值观在企业内外部的一致性对内部品牌强度、外部品牌强度的影响研究，可以发现：品牌价值观在企业内外部形成一致性的作用机制以及这种一致性对内部员工、外部顾客的影响结果。品牌内部化关于品牌价值观在企业内外部一致性对企业内部员工与外部顾客影响的研究表明，品牌价值观在企业内外部的一致性程度与内部品牌强度、外部品牌强度有正相关作用（朱青松，2007），也就是说，员工与客户双核价值驱动匹配程度与内部品牌强度、外部品牌强度有正相关作用（刘家凤，2014）。

二、双核价值驱动匹配类型与内外部品牌强度指标的作用关系分析

（一）双核价值驱动匹配与员工品牌忠诚的作用关系

品牌价值观在企业内外部匹配是指品牌价值观在企业内外部的一致性程度。关于品牌价值观在企业内外部的一致性程度与员工品牌忠诚的作用关系，目前还少有直接涉及研究，主要是在品牌内部化管理中，研究企业文化与公司品牌协同关系而间接涉及。Gummesson（1998）提出，对组织成员的想法、解释和决策行为等产生决定性作用的组织文化有助于将品牌价值观深植到组织成员的意识中。Schein（1984）也指出，组织宣扬的价值观如果与实际的品牌价值观契合，组织成员更容易理解和接受品牌（邱玮，2010；邱玮，白长虹，2012）。

Woodruffe（1995）发现，如果员工理解并欣赏品牌承诺中的品牌价值观，那么，员工的品牌忠诚度较高。品牌忠诚可以概念化为一种留职意愿（Reichheld，1996；刘家凤，2011）。当品牌价值观在企业内外部一致时，员工留职意愿显著（Wheeler et al，2006；刘家凤，2013）。同样，品牌内部化研究方面的一些学者（Aurand et al.，2005；Burmann and Zeplin，2005）认为，内部品牌化使得品牌在一个组织内部被共享，有效的内部品牌化能够获取员工承诺和忠诚（Asif and Sargeant，2000；Steers，1977）。

（二）双核价值驱动匹配对员工品牌行为的作用关系

现有品牌内部化管理研究表明，品牌价值观在企业内外部的一致性程度与员工品牌行为是相关的。一般来说，消费者被那些与自身价值观一致的品牌所吸引，而这种吸引作用是通过与顾客打交道的员工的价值体现行为实现的（Wilson，2001；Davies and Chun，2002；De Chernatony and Drury，2004）。Vallaster 和 De Chernatony（2005）等人发现，共享的品牌价值观能促进员工的品牌支持行为。大量的内部品牌化文献研究都发现，当员工理解并欣赏基于消费者的品牌承诺中的品牌价值观，即品牌价值观在企业内外部实现了一致性，他们会产生相应的品牌支持行为（Boone，2000；De Cherantony and Cottam，2006；Kotter and Heskett，1992）。Harris 和 De Chernatony（2001）提出，员工、企业价值观与企业品牌价值观越一致，品牌绩效越好，即员工有更积极的品牌支持行为。Bettencourt & Gwinner（1996）、Brown & Dacin（1997），Maxham & Netemeyer（2003）等人发现，员工超出工作描述的顾客导向服务可用共享品牌价值观来解释。Burmann 和 Zeplin（2005）将品牌公民行为定义为与品牌相关的员工额外角色行为。Bumgarth 和 Schmidt（2010）则将"员工品牌角色外行为定义为与品牌相关的员工额外角色行为"；将"员工品牌角色内行为定义为支持品牌建设目标的个人角色内支持性行为"（刘家凤，2011）。

（三）双核价值驱动匹配对客户品牌满意、品牌忠诚的作用关系

关于品牌价值观在企业内外部的一致性程度与顾客品牌满意、品牌忠诚的作用关系，目前也很少直接涉及研究，主要是研究品牌与消费者价值观匹配与品牌偏好、品牌选择、品牌忠诚的作用。有研究表明，品牌价值观与消费者价值观一致性程度与顾客品牌忠诚度正相关（Quester，Beverland 和 Farrelly，2006）。将品牌与消费者个人价值观相连，消费者更可能对与其价值观相匹配的品牌产生品牌依恋，并出现购买行为（Kim，2005；刘家凤，2011）。还有实证

研究发现，"品牌与消费者价值观越相似，感知公司品牌价值观吸引力越大，消费者有更好的品牌态度、更强的品牌偏好及品牌选择意愿"（Czellar & Palazzo，2004；刘家凤，2011）。但是，随着现实世界中消费者对于品牌承诺与实际体验差异引起的不满现象越来越激烈，随着员工在公司品牌中的作用越来越大，品牌相关领域研究学者认为，只有品牌价值观在企业内外部实现了一致性，顾客才可能有更高的品牌满意度和忠诚度。如 Herman（2001）指出，为了增强员工对公司品牌的认同与支持，公司品牌价值观必须反映组织价值观与企业文化。如果公司品牌价值观（前台）与实际企业价值观（后台）之间存在差距。那么，员工感知到的公司品牌价值观就是一个谎言，员工对公司品牌的信任度降低，最终导致公司品牌价值观与顾客感知它们的方式之间存在越来越大的差距，从而降低顾客品牌满意与品牌忠诚。这表明，品牌价值观在企业内外部的一致性对顾客品牌满意与品牌忠诚具有正向影响（王长征，周学春，2011）。

根据上述对双核价值驱动匹配与员工品牌忠诚、员工品牌角色内行为、员工品牌角色外行为、客户品牌满意、客户品牌忠诚作用关系研究成果的分析讨论，基于内部员工价值驱动、外部客户价值驱动两个维度形成的四种公司品牌价值观管理模式类型，本研究形成如下理论假设：

H_{3a}：品牌价值观在企业内外部的匹配为双核价值驱动型时，内部品牌强度最高。即员工品牌忠诚度最高，员工有积极的品牌角色内行为与品牌角色外行为。

H_{3b}：品牌价值观在企业内外部的匹配为员工价值驱动型时，内部品牌强度较高。即员工品牌忠诚度较高，员工有积极的品牌角色内行为与品牌角色外行为。

H_{3c}：品牌价值观在企业内外部的匹配为客户价值驱动型时，内部品牌强度较低。即员工品牌忠诚度较低，员工有消极的品牌角色内行为与品牌角色外行为。

H_{3d}：品牌价值观在企业内外部的匹配为空洞型时，内部品牌强度最低，即员工品牌忠诚度最低，员工有消极的品牌角色内行为与品牌角色外行为。

H_{4a}：品牌价值观在企业内外部的匹配为双核价值驱动型时，外部品牌强度最高，即客户的品牌满意度最高，客户的品牌忠诚度最高。

H_{4b}：品牌价值观在企业内外部的匹配为员工价值驱动型时，客户的品牌满意度较低，客户的品牌忠诚度较低。

H$_{4c}$：品牌价值观在企业内外部的匹配为客户价值驱动型时，外部品牌强度较高，即客户的品牌满意度较高，客户的品牌忠诚度较高。

H$_{4d}$：品牌价值观在企业内外部的匹配为空洞型时，外部品牌强度最低，即客户的品牌满意度和忠诚度最低（刘家凤，2014）。

基于上述理论假设，同时根据前述本研究对内部品牌强度指标选取员工品牌忠诚、员工品牌角色内行为（白长虹，邱玮，2008）、员工品牌角色外行为作为测量指标，外部品牌强度指标选取客户品牌满意、客户品牌忠诚作为测量指标，建立起基于员工价值驱动、客户价值驱动两个维度的四种双核价值驱动匹配类型与内部品牌强度、外部品牌强度的作用关系模型，如图3.8所示。

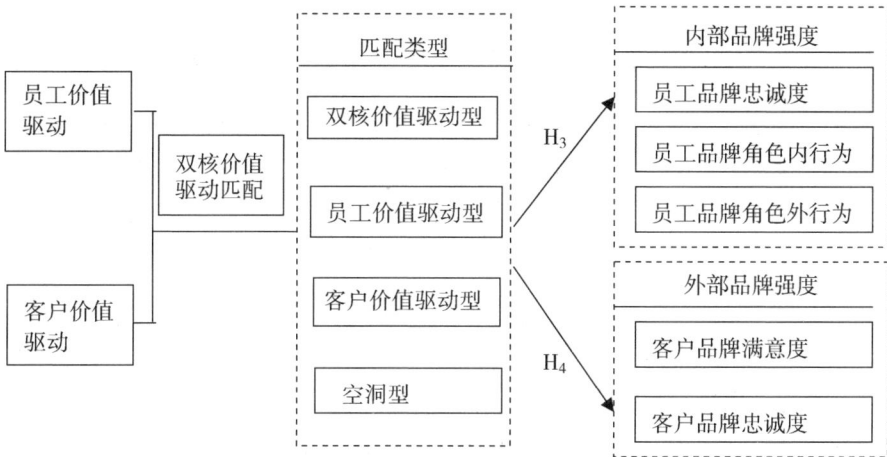

图3.8　双核价值驱动匹配类型与内外部品牌强度的作用关系模型

三、内外部品牌强度匹配类型对公司绩效指标的作用分析

本研究通过双核价值驱动匹配模型推导出，当品牌价值观在企业内外部的匹配类型为双核价值驱动型时，公司内部品牌强度高，外部品牌强度高，即内外部品牌强度匹配类型为双高型。当品牌价值观在企业内外部的匹配类型为员工价值驱动型时，公司内部品牌强度较高，外部品牌强度较低，即内外部品牌强度匹配类型为内高型。当品牌价值观在企业内外部的匹配类型为客户价值驱动型时，公司内部品牌强度较低、外部品牌强度较高，即内外部品牌强度匹配类型为外高型。当品牌价值观在企业内外部的匹配类型为空洞型时，公司内部品牌强度最低、外部品牌强度最低，即内外部品牌强度匹配类型为双低型。

Burmann 等人（2009）以内部品牌强度高低和外部品牌强度高低作为两个

维度形成四种公司品牌类型：冠军型、潜力型、危险型和失败型。冠军型是指内部品牌强度高、外部品牌强度也高的公司品牌。潜力型是指内部品牌强度高、外部品牌强度低的品牌。危险型是指外部品牌强度较高，内部品牌强度较低的公司品牌。失败型是指内部品牌强度较低，外部品牌强度也较低的公司品牌。他们以案例的形式分析发现，冠军型公司品牌不但具有坚实的内部品牌支撑，而且还有着对顾客具有吸引力的品牌形象。因此，冠军型公司品牌显示出卓越的成长潜力。潜力型公司品牌是由于高度品牌承诺员工的态度和行为还没有被外部感知，因此，以一种消极方式影响品牌的现在和未来资产，但是，这通常代表一个企业创造品牌资产的起点。至于危险型公司品牌，从外部视角来看，这些品牌看起来很强势，市场接受度较广。但是，品牌企业内部的品牌基础却严重受损。内部品牌强度较低表明员工品牌承诺程度较低。因此有着消极品牌公民行为（Burmann and Zeplin，2005），长期来看，被腐蚀的内部基础很可能导致外部品牌强度弱化，从而降低顾客保留率，影响企业绩效。失败型公司品牌则是在企业内部缺乏坚实支撑，在企业外部的市场认可度有限。使得企业对外的沟通与传递的产品或服务利益之间存在高度不一致，几乎没有未来增长潜力。

根据上述对内外部品牌强度匹配与公司绩效的作用关系，通过双核价值驱动匹配模型推导出来的内外部品牌强度匹配类型及 Burmann 等人（2009）对内外部品牌强度匹配类型的分析，本研究形成如下理论假设：

H_{5a}：当品牌价值观在企业内外部的匹配类型为双核价值驱动型时，内外部品牌强度匹配类型为双高型，即内部品牌强度高、外部品牌强度也高时，公司绩效最好，即平均净利润增长率、平均每股收益增长率最好。

H_{5b}：当品牌价值观在企业内外部的匹配类型为员工价值驱动型时，内外部品牌强度匹配类型为内高型，公司绩效低于双高型，高于双低型，与外高型无显著差异。

H_{5c}：当品牌价值观在企业内外部的匹配类型为客户价值驱动型时，内外部品牌强度匹配类型为外高型，公司绩效低于双高型，高于双低型，与内高型无显著差异。

H_{5d}：当品牌价值观在企业内外部的匹配类型为空洞型时，内外部品牌强度匹配类型为双低型，公司绩效最差，即平均净利润增长率、平均每股收益增长率最低。

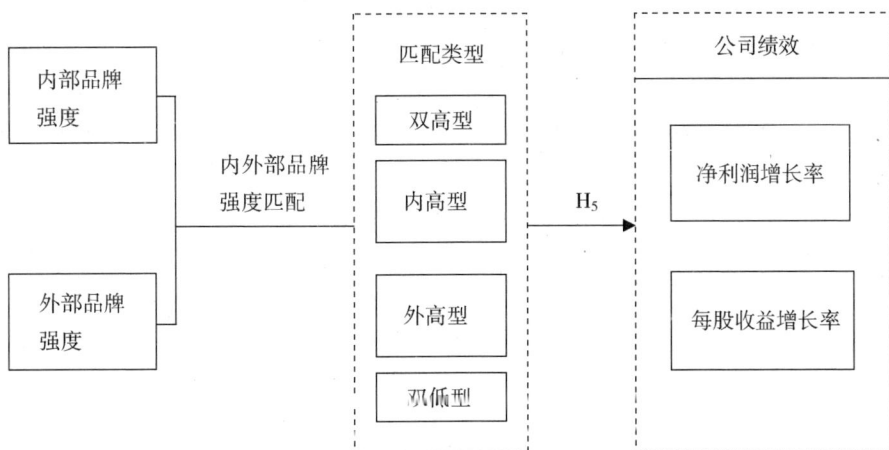

图 3.9 内外部品牌强度匹配类型与公司绩效的作用关系模型

第四章

理论模型的量表开发

第一节　指标量表的确定

指标量表的确定通常需要围绕研究假设对相关领域进行较为细致的文献研究，并结合研究对象与调研对象的实际情况，决定自行开发设计，还是沿用现有量表。一般来说，如果有成熟量表可以借鉴，最好在借用的基础上根据研究需要进行修改之后再重新检验效度和信度（宋联可，杨东涛，魏江茹，2006）。

不过，即使选用理论基础被广泛认同、经过大量检验的成熟量表也必须谨慎，因为设计者在设计量表时都有着特定的检验环境和适应背景，并不一定适合所有的场合和对象（宋联可，杨东涛，魏江茹，2006）。如果要用，则必须考虑量表是否符合研究目的和环境，并根据研究情况决定是全部使用、部分使用、修改使用，还是综合使用。由于本研究报告重点不在于开发品牌价值观量表，而是对品牌价值观在企业内外部的匹配及其作用进行验证，所以本研究尽可能借鉴国内外学者开发或修订的成熟量表。

一、研究变项测量

本研究涉及的研究变项有：员工价值驱动（指公司品牌价值观与以员工为代表的内部利益相关者价值观的一致性程度）、客户价值驱动（指公司品牌价值观与以客户为代表的外部利益相关者价值观的一致性程度），员工品牌忠诚、员工品牌角色内行为、员工品牌角色外行为，客户品牌满意、客户品牌忠诚，净利润增长率、每股收益增长率。其中，关于净利润增长率与每股收益增长率，直接采用各样本上市银行公开发布的年度报告中的财务数据（刘家凤，2014）。

对余下各变项的测量都是在参考国内外学者的研究成果基础上,考虑本研究实际情况对量表进行了必要的修正。然后将各变项编制成三种调查问卷:一种是针对抽样银行品牌的管理者问卷,由经 Judge 精简后的 OCP 组织价值观量表及个人资料构成;一种是针对抽样银行品牌的员工问卷,由员工价值驱动、员工品牌忠诚、员工品牌角色内行为、员工品牌角色外行为及个人资料构成(刘家凤,2014);一种是针对抽样银行品牌的客户问卷,由客户价值驱动、客户品牌满意、客户品牌忠诚及个人资料构成。

关于员工价值驱动、客户价值驱动两变项的测量,由于是本研究提出的新变项,将通过两步进行测量。第一步以各抽样银行管理者挑选出来的品牌价值观条目形成相应银行的品牌价值观量表,用于测量抽样银行品牌价值观被其员工认为重要的程度及在银行内部的体现程度,测量抽样银行品牌价值观被对应外部客户认为重要的程度及在抽样银行外部的体现程度。第二步根据测量的对抽样银行品牌而言的重要性价值观条目在抽样银行内部体现的程度得分计算出均值,得到员工价值驱动的测量值;根据测量的对抽样银行品牌而言的重要性价值观条目在抽样银行外部的体现程度得分计算出均值,得到客户价值驱动的测量值(刘家凤,2014)。

二、测量量表选择

本研究涉及以下变量的测量量表选择:品牌价值观、内部品牌强度指标员工品牌忠诚、员工品牌角色内行为及员工品牌角色外行为,外部品牌强度指标客户品牌满意及客户品牌忠诚。本研究所选择的测量量表皆由国外学者所开发,其中,外部品牌强度指标客户品牌满意、客户品牌忠诚量表都是比较成熟并广泛运用的研究工具,在中国情境中进行的实证研究也比较丰富,在国内经过了多次实证研究的检验,使用结果均显示出这些量表具有良好的信度和效度。而内部品牌强度测量受到的关注非常有限,导致内部品牌强度指标员工品牌忠诚、员工品牌角色内行为及员工品牌角色外行为量表的开发还不成熟,在国内外的实证研究还比较少。因此,本研究在大规模使用这些研究工具前,对内部品牌强度指标员工品牌角色内行为、员工品牌角色外行为的研究工具进行了修正(刘家凤,2014)。

（一）品牌价值观量表

1. 品牌价值观量表基础选择的理据

本研究决定采用 Judge 精简后的 O'Reilly 和 Chatman（1991）提出的 OCP 组织价值观量表作为各银行/公司品牌价值观量表的选择基础（刘家凤，2013）。原因有二。一是因为本研究的研究对象是公司品牌，在公司品牌建设中，品牌价值观与组织价值观是一致的，是组织文化的一部分（De Chernatony，2001）；本研究主要关注品牌价值观与内外部个人偏好层面对内外部个体结果变量的影响关系。而 OCP 量表正是为研究人与组织匹配和个体结果变量之间的关系而构建，作为组织价值观与个人偏好层面上测量个人与组织匹配的一种客观手段。总计包括 54 个价值观陈述语句，是一个涵盖广泛的价值观量表，足够供企业管理层选择其希望在组织中看见、在外部被消费者感知的价值观条目，也是少数提供了关于可靠性和有效性细节的价值观测量工具之一（刘家凤，林雅军，2013）。Judge 将 OCP 量表精简为包括 40 个测量项目的量表。二是因为在对公司品牌价值观的研究中，国外学者 Yaniv 和 Farkas（2005）正是以 OCP 组织价值观量表作为公司品牌价值观量表的选择基础，通过让企业管理层从 OCP 量表中的 54 个组织价值观条目中选择出他们最希望在企业内部根植、在外部被消费者感知的 8 条价值观条目作为公司品牌价值观量表，测量相应企业员工与顾客对公司品牌价值观的感知程度（刘家凤，林雅军，2013）。同时，鉴于非中国环境下开发的问卷需要修正，问卷过长可能影响调查的信效度。因此，笔者与三位品牌管理方面的专家、两位银行管理者重新对 OCP 原量表的 54 个测项与经 Judge 精简后的 40 个测量项目进行比较发现，Judge 精简后的 40 个测项基本涵盖了 OCP 原量表的内涵，足够供银行管理层从中选择他们希望在内部得到员工认同和支持、在外部被消费者感知和欣赏的品牌价值观条目（刘家凤，林雅军，2013）。所以，本研究决定使用经 Judge 精简后的 40 个测项作为本研究中各样本银行/公司品牌价值观量表的选择基础，并根据试调的具体情况进行个别字词的调整，以能更好地表达出测项的本来意义。

2. 品牌价值观量表的选取办法

本研究借鉴国外学者 Yaniv 和 Farkas（2005）在公司品牌价值观研究中的选取办法，第一步，采用经 Judge 修订后包括 40 个测项的 OCP 量表，让各样本银行/公司管理者首先选择与品牌价值观相关的价值观条目，再根据对塑造样本银行/公司的良好形象的重要程度确认其品牌价值观；第二步，根据调查问卷回来的结果，将集中度最靠前的八条品牌价值观条目作为相应银行/公司的品牌价值观量表（刘家凤，2013）。

（二）内部品牌强度指标测量

由于对内部品牌强度的测量通常是由对内部品牌资产的测量来完成，所以，以下的员工品牌忠诚、员工品牌角色内行为及员工品牌角色外行为量表均来自Bumgarth 和 Schmidt 在 2010 年开发的内部品牌资产量表。

1. 员工品牌忠诚量表

本书中的员工品牌忠诚量表选自 Bumgarth & Schmidt 在 2010 年所发展的内部品牌资产量表中的员工品牌忠诚分量表。该分量表是 Bumgarth 和 Schmidt 根据 Wheeler 等（2006）开发的"员工品牌忠诚量表"修订而成，此量表仅含 1 个条目，主要体现员工的留职意愿。

2. 员工品牌角色内行为量表

本书的员工品牌角色内行为量表，也是选自 Bumgarth 和 Schmidt 在 2010 年所发展的内部品牌资产量表中的员工品牌角色内行为分量表，该分量表含 5 个条目，主要体现员工在与顾客及其他利益相关者的接触中表达品牌价值观的程度。

3. 员工品牌角色外行为量表

本书的员工品牌角色外行为量表，也是选自 Bumgarth 和 Schmidt 在 2010 年所发展的内部品牌资产量表中的员工品牌角色外行为分量表，该分量表含 10 个条目，主要体现员工在支持品牌建设目标时显示出的参与意愿。

以上量表目前尚未在国内使用，所以经过了翻译—回译程序。为了更加全面地了解银行员工品牌忠诚、品牌角色内行为及品牌角色外行为，增加量表的有效性，本研究分别对多名银行员工（包括柜员、客户经理、大堂经理等）针对 Bumgarth 和 Schmidt（2010）编制的"内部品牌资产量表"中的题项进行了访谈。访谈调查结果反映出两个主要问题：一是个别题项存在重复，二是一些题项语意存在歧义。根据被试反馈，研究者对员工品牌角色内行为量表进行了修改，对语意表述不清的题项进行了修改，并合并了一些题项，生成了包含 15 个题项的量表（冯旭，2010）。邀请公司品牌建设领域的专家学者对形成新的内部品牌强度量表（表 4.1）进行了进一步的修改和完善，使题项能够符合中国情境下员工品牌忠诚及员工品牌支持行为（刘家凤，2013）。

表4.1 内部品牌强度衡量题目

序号	衡量题目	因素概念
1	我乐意一直为本银行品牌工作	员工品牌忠诚
2	我乐于长期向潜在客户传递相同的本银行品牌价值观	
3	我乐于向潜在客户传递与本银行对外品牌沟通中（如广告、展会、网页、杂志等）一致的宣传内容	员工品牌角色内行为
4	我乐于向潜在客户介绍本银行品牌的产品与服务功能（如质量及可靠性）、情感及象征利益（如信任、友善等）	
5	我乐于向潜在客户介绍本银行品牌相对于其他竞争品牌的优势	
6	我非常清楚自己的言行会影响本银行的品牌形象	
7	我认为自己的言行与本银行的品牌价值观是一致的	
8	我愿意以自己的言行为提升本银行品牌形象努力工作	
9	我愿意为提升本银行品牌形象加班加点	
10	我愿意向亲戚朋友推荐本银行品牌	
11	我很乐意向新同事介绍本银行品牌价值观	员工品牌角色外行为
12	我会主动了解客户对本银行品牌的反馈意见	
13	我会主动阅读工作指南或专业杂志等，为满足本银行客户对品牌的期望服务	
14	我会及时向相关负责人转告客户对本银行品牌的反馈意见或内部出现的问题	
15	我会积极寻求解决本银行品牌产品或服务中所出现问题的新方法	

（三）外部品牌强度指标测量

由于对外部品牌强度的测量通常是由对外部品牌资产的测量来完成，因此，以下的客户品牌满意及客户品牌忠诚量表均是借鉴有关外部品牌资产中对顾客品牌满意、顾客品牌忠诚的测量。

1. 客户品牌满意量表

本书的客户品牌满意量表是由卢娟、芦艳和娄迎春（2006）针对银行业修订的顾客满意维度及李俊祥（2008）在针对基于顾客的商业银行品牌资产模型研究中提出的品牌满意维度合并而来（刘家凤，2013；2014）。

2. 客户品牌忠诚量表

本书的客户品牌忠诚量表采用的是卢娟、芦艳和娄迎春（2006）针对银行业修订的服务忠诚维度（刘家凤，2013；2014）。

由于客户品牌满意和客户品牌忠诚量表分别经过合并、修订得来，为了更加全面地了解客户的品牌态度和行为，增加量表的有效性，本研究首先将卢娟等人与李俊祥提出的顾客品牌满意量表中相同的条目进行合并，保留不同条目，再与卢娟等人提出的服务忠诚条目放入一份问卷，然后，对多名银行品牌客户针对外部品牌强度问卷中的题项进行了访谈。访谈调查结果反映出两个主要问题：一是个别题项存在重复，二是一些题项语意存在歧义。根据被试反馈，研究者对外部品牌强度量表进行了修改，对语意表述不清的题项进行了修改，合并了一些题项，生成了包含 2 个维度的 10 个题项的量表（表 4.2）（冯旭，2010；刘家凤，2013）。邀请公司品牌建设领域的专家学者对形成新的外部品牌强度量表进行了进一步的修改和完善，使题项能够符合中国情境下客户的品牌态度和行为。

表 4.2　外部品牌强度衡量题目

序号	衡量题目	因素概念
1	我对该银行品牌总体感到满意	
2	我在该银行办理业务非常愉快	
3	该银行的服务让我非常满意	
4	与其他银行相比，该银行的服务更令我满意	客户品牌 满意
5	我选择在该银行接受服务是一个非常正确的决定	
6	我愿意和该银行保持长久的关系，共同成长	
7	我愿意多花一些钱，多走一些路到该银行办理业务	
8	我下次办理其他金融业务还会到该银行	
9	我会向征询我意见的人推荐该银行	客户品牌 忠诚
10	我会推荐其他朋友或家人到该银行办理业务	

本研究报告将采用 Cronbach's α 系数、验证性因子分析（CFA）对上述研究变项测量量表的信度与效度进行分析验证。上述工作确保了内部品牌强度量表和外部品牌强度量表具有较好的内容效度。

三、量表评分级度选择

由于易于设计、构造简单且便于操作的特点，利克特量表是常用的三种量表之一，其评分级度主要包括 4 点式、5 点式、6 点式和 7 点式，有时也能见到 10 点式。在量表编制中，到底选用哪种评分级度最合适，目前还停留在感性经验基础上。但是，从心理学的角度，中国文化倡导中庸，被访谈者有可能在填答时，倾向于选择中间数值；另外，由于本研究中所调查对象层次不一，社会层次复杂、文化素质水平不一，在填制量表时如果选择高级度量表有可能造成调查中被访者错误和不准确的理解。因此，本研究答卷中管理者、员工、客户的基本情况用填空题和选择题来表现，除了管理者、员工、客户基本情况以外的研究内容都采用以 likert 的逐项列举的态度量表形式表示，衡量时用 5 级尺度代表，根据评分级度划分为完全不同意、比较不同意、说不清楚、比较同意、完全同意五等。其中设置"说不清楚"以满足填答者的"趋中反映"或判断模型的题项，并赋予每一个评分级度相应的分值："完全同意"5 分、"比较同意"4 分、"说不清楚"3 分、"比较不同意"2 分和"完全不同意"1 分（林雅军，吴娅雄，鲍金伶，南剑飞，2010）。

第二节　数据收集

根据上述测量变项选择的测量量表，编制成面上调查问卷（见附录），进行个别随机测试，再根据回答情况对问卷中难于理解的个别词句、不清楚的地方进行讨论修改，最后印制成正式问卷用于调查（朱青松，2007）。并进行样本数据描述性统计分析，确保样本数据的科学合理分布。

由于本研究目的在于探讨双核价值驱动匹配与内部品牌强度、外部品牌强度的关系，进而对公司绩效的作用关系，所以，研究构念及量表的运作均无特殊的行业限制。为确保研究结果的准确性，本研究决定选择单一行业公司品牌作为研究对象，为符合本研究的目的在选择具体行业公司品牌时将考虑下列原则：①该行业公司品牌具有代表性；②该行业正处于公司品牌打造阶段；③该行业公司管理者、员工、客户容易界定，便于研究的开展；④该行业公司品牌打造过程中大部分员工都会卷入（冯旭，2010）。

根据以上原则本研究决定选择银行业作为研究对象。第一，银行业在公司品牌打造中具有代表性（冯旭，2010）。随着实力强劲的外资银行来势汹汹，银行业竞争已经从质量竞争进入到品牌竞争阶段，从传统的"以产品为中心"的经营模式逐渐转向"以客户为中心"的运营模式，新的形势和任务目标对国内银行的品牌建设与企业文化建设提出了更高要求，国内银行纷纷开始股改转制，进入自觉的公司品牌与企业文化建设阶段。第二，银行是典型的服务品牌，及内部员工与外部客户接触面广，在银行品牌打造过程中，银行大部分员工都会卷入。第三，有关本研究报告中所涉及的中国银行业相关品牌打造与企业文化建设的内容在网上容易获取，易于本项目人员从中观层面观察与分析，具有客观与科学性。第四，银行领导、员工及客户容易界定，便于调查工作的开展。

一、市场调查

（一）样本来源

本书选取的面上样本来自 2010 年 5 月—2010 年 9 月对八家国内上市银行管理者、一般员工及目标客户的问卷调查。由于本研究调查对象涉及较多，包括银行的管理者、一般员工及目标客户，具有一定特殊性，为了方便抽样与调查，主要采取了实地调查取证、网上在线填写、电子邮件、邮寄等方式（刘家凤，2014）。

在双核价值驱动匹配与内部品牌强度、外部品牌强度之间的关系分析研究中，所采用的数据都是来自对以上八家国内上市银行相关人员进行调查得来的面上数据。

（二）样本回收

关于面上研究样本数据的收集，一是通过对各样本银行部分中高层管理人员进行当面问卷发放与访谈获取各样本银行品牌价值观甄别量表数据；二是通过对各样本银行员工进行当面问卷发放与委托相关银行工作人员协助发放和回收各样本银行员工问卷；三是通过对各样本银行客户进行当面问卷发放、培训相关问卷调查人员及网上调查等方法获取客户问卷。历经五个月的问卷发放和回收，共发放问卷2720 份，其中：银行管理者问卷160 份，银行员工问卷960份，银行客户问卷1600 份；共回收问卷2404 份。经过初步检查，剔除漏项填答及填答一致（如均选 5）之无效问卷378 份（其中无效管理者问卷5 份，无效员工问卷118 份，无效顾客问卷255 份），总计收回有效问卷2026 份，其中：银行管理者有效问卷116 份，银行员工有效问卷630 份（刘家凤，2013；2014），银行客户有效问卷1280 份。总有效回收率为75.5%，其中：银行管理者有效问卷回收率为89%，银行员工有效问卷回收率为65.6%，银行客户有效问卷回收率为80%。面上问卷调查情况统计表 4.3 所显示的各银行有效问卷回收数量差异较大，主要是不同银行规模大小不同所致。

表4.3　面上问卷调查情况统计表

调查对象	调查时间	发放问卷	回收有效问卷	回收率（％）
银行1 管理者	2010 年 5—6 月	20	20	100
员工	2010 年 6—9 月	200	113	57
客户	2010 年 6—9 月	200	121	61
银行2 管理者	2010 年 5—6 月	20	19	95
员工	2010 年 6—9 月	200	114	57
客户	2010 年 6—9 月	300	294	98
银行3 管理者	2010 年 5—6 月	20	16	80
员工	2010 年 6—9 月	100	72	72
客户	2010 年 6—9 月	200	176	88
银行4 管理者	2010 年 5—6 月	20	20	100
员工	2010 年 6—9 月	100	85	85
客户	2010 年 6—9 月	400	313	78
银行5 管理者	2010 年 5—6 月	20	10	50
员工	2010 年 6—9 月	100	72	72
客户	2010 年 6—9 月	200	140	70
银行6 管理者	2010 年 5—6 月	20	10	50
员工	2010 年 6—9 月	60	38	63
客户	2010 年 6—9 月	100	89	89
银行7 管理者	2010 年 5—6 月	20	11	55
员工	2010 年 6—9 月	100	81	81
客户	2010 年 6—9 月	100	67	67
银行8 管理者	2010 年 5—6 月	20	10	50
员工	2010 年 6—9 月	100	55	55
客户	2010 年 6—9 月	100	80	80
银行　管理者	合计	160	116	73
员工		960	630	66
客户		1600	1280	80

二、样本数据特征

由于本研究调查问卷涉及各银行管理者、一般员工和客户，因此，本研究报告分别对这三类人员的角色和背景特征进行了统计描述。管理者调查样本的结构如表 4.4 所示（王毅，2006），员工调查样本的结构如表 4.5 所示，客户调查样本的结构如 4.6 所示。

（一）统计变量分布情况

表 4.4　管理者有效研究样本分布情况

性别	样本	有效比例（%）	累计百分比（%）
男	67	57.76	57.76
女	49	42.24	100
合计	116	100	
年龄	样本	有效比例（%）	累计百分比（%）
20 岁以下	0	0	0
20—29 岁	5	4.31	4.31
30—39 岁	66	56.9	61.21
40 岁以上	45	38.79	100
合计	116	100	
工作年限	样本	有效比例（%）	累计百分比（%）
不到半年	2	1.72	1.72
半年以上，一年以内	15	12.93	14.65
一年以上，三年以内	61	52.59	67.24
三年以上	38	32.76	100
合计	116	100	
职位	样本	有效比例（%）	累计百分比（%）
高层管理或专业技术人员	42	36.21	36.21
中层管理或专业技术人员	74	63.79	100
合计	116	100	
调查银行	样本	有效比例（%）	累计百分比（%）
银行 1	20	17.24	17.24

续表

性别	样本	有效比例（%）	累计百分比（%）
银行2	19	16.38	33.62
银行3	16	13.79	47.41
银行4	20	17.24	64.65
银行5	10	8.62	73.27
银行6	10	8.62	81.89
银行7	11	9.49	91.38
银行8	10	8.62	100
合计	116	100	

表4.5　员工有效样本分布情况

性别	样本	有效比例（%）	累计百分比（%）
男	258	40.95	40.95
女	372	59.05	100
合计	630	100	
年龄	样本	有效比例（%）	累计百分比（%）
20岁以下	0	0	0
20—29岁	341	54.13	54.13
30—39岁	185	29.37	83.5
40—50岁	75	11.9	95.4
50岁以上	29	4.6	100
合计	630	100	
学历	样本	有效比例（%）	累计百分比（%）
初中及以下	1	0.16	0.16
高中或高职	163	25.87	26.03
大专或本科	452	71.75	97.78
研究生以上	14	2.22	100
合计	630	100	

工作年限	样本	有效比例（%）	累计百分比（%）
不到半年	73	11.59	11.59
半年以上，一年以内	65	10.32	21.91
一年以上，三年以内	157	24.92	46.83
三年以上，五年以内	103	16.35	63.18
五年以上	232	36.82	100
合计	630	100	
职位	样本	有效比例（%）	累计百分比（%）
高层管理或专业技术人员	18	2.86	2.86
中层管理或专业技术人员	85	13.49	16.35
基层管理或专业技术人员	142	22.54	38.89
普通员工	385	61.11	100
合计	630	100	
调查银行	样本	有效比例（%）	累计百分比（%）
银行1	113	17.94	17.94
银行2	114	18.10	36.04
银行3	72	11.43	47.47
银行4	85	13.49	60.96
银行5	72	11.43	72.39
银行6	38	6.03	78.42
银行7	81	12.86	91.27
银行8	55	8.73	100
合计	630	100	

表4.6 客户有效研究样本分布情况

性别	样本	有效比例（%）	累计百分比（%）	是否	样本	有效比例（%）	累计百分比（%）
男	646	50.47	50.47	是	646	50.47	50.47
女	634	49.53	100	是	634	49.53	100
合计	1280	100		合计	1280	100	

				频率	样本	有效比例（%）	累计百分比（%）
年龄	样本	有效比例（%）	累计百分比（%）	0—1 次	595	46.49	46.49
20 岁以下	41	3.20	3.20	2—3 次	452	35.31	81.80
20—29 岁	595	46.48	49.68	4—5 次	153	11.95	93.75
30—39 岁	410	32.03	81.71	6 次以上	80	6.25	100
40—50 岁	187	14.62	96.33	合计	1280	100	
50 岁以上	47	3.67	100	时间	样本	有效比例（%）	累计百分比（%）
合计	1280	100		不到半年	294	22.97	22.97
学历	样本	有效比例（%）	累计百分比（%）	0.5—1 年	213	16.64	39.61
初中及以下	51	3.98	3.98	1—3 年	260	20.31	59.92
高中与高职	208	16.26	20.24	3—5 年	172	13.44	73.36
大专与本科	857	66.95	87.19	5 年以上	341	26.64	100
研究生以上	164	12.81	100	合计	1280	100	
合计	1280	100		顾客分布	样本	有效比例（%）	累计百分比（%）
收入	样本	有效比例（%）	累计百分比（%）	银行 1	121	9.45	9.45
1000 元以下	174	13.59	13.59	银行 2	294	22.97	32.42
1001—3000 元	547	42.73	56.32	银行 3	176	13.75	46.17
3001—5000 元	363	28.36	84.68	银行 4	313	24.46	70.63
5000 元以上	196	15.32	100	银行 5	140	10.94	81.57
合计	1280	100		银行 6	89	6.95	88.52

职业	样本	有效比例（%）	累计百分比（%）	顾客分布	样本	有效比例（%）	累计百分比（%）
政府机关及事业单位职工	246	19.22	19.22	银行7	67	5.23	93.75
企业职工	534	41.72	60.94	银行8	80	6.25	100

性别	样本	有效比例（%）	累计百分比（%）	合计	1280	100	
个体工商户	116	9.06	70				
农民	26	2.03	72.03				
学生	188	14.69	86.72				
其他	170	13.28	100				
合计	1280	100					

（二）调查问卷数据基本情况表

通过对调查问卷数据进行基本统计与分类，在表4.7中列举出各个指标的基本情况：包括各个指标的平均值及标准差情况。平均值作为总体一般水平的代表值，反映了总体在某一数量标志上的集中趋势。不过，仅用平均数并不能说明平均数的代表性如何，还有必要用标准差来衡量取得的数据平均数的代表性如何，标准差越小，说明该平均数的代表性越好。表中数据显示，标准差值为0.933—1.218，基本表明各个指标的平均值能够代表本次研究对象的一般水平。

表4.7 调查问卷数据基本情况表

指标名称	Mean	Std. Deviation	指标名称	Mean	Std. Deviation
CVR1	3.85	0.933	EVR1	4.08	0.861
CVR2	3.75	1.007	EVR2	3.80	0.966
CVR3	3.81	0.983	EVR3	3.97	0.928
CVR4	3.95	1.027	EVR4	4.03	0.895
CVR5	3.76	0.966	EVR5	3.81	0.955

续表

指标名称	Mean	Std. Deviation	指标名称	Mean	Std. Deviation
CVR6	3.90	1.026	EVR6	4.09	0.891
CVR7	3.72	1.017	EVR7	3.87	0.972
CVR8	3.77	1.045	EVR8	3.82	1.000
EBS2	3.55	1.009	IRB1	3.94	0.829
EBS3	3.50	1.020	IRB2	3.96	0.797
EBS4	3.47	1.056	IRB3	4.00	0.766
EBS6	3.62	0.968	IRB4	4.02	0.819
EBS7	3.13	1.218	ERB2	4.01	0.802
EBL2	3.43	1.164	ERB4	3.58	1.118
EBL3	3.42	1.141	ERB5	4.08	0.803
			ERB6	4.04	0.774
			ERB7	3.97	0.811
			ERB8	3.88	0.878
			ERB9	3.94	0.872
			ERB10	3.92	0.894

注：1. EBS1；EBS5；EBL1；ERB1；ERB3；IBL1 在整理时根据探索因子分析结果删除。

第三节　数据处理及分析

本研究中对调查问卷数据的处理采用了两阶段分层的方式：第一是在录入阶段的数据处理；第二是在探索性因子分析阶段的数据处理。所采用的数据分析方法主要是对问卷调查数据进行定量分析。主要使用均值 t 检验、内部一致性信度检验、探索性因子分析、验证性因子分析等统计方法（吴继红，2006）。在验证双核价值驱动匹配对企业内部品牌强度、外部品牌强度的影响时，主要采用结构方程模型方法（利用 LISREL 8.53 统计软件）进行相关分析和路径分析；在比较四种公司品牌价值观类型之间的企业内外部品牌强度差异及企业内外部品牌强度匹配类型之间的公司绩效差异时，主要利用 SPSS17.0 统计软件进行方差分析。其中，用 SPSS 进行均值 t 检验、内部一致性信度检验、探索性因子分析卡方检验和方差分析；用 LISREL 8.54 进行结构方程模型分析，包括验证性因子分析和路径分析（吴继红，2006）。

一、数据处理

（一）录入阶段的数据处理

首先，按以下四步原则剔除废卷：①员工调查问卷甄别问题中答案选择"不是某银行员工"的问卷视为无效问卷（林雅军等，2010）；②客户调查问卷甄别问题中答案选择"没有在某银行办理业务经历"的问卷视为无效；③在数据处理时，各项选择结果 70% 以上雷同的问卷视为无效；④为避免结构方程模型的估计程序中出现非正定问题（Arbuckle，1996），大量漏选或填答一致（如均选 5）的问卷视为无效。上述四种情况均不予录入，因此本研究样本全部为无缺失值的资料。

其次，进行编码简化处理，录入系统。编码含义如表 4.8 所示。

表 4.8 问卷编码表

变量名	含义	变量名	含义
EVR	员工价值驱动	CVR	客户价值驱动
IBL	员工品牌忠诚	EBS	客户品牌满意
IRB	员工品牌角色内行为	EBL	客户品牌忠诚
ERB	员工品牌角色外行为		

表 4.8 中，变量名及其含义明确了每个量表测量的内容。具体的条目编码是根据所属量表及在其中排序分别用变量名加上 1、2、3……表示。如员工品牌角色内行为量表共有四个条目："我乐于长期向潜在客户传递相同的本银行品牌价值观""我乐于向潜在客户传递与本银行对外品牌沟通中（如广告、展会、网页、杂志等）一致的宣传内容""我乐于向潜在客户介绍本银行品牌的产品与服务功能（如质量及可靠性）、情感及象征利益（如信任、友善等）""我乐于向潜在客户介绍本银行品牌相对于其他竞争品牌的优势"。所以对应的编码是 IRB1、IRB2、IRB3、IRB4。其余量表类推。

（二）探索性因子分析阶段的数据处理

探索性因子分析的样本量采用至少测项数目的 10 倍以上为标准（Nunnally，

1978；林雅军等，2010；林雅军等，2014）。本报告初始量表总计41个测项，初步收集的探索性有效调查问卷630份，超过了探索性因子分析的标准样本数量，因此采用SPSS17.0对630个样本进行探索性因子分析。

在探索性因子分析过程中，通常采用以下四条准则来筛选变量测量项目：①若一个问项自成一个因子，则表明其缺乏内部一致性，需要删除；②为保证收敛效度，此问项在所属因子的负荷量低于0.5时删除；③为保证区别效度，每一问项所对应的因子负荷必须接近1，同时在其他因子的负荷则必须接近于0（严炜炜，2011），否则删除（Lederer & Sethi，1991；林雅军等，2010）；④题目总分相关（item total correlation）小于0.4且删除后的Cronbach's α值会增加者应删除（Yoo & Donthu，2001）。

本报告采用主成分分析方法，通过四次最大正交旋转进行因子分析，前五个因子的特征根值均大于1，累计解释的变异量为62.37%，超过Malhotra（1999）提出的累计方差贡献率标准值60%（林雅军等，2010）。通过碎石图（图4.1）看，从第六个因子开始变动趋缓，表明应提取五个因子。其中，内部品牌强度的所有测项没有按照原假设归属为三个因子，而是两个因子，删除员工品牌忠诚度中因子载荷低于0.5的测项（IBL1）"我乐意一直为本行这个品牌工作"；删除员工品牌角色外行为中因子载荷低于0.5的测项（ERB1）"我非常清楚自己的言行会影响本行的品牌形象"；删除员工品牌角色外行为中载荷跨项超过0.5的测项（ERB3）"我愿意以自己的言行为提升本行品牌形象努力工作"。结果表明（表4.9），经过纯化处理后，内部品牌强度所有测项的载荷都达到0.5以上，不存在显著的跨因子分布，因此具有良好结构效度。外部品牌强度中的客户品牌满意度和客户品牌忠诚两个维度由于相关性很高，在主成分因子分析时，合并成为一个维度，其中：客户品牌满意度中的测项（EBS1）"我对某银行品牌总体感到满意"与测项（EBS5）"我选择在某银行接受服务是一个非常正确的决定"的载荷均不足0.5被删除，客户品牌忠诚度测项（EBL1）"我下次办理其他金融业务还会到某银行"跨项目载荷超过0.5，也被删除。合并因子被命名为：外部品牌强度。结果表明（表4.9），经过纯化处理后，外部品牌强度所有测项的载荷均大于0.5，符合要求。员工价值驱动及客户价值驱动的所有测项的载荷均大于0.05，符合要求。五个因子分别命名为：员工价值驱动、客户价值驱动、员工品牌角色内行为、员工品牌角色外行为和外部品牌强度（刘家凤，2014）。结果表明（表4.9），本研究所有测项的单一因子载荷均大于 0.5，不存在显著的跨因子分布，因此具有良好的结构效度（林雅军等，2010）。

KMO 是 Kaiser – Meyer – Olkin 的取样适当性量数，当 KMO 值愈大，表示变量间的共同因素愈多，愈适合进行因素分析，KMO 值应大于 0.7，KMO 值越接近 1，表明题项间的偏相关性越强（范金刚，崔立中，2010），越适合进行因子分析（Hair et al.，1998），如果 KMO 的值小于 0.5 时，则不宜做因素分析，大于 0.6 时，适合因子分析。KMO 抽样适当性检验结果值为 0.922，Bartlett 球形检验的显著性水平值 P = 0.000 < 0.05（李宁琪，李树，2010），表明很适合做因子分析。

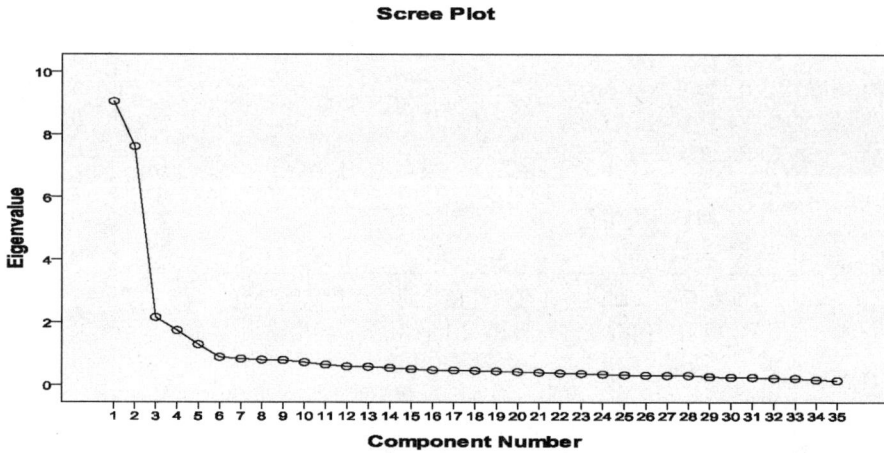

图 4.1　碎石图

表 4.9　正交旋转后的因子载荷矩阵

变量	测量项目代码和题项	因子负荷
客户价值驱动	您认为下面所列举的某银行品牌价值观的重要程度和在银行的体现程度： CVR1　稳定发展 CVR2　注重创新 CVR3　提升竞争能力 CVR4　注重本银行形象 CVR5　追求卓越 CVR6　尽职尽责 CVR7　履行社会责任 CVR8　注重和谐	0.688 0.718 0.818 0.780 0.725 0.755 0.754 0.768

变量	测量项目代码和题项	因子负荷
外部品牌强度	EBS2 我在该银行办理业务感到很愉快	0.713
	EBS3 该银行的服务让我非常满意	0.715
	EBS4 与其他银行相比，该银行的服务更令我满意	0.754
	EBS6 我愿意和该银行品牌保持长久的关系，共同成长	0.747
	EBS7 我愿意多花一些钱，多走一些路到该银行办理业务	0.749
	EBL2 我会向征询我意见的人推荐该银行品牌	0.831
	EBL3 我会推荐其他朋友或家人到该银行办理业务	0.855
员工价值驱动	您认为下面所列举的某银行品牌价值观的重要程度和在银行的体现程度：	
	EVR1 稳定发展	0.693
	EVR2 注重创新	0.747
	EVR3 提升竞争能力	0.808
	EVR4 注重本银行形象	0.674
	EVR5 追求卓越	0.725
	EVR6 尽职尽责	0.694
	EVR7 履行社会责任	0.715
	EVR8 注重和谐	0.733
员工品牌角色内行为	IRB1 我乐于长期向潜在客户传递相同的本行品牌价值观	0.685
	IRB2 我乐于向潜在客户传递与本行对外品牌沟通中（如广告、展会、网页、杂志等）一致的宣传内容	0.747
	IRB3 我乐于向潜在客户介绍本行品牌的产品与服务功能（如质量及可靠性）、情感及象征利益（如信任、友善等）	0.670
	IRB4 我乐于向潜在客户介绍本行品牌相对于其他竞争品牌的优势	0.611
员工品牌角色外行为	ERB2 我认为自己的言行与本行品牌价值观是一致的	0.563
	ERB4 我愿意为提升本行品牌形象加班加点	0.685
	ERB5 我愿意向亲戚朋友推荐本行这个品牌	0.552
	ERB6 我很乐意向新同事介绍本行的品牌价值观	0.685
	ERB7 我会主动了解客户对本行品牌的反馈意见	0.707
	ERB8 我会主动阅读工作指南或专业杂志等，为满足本行客户对品牌的期望服务	0.764
	ERB9 我会及时向相关负责人转告客户对本行品牌的反馈意见或内部出现的问题	0.696
	ERB10 我会积极寻求解决本行品牌产品或服务中所出现问题的新方法	0.736

二、分量表的信度与效度分析

信度（Reliability）和效度（Validity）主要表示研究方法和研究工具的准确性和可靠性。因此，为保证研究质量，本研究根据实证研究要求及研究目的需要，选择相应的高信度和高效度的检验方法，对所涉及测量量表进行了信度与效度分析。

其中，信度（Reliability）是指测量的可靠性或一致性（吴明隆，2003）。最常用的信度检验法是内部一致性信度。所以，本书将主要确认各量表在本研究中的内部一致性信度。

关于内部一致性信度，本报告采用 Cronbach's α 系数进行检验。Cronbach's α 系数越大，表示该变量各个题项的相关性越大，即内部一致性程度越高。在社会科学研究中，一个通行的规则是一个量表的 Cronbach's α 值要大于 0.60，最好大于 0.70（Bagozzi & Yi，1988）。Devellis（1996）则认为，分量表的内部一致性系数在 0.50 以上也是可以接受的。

效度（Validity）是确认问卷的有效性和正确性，是通过测验结果来反映所要测量特性的程度（陈玉兵，2007），主要包括问卷测验的目的、测量的精确度和真实性。量表的结构效度可分为收敛效度和区分效度，主要用来检验量表是否可以真正度量出所要度量的变量（林雅军等，2010）。所以，本书将主要确认各量表在本研究中的结构效度。

检验单一变量的效度，主要通过观察变量在潜变量上的标准化负荷量（吴继红，2006），判断观察变量是否能反映潜变量（黄芳铭，2005）。有的文献中将之称为收敛效度（Bagozzi et al，1988），由 CFA 模型的拟合指数和因子负载系数来检验（Mueller，1996）。通过对观察变量因子负荷的显著性程度（t 值）的判断，观察变量因子负荷应该达到显著性水平，且其值必须大于 0.45（转引自：林雅军等，2010），才能说明假设有意义，且观察变量能解释潜变量。

多个潜变量的区分效度。黄芳铭（2005）认为，当单一变量的效度检验不能反映多维度量表的潜变量是否能有效区分时，就需要进一步进行区分效度检验。检验区分效度的方法常见的主要有两种：一是计算相关构面的相关系数；二是比较各个潜变量被解释方差与该变量与其他变量的共同方差。本书通过计算相关构面的相关系数对内部品牌强度分量表进行区分效度检验。如果各构面的相关系数 95% 置信区间都不包括 1、0，表明不同变量的衡量项目彼此之间关联性不高，该量表的区分效度就可以接受（刘莉，2010）。

综上所述，首先，从两个方面分别考察员工价值驱动量表、客户价值驱动量表、员工品牌角色内行为量表、员工品牌角色外行为量表和外部品牌强度量表的内部一致性信度，即 Cronbach's α 系数和结构效度。其次，由于员工价值驱动量表、客户价值驱动量表和外部品牌强度量表都属于单维度量表，不需要考察区分效度（刘家凤，2014），因此只考察了它们测量模型的拟合优度和收敛效度。再次，从三步考察了内部品牌强度量表（员工品牌角色内行为、员工品牌角色外行为）的拟合优度、收敛效度和区分效度。最后，考察了总量表的区分效度。下面分别报告各量表的信度和效度分析结果（吴继红，2006）。

（一）员工价值驱动量表的信度及效度分析

1. 员工价值驱动量表的信度分析

员工价值驱动量表是单维度量表，由体现员工价值驱动方面的八个条目构成，该量表的信度分析结果如表 4.10 所示。采用 Cronbach's α 值作为删除题项的依据。经过第一次信度分析后，删除内部一致性偏低的题项，删除标准是：对题目总分相关小于 0.4 且删除后的 Cronbach's α 值会增加的项目进行删除（林雅军等，2014），有助于问卷整体一致性提高，则删除该题项。如果删除了部分题项，则需要对问卷进行第二次信度检验。变量"员工价值驱动"题目总分相关在 0.630—0.721 之间，都大于 0.4，不需要进行二次信度检验。本量表的总体信度为 0.893，在 0.7 以上，表明数据是可靠的。因此本量表具有良好的内部一致性（林雅军等，2014）。

表 4.10　员工价值驱动量表的信度分析

量表题项	校正的项总计相关性	项已删除的 Cronbach-s Alpha 值	基于标准化项的 Cronbachs Alpha
员工价值驱动			.893
EVR1	.630	.883	
EVR 2	.666	.880	
EVR 3	.661	.880	
EVR 4	.653	.881	
EVR 5	.637	.883	
EVR 6	.712	.875	

量表题项	校正的 项总计相关性	项已删除的 Cronbach-s Alpha 值	基于标准化项的 Cronbachs Alpha
EVR 7	.721	.874	
EVR 8	.688	.878	

2. 员工价值驱动量表的效度分析

品牌价值观在银行内部的员工价值驱动量表的效度分析如图4.2。从图中可看出，所有指标因子负荷介于0.62—0.80，大于门槛0.45，在各自计量概念上的因子负荷量都达到 p < 0.01 的显著水平，结果表明量表具有良好的收敛效度（林雅军等，2014）；同时，由于该量表是单维度量表，因此，不需要考察量表的区分效度（朱青松，2007）。

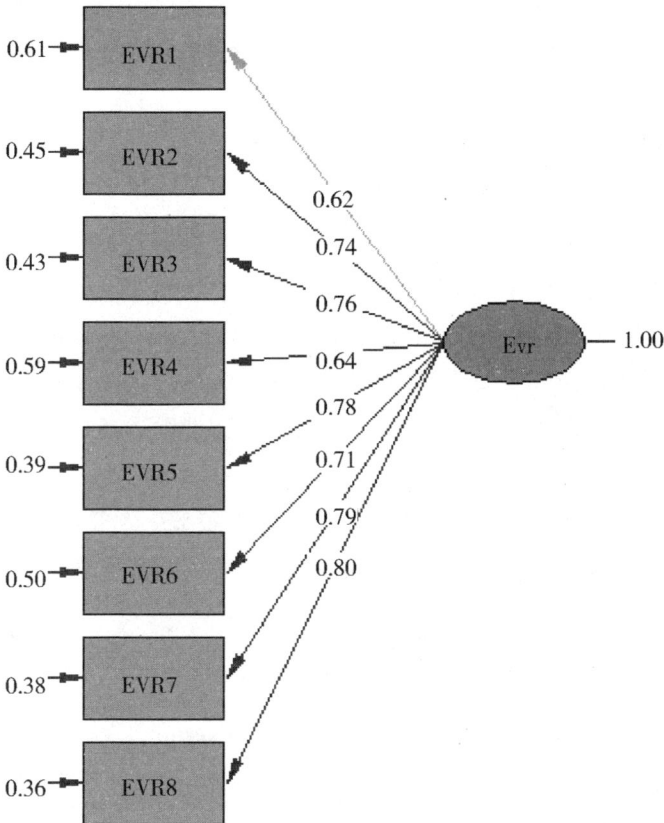

图4.2 员工价值驱动量表的效度分析

3. 员工价值驱动量表的测量模型分析

采用 LISREL8.54 中的稳健最大似然法对员工价值驱动量表的测量模型进行估计,分析结果显示(表4.11):研究假设的结构方程模型拟合得很好,主要的拟合指标为:$X^2/df = 2.57$,GFI = 0.92,AGFI = 0.86,SRMR = 0.046,NFI = 0.96,NNFI = 0.95,CFI = 0.96,IFI = 0.97,PNFI = 0.68,PGFI = 0.51。十个拟合指数除 AGFI 略低于标准指标外,其余各指标均达到了优度的标准,表明 CFA 模型与数据的拟合度良好(刘家凤,2013)。

表4.11 CFA 模型的拟合指数一览表

	绝对拟合指数				相对拟合指数			简约拟合指数	
	X^2/df	GFI	AGFI	SRMR	NFI	NNFI	CFI	IFI	PNFI	PGFI
标准值	<5	>0.90	>0.90	<0.08	>0.90	>0.90	>0.90	>0.90	>0.50	>0.50
实际值	2.57	0.92	0.86	0.046	0.96	0.95	0.96	0.97	0.68	0.51

(二)客户价值驱动量表的信度及效度分析

1. 客户价值驱动量表的信度分析

客户价值驱动量表是单维度量表,由体现客户价值驱动方面的八个条目构成,该量表的信度分析结果如表4.12所示。采用 Cronbach's α 值作为删除题项的依据。经过第一次信度分析后,删除了题目总分相关 <0.4 的内部一致性偏低的题项(林雅军等,2014),且删除后的 Cronbach's α 值会增加的项目进行删除,有助于问卷整体一致性提高,则删除该题项。如果删除了部分题项,则需要对问卷进行第二次信度检验。变量"客户价值驱动"题目总分相关在 0.621—0.779 之间,都大于 0.4,不需要进行二次信度检验。本量表的总体信度为0.917,在 0.7 以上,结果表明数据是可靠的。因此本表具有良好的内部一致性(林雅军等,2014)。

表4.12 客户价值驱动量表的信度分析

量表题项	校正的项总计相关性	项已删除的Cronbach's Alpha 值	基于标准化项的Cronbachs Alpha
客户价值驱动			.917
CVR1	.621	.914	

量表题项	校正的项总计相关性	项已删除的Cronbach's Alpha 值	基于标准化项的Cronbachs Alpha
CVR 2	.714	.907	
CVR 3	.749	.904	
CVR 4	.779	.902	
CVR 5	.701	.908	
CVR 6	.724	.906	
CVR 7	.762	.903	
CVR 8	.751	.904	

2. 客户价值驱动量表的效度分析

客户价值驱动量表的效度分析如图4.3。从图中可看出，所有指标因子负荷介于0.64—0.82，大于门槛0.45，在各自计量概念上的因子负荷量都达到 $p < 0.01$ 的显著水平，表明量表具有良好的收敛效度（林雅军等，2014）；同时，由于该量表是单维度量表，因此，不需要考察量表的区分效度（朱青松，2007）。

3. 客户价值驱动量表的测量模型分析

采用 LISREL8.54 中的稳健最大似然法对品牌价值观在银行外部的客户价值驱动量表的测量模型进行估计，分析结果显示（表4.13）：研究假设的结构方程模型拟合得很好，主要的拟合指标为：$X^2/df = 2.56$，GFI = 0.90，AGFI = 0.83，SRMR = 0.047，NFI = 0.96，NNFI = 0.95，CFI = 0.97，IFI = 0.97，PNFI = 0.69，PGFI = 0.50。十个拟合指数除 AGFI 略低于标准指标外，其余各指标都达到了优度的标准，表明 CFA 模型与数据的拟合度良好（刘家凤，2013）。

表4.13 CFA 模型的拟合指数一览表

	绝对拟合指数					相对拟合指数			简约拟合指数	
	X^2/df	GFI	AGFI	SRMR	NFI	NNFI	CFI	IFI	PNFI	PGFI
标准值	<5	>0.90	>0.90	<0.08	>0.90	>0.90	>0.90	>0.90	>0.50	>0.50
实际值	2.56	0.90	0.83	0.047	0.96	0.95	0.97	0.97	0.69	0.50

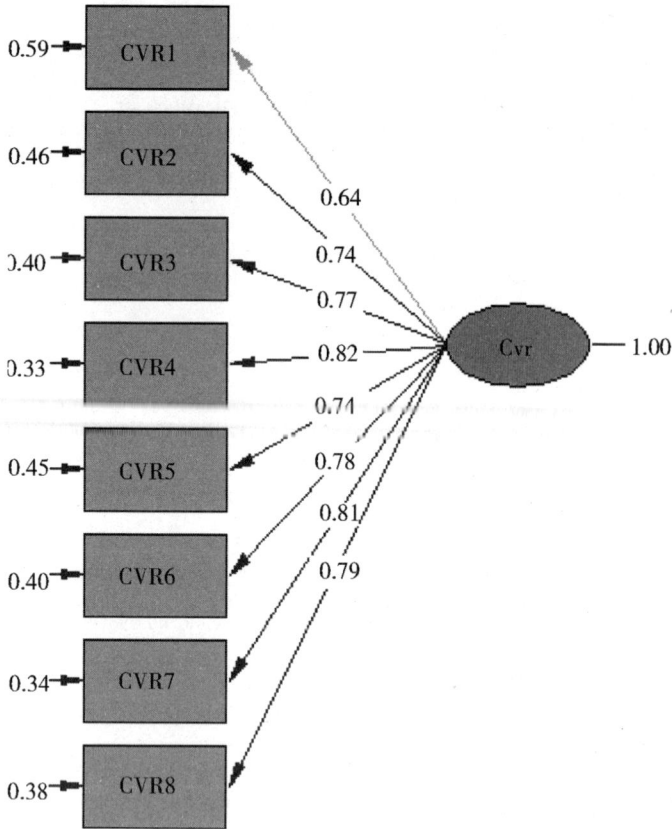

图 4. 3　客户价值驱动量表的效度分析

（三）内部品牌强度量表的信度及效度分析

1. 内部品牌强度量表的信度分析

内部品牌强度量表包含员工品牌角色内行为、员工品牌角色外行为。员工品牌角色内行为包括四个题项，员工品牌角色外行为包括八个题项（刘家凤，2013）。内部品牌强度量表信度分析结果如表 4. 14 所示，采用 Cronbach's α 值作为删除题项的依据。第一次信度分析后，删除题目总分相关小于 0. 4 的内部一致性偏低的题项（林雅军等，2014），且删除后的 Cronbach's α 值会增加的项目进行删除，有助于问卷整体一致性提高，则删除该题项。若删除部分题项，则需对问卷进行第二次信度检验。变量"员工品牌角色内行为"题目总分相关在 0. 560—0. 537，都大于 0. 4，不需进行二次信度检验，其总体信度为 0. 766。变量"员工品牌角色外行为"题目总分相关在 0. 572—0. 719，都大于 0. 4，也不需进行二次信度检验。其总体信度为 0. 879，都超过 Nunnally （1978） 所建议的

0.7 的可接受水平，结果表示内部品牌强度量表具有良好的内部一致性（林雅军等，2014）。

表 4.14 内部品牌强度量表的信度分析

量表题项	校正的项总计相关性	项已删除的 Cronbach's Alpha 值	基于标准化项的 Cronbachs Alpha
员工品牌角色内行为			.766
IRB1	.560	.713	
IRB 2	.606	.688	
IRB 3	.559	.713	
IRB 4	.537	.725	
员工品牌角色外行为			.879
ERB 2	.606	.863	
ERB 4	.588	.870	
ERB 5	.572	.867	
ERB 6	.642	.860	
ERB 7	.672	.857	
ERB 8	.709	.852	
ERB 9	.621	.862	
ERB 10	.719	.851	

2. 内部品牌强度量表的效度分析

内部品牌强度量表的效度分析如图 4.4。从图中可看出，所有指标因子负荷介于 0.69—0.82，大于门槛值 0.45，在各自计量概念上的因子负荷量都达到 $p < 0.01$ 的显著水平，结果表明量表具有良好的收敛效度（林雅军等，2014）。

根据内部品牌强度量表的因素分析，各变量的衡量项目均没有与其他变量的衡量项目收敛于同一个共同因素之下，同时如表 4.15 相关系数矩阵显示，不同变量的衡量项目间彼此皆不具有强烈的关联性。根据 Bagozzi and Yi（1988）对区分效度的标准，本量表具有可被接受的区分效度。

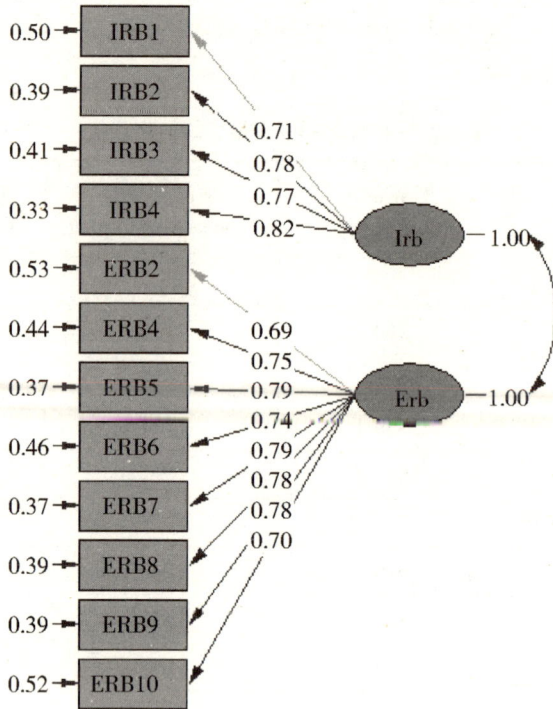

图 4.4　内部品牌强度量表的效度分析

表 4.15　内部品牌强度两构面的相关系数

	员工品牌角色内行为	员工品牌角色外行为
员工品牌角色内行为	1.00	
员工品牌角色外行为	0.87 （0.05） 8.14	1.00

3. 内部品牌强度量表的测量模型分析

采用 LISREL8.54 中的稳健最大似然法对内部品牌强度量表进行估计，分析结果显示（表 4.16）：研究假设的结构方程模型拟合得很好，主要的拟合指标为：$X^2/df = 2.68$，GFI = 0.76，AGFI = 0.64，SRMR = 0.073，NFI = 0.93，NNFI = 0.92，CFI = 0.94，IFI = 0.94，PNFI = 0.75，PGFI = 0.51。十个拟合指数除了 GFI 和 AGFI 低于标准指标外（这两项指标受本次调研样本量较小的影响），其余各指标都达到了优度的标准，表明 CFA 模型与数据的拟合度良好（刘家凤，2013）。

表 4.16　CFA 模型的拟合指数一览表

	绝对拟合指数				相对拟合指数			简约拟合指数	
	X^2/df	GFI	AGFI	SRMR	NFI	NNFI	CFI	IFI	PNFI	PGFI
标准值	<5	>0.90	>0.90	<0.08	>0.90	>0.90	>0.90	>0.90	>0.50	>0.50
实际值	2.68	0.76	0.64	0.073	0.93	0.92	0.94	0.94	0.75	0.51

（四）外部品牌强度量表的信度及效度分析

1. 外部品牌强度量表的信度分析

外部品牌强度量表是单维度量表，由体现客户品牌满意和品牌忠诚的 7 个测项构成，该量表的信度分析如表 4.17 所示。采用 Cronbach's α 值作为删除题项的依据。经过第一次信度分析后，删除题目总分相关（item – total correlation）小于 0.4 的内部一致性偏低的题项，且删除后的 Cronbach's α 值会增加的项目进行删除，有助于问卷整体一致性提高，则删除该题项。如果删除了部分题项，则需要对问卷进行第二次信度检验。变量"外部品牌强度"题目总分相关（item – total correlation）在 0.712—0.816，都大于 0.4，不需要进行二次信度检验。本量表的总体信度为 0.929，在 0.7 以上，结果表明数据是可靠的，因此本表具有良好的内部一致性（林雅军等，2014）。

表 4.17　外部品牌强度量表的信度分析

	校正的项总计相关性	项已删除的Cronbach's Alpha 值	基于标准化项的Cronbachs Alpha
外部品牌强度			.929
EBS 2	.779	.918	
EBS 3	.765	.920	
EBS 4	.806	.916	
EBS 6	.761	.920	
EBS 7	.712	.926	
EBL 2	.807	.915	
EBL 3	.816	.914	

2. 外部品牌强度的效度分析

外部品牌强度量表的效度分析如图4.5。从图中可看出，所有指标因子负荷介于0.74—0.85，大于门槛值0.45，在各自计量概念上的因子负荷量都达到 p <0.01 的显著水平，结果表明量表具有良好的收敛效度（林雅军等，2014）；同时，由于该量表是单维度量表，因此，不需要考察量表的区分效度（朱青松，2007）。

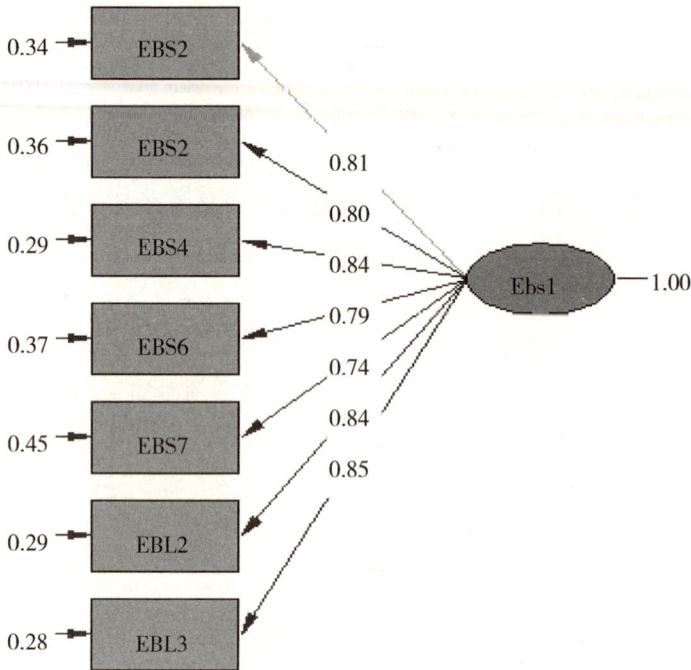

图4.5 外部品牌强度量表的效度分析

3. 外部品牌强度量表的测量模型分析

采用 LISREL8.54 中的稳健最大似然法对外部品牌强度量表进行估计，分析结果显示（表4.18）：研究假设的结构方程模型拟合得很好，主要的拟合指标为：$X^2/df = 2.68$，GFI = 0.83，AGFI = 0.66，SRMR = 0.051，NFI = 0.93，NNFI = 0.91，CFI = 0.94，IFI = 0.94，PNFI = 0.62，PGFI = 0.42。十个拟合指数除 GFI、AGFI 和 PGFI 低于标准指标外，其余各指标都达到了优度的标准，表明 CFA 模型与数据的拟合度良好（刘家凤，2013）。

表 4.18 CFA 模型的拟合指数一览表

	绝对拟合指数					相对拟合指数			简约拟合指数	
	X^2/df	GFI	AGFI	SRMR	NFI	NNFI	CFI	IFI	PNFI	PGFI
标准值	<5	>0.90	>0.90	<0.08	>0.90	>0.90	>0.90	>0.90	>0.50	>0.50
实际值	2.68	0.83	0.66	0.051	0.93	0.91	0.94	0.94	0.62	0.42

三、总量表的区分效度分析

黄芳铭（2005）指出，单一变量的效度检验并不能反映多维度量表的潜变量是否能有效区分，James 和 Gerbing（1988）指出，对多个潜变量进行区分效度检验，可采用以下两个准则：如果两个潜变量之间的相关系数加减标准误的两倍不包含 1，表明数据有较高的区分效度（James 和 Gerbing，1988）；潜在变量的共同方差应该小于 0.5，且某一潜在变量与其他潜在变量的共同方差应该小于两个潜在变量的平均方差抽取量的平均值（Fornell 和 Larcker，1981）（转引自：林雅军等，2010），平均方差抽取量（variance extracted，AVE）是反映一个潜在变量能被一组观察变量有效估计的聚敛程度指标，此指标用于计算潜变量的各观察变量对该潜变量的方差解释力（代祺，2007）。平均方差抽取量（variance extracted，AVE）的值应该大于 0.5，AVE 值越高，表示潜变量的收敛效度越高。

由表 4.19 和 4.20 计算可知，潜在变量之间的相关系数加减标准误的两倍不包含 1；潜在变量的共同方差均小于 0.5，虽然平均方差抽取量有两处小于 0.5，但是潜在变量与其他潜在变量的共同方差均小于两个潜在变量的平均方差提取量的平均值。因此，数据的区分效度良好（林雅军等，2010）。

表 4.19 潜在变量的相关系数和标准差

	CVR	EVR	EBS	IRB	ERB
CVR	1		0.05	0.02	0.02
EVR	.09	1	0.03	0.03	0.03
EBS	.72**	.06	1	0.03	0.03
IRB	.05	.63**	.04	1	0.03
ERB	.06	.67**	.04	.42**	1

注：1. 对角线以下为相关系数矩阵，对角线以上为标准误。
2. 表中因子按照顺序为：客户价值驱动（CVR）、员工价值驱动（EVR）、外部品牌强度（EBS）、员工品牌角色内行为（IRB）、员工品牌角色外行为（ERB）。

表 4.20 潜在变量的相关系数、平均方差抽取量及各个潜在变量之间的共同方差

	CVR	EVR	EBS	IRB	ERB
CVR	0.582	0.0081	0.5184	0.0025	0.0036
EVR	.09	0.533	0.0036	0.3969	0.4489
EBS	.72**	.06	0.657	0.0016	0.0016
IRB	.05	.63**	.04	0.450	0.1764
ERB	.06	.67**	.04	.42**	0.480

1. 对角线下方为相关系数矩阵，对角线数字为各个潜在变量的平均方差抽取量，对角线上方为各个潜变量与其他潜变量的共同方差（林雅军等，2010；林雅军，刘家凤，2012）。

2. 表中因子按照顺序为：客户价值驱动（CVR）、员工价值驱动（EVR）、外部品牌强度（EBS）、员工品牌角色内行为（IRB）、员工品牌角色外行为（ERB）。

第五章

双核价值驱动匹配模型的验证分析

本章拟采用结构方程模型的路径分析方法验证双核价值驱动匹配模型，进而分析说明本研究提出的品牌价值观衡量新指标的有效性与科学性，并在此基础上分析解释双核价值驱动匹配对内部品牌强度、外部品牌强度的作用关系。

第一节　双核价值驱动匹配模型验证前的数据分析

在双核价值驱动匹配模型验证前，首先对面上问卷中参与验证性因子分析的员工与客户配对样本量进行恰当性检验，然后对所有条目都进行了 K－S 正态分布检验（见附录7）。分析结果显示，本报告中涉及的员工与客户配对样本量（分别为630份）超过大部分结构方程模型的样本数（200—500）（Shumacker & Lomax，1996），符合结构方程的样本量要求；所有条目的偏度绝对值都小于2，峰度的绝对值都小于5，表明数据符合正态分布。

第二节　员工价值驱动与内部品牌强度作用关系的验证

一、员工价值驱动与内部品牌强度作用关系的验证性分析

关于员工价值驱动与内部品牌强度作用关系的验证，本报告利用验证性因子分析对测量模型的数据进行效度检验，通过观测各个潜变量因子载荷的显著性程度（t值）判断，本研究的因子载荷如图5.1。在验证性因子分析中，因子（潜变量）没有外源与内生之分。圆或椭圆表示潜变量，图中有3个潜变量，分

别是员工价值驱动（EVR）、员工品牌角色内行为（IRB）、员工品牌角色外行为（ERB）；图中有 20 个正方形或长方形的观测变量或指标；3 个潜变量之间有 6 个双向弧形箭头表示的相关关系；单向箭头指向指标表示测量误差（牛嘉龙，褚姝好，2012），如 EVR1 指标的误差方差是 0.62，比其他指标的误差方差都高，说明用 EVR 测量的误差比较高；圆形和长方形之间箭头上的数据是指因子负荷。所有的因子载荷都大于 0.45，P 值达到显著，表明该量表具有良好的收敛效度。

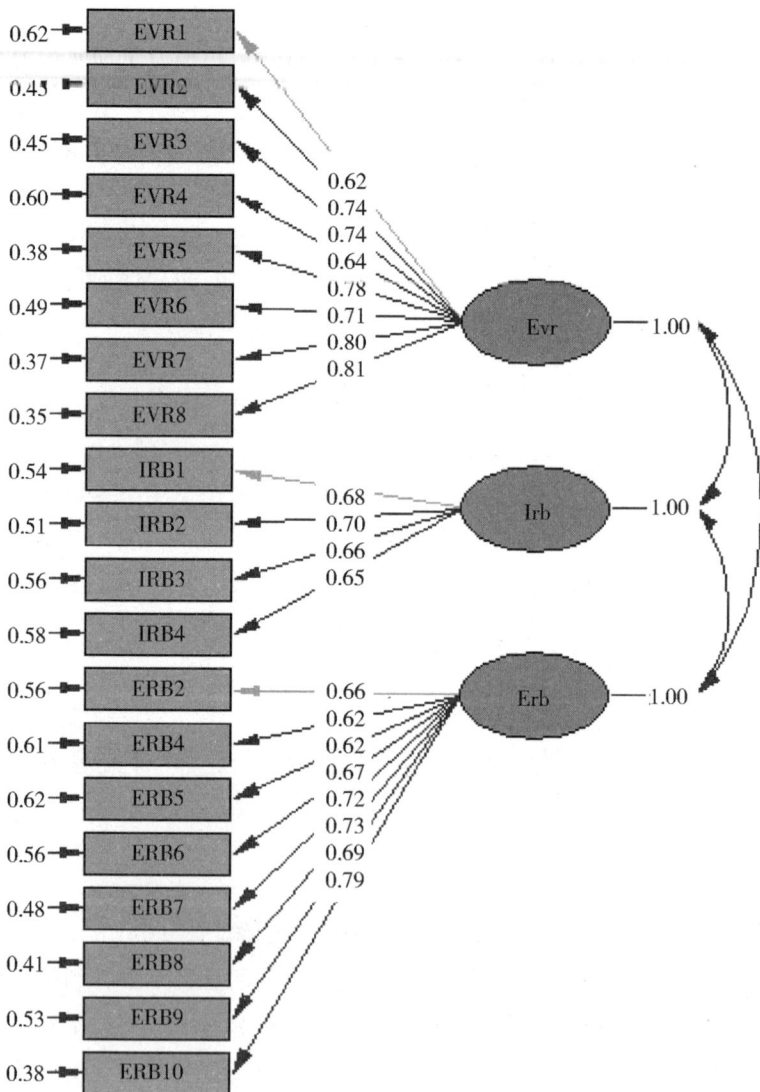

图 5.1　因子载荷图

同时，表5.1显示，潜在变量之间的相关系数加减标准误的两倍不包含1；潜在变量的共同方差均小于0.5，虽然平均方差抽取量有两处小于0.5，但是潜在变量与其他潜在变量的共同方差均小于两个潜在变量的平均方差提取量的平均值。因此，本量表具有良好的区分效度（James & Gerbing，1988；Fornell & Larker，1981；林雅军等，2010；林雅军，刘家凤，2012；林雅军等，2014）。

表5.1 潜在变量的相关系数、平均方差抽取量及各个潜在变量之间的共同方差

	EVR	IRB	ERB
EVR	0.53	0.18	0.40
IRB	.42	0.45	0.45
ERB	.63	.67	0.48

注：1. 对角线下方为相关系数矩阵，对角线数字为各潜在变量的平均方差抽取量，对角线上方位各个潜变量与其他潜变量的共同方差（林雅军，刘家凤，2012）。

2. 表中因子按照顺序为：员工价值驱动（EVR）、员工品牌角色内行为（IRB）、员工品牌角色外行为（ERB）。

二、员工价值驱动与内部品牌强度作用关系测量模型检验

表5.2显示：员工价值驱动与内部品牌强度作用关系的结构方程模型拟合得很好，主要的拟合指标为：$X^2/df = 2.14$，GFI = 0.90，AGFI = 0.87，SRMR = 0.046，NFI = 0.96，NNFI = 0.98，CFI = 0.98，IFI = 0.98，PNFI = 0.84，PGFI = 0.71。十个拟合指数除了AGFI略低于标准指标外，其余各指标都达到了优度的标准。

表5.2 CFA模型的拟合指数一览表

	绝对拟合指数					相对拟合指数			简约拟合指数	
	X^2/df	GFI	AGFI	SRMR	NFI	NNFI	CFI	IFI	PNFI	PGFI
标准值	<5	>0.90	>0.90	<0.08	>0.90	>0.90	>0.90	>0.90	>0.50	>0.50
实际值	2.14	0.90	0.87	0.046	0.96	0.98	0.98	0.98	0.84	0.71

三、员工价值驱动与内部品牌强度作用关系模型整体拟合度评价

结构方程模型的拟合指数包括绝对拟合指数、相对拟合指数和简约拟合指

数三类（侯杰泰，2004）。其中，常用的绝对拟合指数包括 X2/df、SRMR、RM-SEA 和 NFI（邱皓政，2004）。侯杰泰（2004）认为，当 X^2/df 值在 2.0—5.0 之间时，模型和数据的拟合程度较好。Hu & Bentler（1998）指出，SRMR 反映标准化的模型残差，通常情况下，其值小于 0.8 时表示模型可以接受。NFI 的系数值达到 0.9 以上被认为具有理想的拟合度。RMSEA 的数值越小越理想，0.05 被建议为良好拟合的门槛，0.08 为可接受的模型拟合门槛（McDonald & Ho，2002）。

常用的相对拟合指数包括 NNFI 和 CFI，取值在 0.9 以上拟合就较理想。CFI 的数值一般以 0.95 为通用的门槛。IFI 是用来处理 NNFI 波动的问题以及样本大小对于 NFI 的影响，一般情况下，系数值达到 0.9 以上才可以视为具有理想的拟合度（Hu and Bentler，1998）。

简约拟合指数 PGFI（Parismony Goodness – of – Fit Index）是反映 SEM 假设模型的简效程度（degree of parsimony）。Mulaik 等人（1989）指出，一个良好的模型，PGFI 指数大约在 0.5 以上都行。

根据上述总结和分析，本研究选择 X^2/df、SRMR、RMSEA、NFI、NNFI、CFI、IFI 和 PGFI 等拟合优度指标来评价结构模型。分析结果（表 5.3）显示：研究假设的结构方程模型拟合得很好，主要的拟合指标为：$X^2/df = 2.41$，SRMR = 0.072，RMSEA = 0.067，NFI = 0.96，NNFI = 0.97，CFI = 0.97，IFI = 0.97，PGFI = 0.71，所有指标都达到了良好的标准。

表 5.3　CFA 模型拟合指数一览表

	绝对拟合指数				相对拟合指数			简约拟合指数
	X^2/df	SRMR	RMSEA	NFI	NNFI	CFI	IFI	PGFI
标准值	<5	<0.08	<0.08	>0.90	>0.90	>0.90	>0.90	>0.50
实际值	2.41	0.072	0.067	0.96	0.97	0.97	0.97	0.71

四、理论假设的分析与评价

根据对员工价值驱动对内部品牌强度作用关系验证模型路径系数显示（图5.2），本研究的验证结果为：显著的标准化路径系数有，员工价值驱动（r = 0.63，t = 7.57）对员工品牌角色内行为有显著性影响；员工价值驱动（r =

0.67，t＝7.95）对品牌角色外行为有显著性影响。从而证实了员工价值驱动对内部品牌强度的高度解释力。验证结果见表5.4。

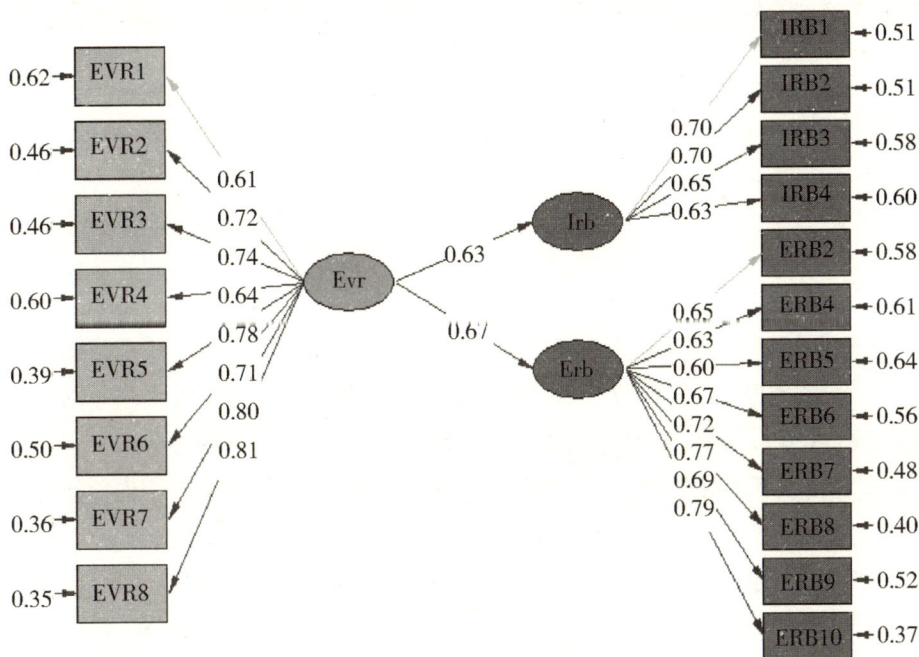

图5.2　员工价值驱动对内部品牌强度作用关系验证模型标准化解路径图示

表5.4　本节研究假设的验证结果汇总

假设标签	项目	标准化路径系数	T值	结论
H_{1a}	员工价值驱动对员工品牌角色内行为有显著性影响	0.63	7.57***	支持
H_{1b}	员工价值驱动对员工品牌角色外行为有显著性影响	0.67	7.95*	支持

注：t值大于1.96，*$p<0.05$；t值大于2.58，**$p<0.01$；t值大于3.29，***$p<0.001$。

五、结果讨论

根据上述对拟合模型指标的分析及对员工价值驱动对内部品牌强度指标系数的分析，得到如下有意义的结论：员工价值驱动对员工品牌角色内行为、员工品牌角色外行为均有显著性影响。充分说明员工价值驱动是衡量品牌价值观在企业内部一致性的有效指标,证实了员工价值驱动对内部品牌强度的解释力有其研究的有效性与科学性。

第三节 客户价值驱动与外部品牌强度作用关系的验证

一、客户价值驱动与外部品牌强度作用关系的验证性因子分析

关于客户价值驱动与外部品牌强度作用关系的验证,本报告利用验证性因子分析对测量模型的数据进行效度检验,通过观测各个潜变量因子载荷的显著性程度(t值)判断,本研究的因子载荷如图5.3。在验证性因子分析中,因子(潜变量)没有外源与内生之分。圆或椭圆表示潜变量,图中有2个潜变量,分别是客户价值驱动(CVR)和外部品牌强度(EBS);图中有15个正方形或长方形的观测变量或指标;2个潜变量之间有3个双向弧形箭头表示的相关关系;单向箭头指向指标表示测量误差(牛嘉龙,褚姝妤,2012),如CVR1指标的误差方差是0.59,比其他指标的误差方差都高,说明用CVR1测量的误差比较高;圆形和长方形之间箭头上的数据是指因子负荷。所有的因子载荷都大于0.45,P值达到显著。

至于测量模型的区分效度,根据该量表的因素分析,各变量的衡量项目均没有与其他变量的衡量项目收敛于同一个共同因素之下,同时如表5.5的相关系数矩阵显示不同变量的衡量项目间彼此皆不具有强烈的关联性。根据Bagozzi & Yi(1988)对区分效度的标准,本量表具有良好的区分效度(朱青松,2007)。

表5.5 客户价值驱动与外部品牌强度两因素的相关系数

	外部品牌强度	客户价值驱动
外部品牌强度	1.00	
客户价值驱动	0.72 (0.06) 6.19	1.00

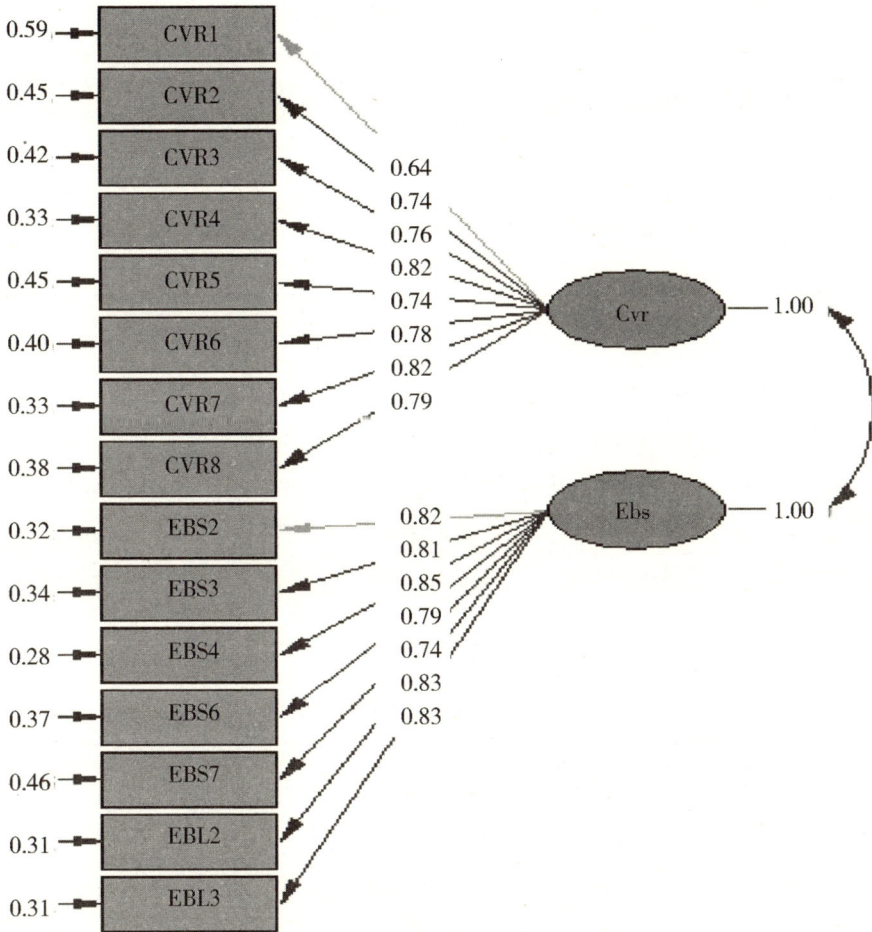

图5.3　因子载荷图

二、客户价值驱动与外部品牌强度作用关系测量模型检验

表5.6显示：客户价值驱动与外部品牌强度作用关系的结构方程模型拟合得很好，主要的拟合指标为：$X^2/df = 2.52$，$GFI = 0.84$，$AGFI = 0.79$，$SRMR = 0.048$，$NFI = 0.96$，$NNFI = 0.96$，$CFI = 0.97$，$IFI = 0.97$，$PNFI = 0.81$，$PGFI = 0.62$。十个拟合指数除GFI和AGFI略低于标准指标外，其余各指标都达到了优度的标准。

表5.6　CFA模型的拟合指数一览表

	绝对拟合指数					相对拟合指数			简约拟合指数	
	X^2/df	GFI	AGFI	SRMR	NFI	NNFI	CFI	IFI	PNFI	PGFI
标准值	<5	>0.90	>0.90	<0.08	>0.90	>0.90	>0.90	>0.90	>0.50	>0.50
实际值	2.52	0.84	0.79	0.048	0.96	0.96	0.97	0.97	0.81	0.62

三、客户价值驱动与外部品牌强度作用关系模型整体拟合度评价

根据上一节的模型整体拟合度评价总结与分析，本研究选择 X^2/df、SRMR、RMSEA、NFI、NNFI、CFI、IFI 和 PGFI 等拟合优度指标来评价结构模型。分析结果（表5.7）显示：研究假设的结构方程模型拟合得很好，主要的拟合指标为：$X^2/df = 2.41$，SRMR = 0.048，RMSEA = 0.079，NFI = 0.96，NNFI = 0.96，CFI = 0.97，IFI = 0.97，PGFI = 0.62，所有指标都达到了良好的标准。

表5.7　CFA模型拟合指数一览表

	绝对拟合指数				相对拟合指数			简约拟合指数
	X^2/df	SRMR	RMSEA	NFI	NNFI	CFI	IFI	PGFI
标准值	<5	<0.08	<0.08	>0.90	>0.90	>0.90	>0.90	>0.50
实际值	2.41	0.048	0.079	0.96	0.96	0.97	0.97	0.62

四、理论假设的分析与评价

根据对客户价值驱动匹配指标验证模型路径系数显示（图5.4），本研究的验证结果为：显著的标准化路径系数有，客户价值驱动（r = 0.72，t = 10.02***）对外部品牌强度有显著性影响。从而证实了客户价值驱动对外部品牌强度有高度的解释力。验证结果见表5.8。

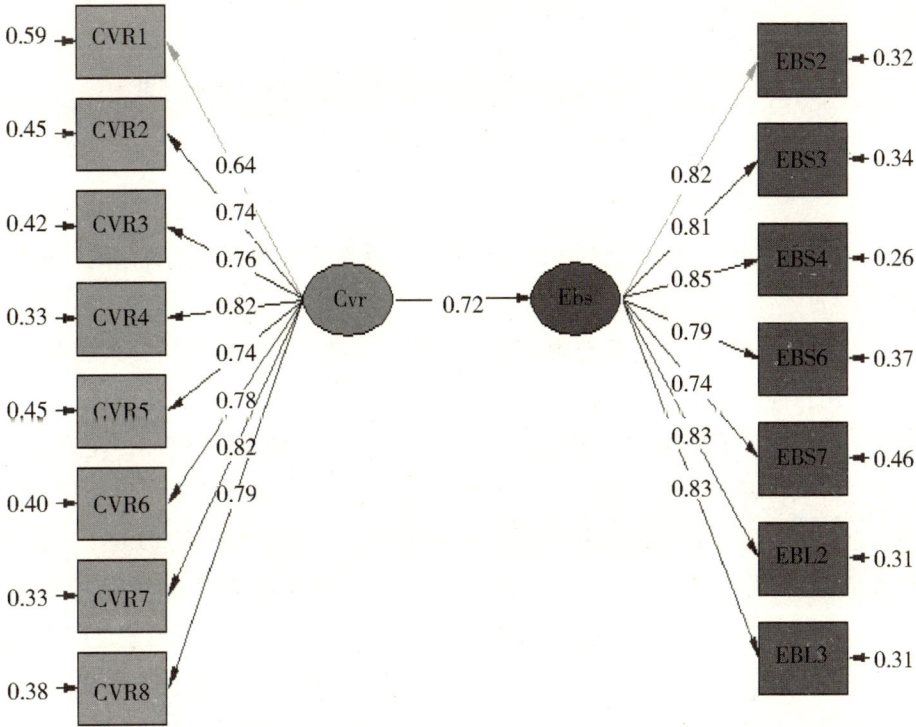

图5.4　客户价值驱动对外部品牌强度作用关系验证模型标准化解路径图示

表5.8　本章研究假设的验证结果汇总

假设标签	项目	标准化路径系数	T 值	结论
H_2	客户价值驱动对外部品牌强度有显著性影响	0.72	10.02 ***	支持

五、结果讨论

根据上述对拟合模型指标的分析以及对客户价值驱动对外部品牌强度指标系数的分析，得到如下有意义的结论：客户价值驱动对外部品牌强度有显著性影响。这充分说明客户价值驱动是衡量品牌价值观在企业外部一致性的有效指标，证实了品牌与顾客价值观匹配衡量指标对外部品牌强度的解释力有其研究的有效性与科学性。

第四节　双核价值驱动匹配与内外部品牌
强度作用关系的验证

一、双核价值驱动匹配与内部品牌强度、外部品牌强度作用关系的验证性因子分析

关于双核价值驱动匹配与内部品牌强度、外部品牌强度作用关系的验证，本书利用验证性因子分析对测量模型的数据进行效度检验，通过观测各个潜变量因子载荷的显著性程度（t值）判断，本研究的因子载荷如图5.5。在验证性因子分析中，因子（潜变量）没有外源与内生之分。圆或椭圆表示潜变量，图中有5个潜变量，分别是客户价值驱动（CVR）、外部品牌强度（EBS）、员工价值驱动（EVR）、员工品牌角色内行为（IRB）、员工品牌角色外行为（ERB）；图中有35个正方形或长方形的观测变量或指标；5个潜变量之间有15个双向弧形箭头表示的相关关系；单向箭头指向指标表示测量误差，如ERB5指标的误差方差是0.62，比其他指标的误差方差都高，说明用ERB5测量的误差比较高；圆形和长方形之间箭头上的数据是指因子负荷。所有的因子载荷都大于0.45，P值达到显著。

总量表的区分效度已经在量表开发阶段进行了严格检验，分析结果显示，数据的区分效度较好。

二、双核价值驱动匹配与内外部品牌强度作用关系测量模型检验

表5.9分析结果显示：双核价值驱动匹配与内部品牌强度、外部品牌强度作用关系的结构方程模型拟合得很好，主要的拟合指标为：$X^2/df = 1.94$，GFI $= 0.83$，AGFI $= 0.81$，SRMR $= 0.046$，NFI $= 0.94$，NNFI $= 0.97$，CFI $= 0.97$，IFI $= 0.97$，PNFI $= 0.87$，PGFI $= 0.73$。十个拟合指数除GFI和AGFI略低于标准指标外，其余各指标都达到了优度的标准，表明研究假设的结构方程模型拟合得很好（刘家凤，2013）。

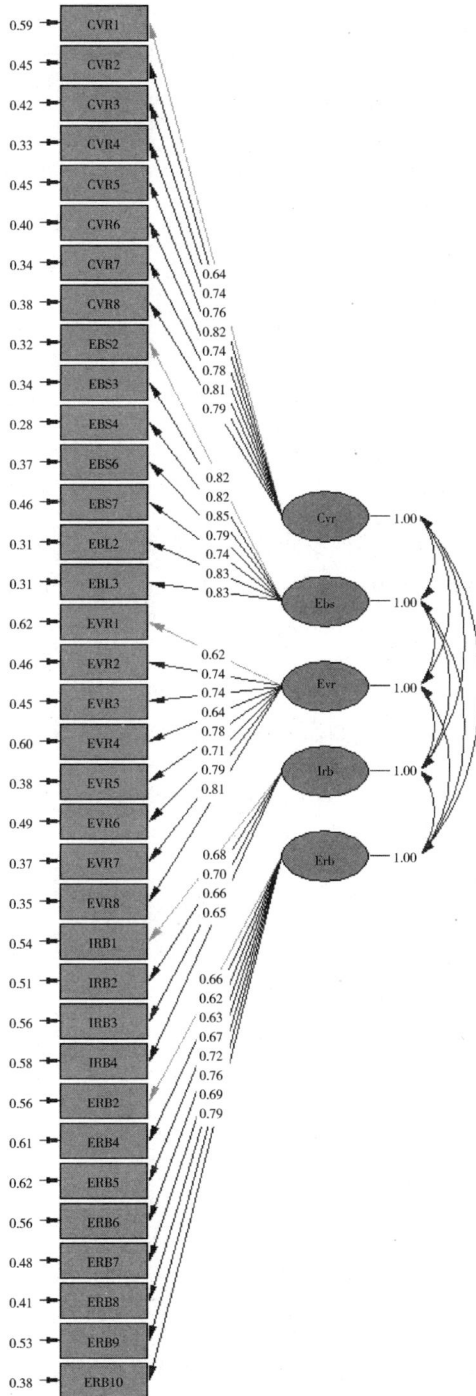

图 5.5 因子载荷图

表5.9　CFA 模型的拟合指数一览表

	绝对拟合指数				相对拟合指数			简约拟合指数	
	X^2/df	GFI	AGFI	SRMR	NFI	NNFI	CFI	IFI	PNFI	PGFI
标准值	<5	>0.90	>0.90	<0.08	>0.90	>0.90	>0.90	>0.90	>0.50	>0.50
实际值	1.94	0.83	0.81	0.046	0.94	0.97	0.97	0.97	0.87	0.73

三、双核价值驱动匹配与内外部品牌强度作用关系模型整体拟合度评价

根据前述模型整体拟合度评价总结和分析，本研究选择 X^2/df、SRMR、RMSEA、NFI、NNFI、CFI、IFI 和 PGFI 等拟合优度指标来评价双核价值驱动匹配与内部品牌强度、外部品牌强度作用关系模型。分析结果（表5.10）显示：双核价值驱动匹配与内部品牌强度、外部品牌强度作用关系的结构方程模型拟合得很好，主要的拟合指标为：$X^2/df = 3.35$，$SRMR = 0.060$，$RMSEA = 0.087$，$NFI = 0.92$，$NNFI = 0.94$，$CFI = 0.95$，$IFI = 0.95$，$PGFI = 0.67$，所有指标都达到了良好的标准，表明研究假设的结构方程模型拟合得很好（刘家凤，2013）。

表5.10　CFA 模型拟合指数一览表

	绝对拟合指数				相对拟合指数			简约拟合指数
	X^2/df	SRMR	RMSEA	NFI	NNFI	CFI	IFI	PGFI
标准值	<5	<0.08	<0.08	>0.90	>0.90	>0.90	>0.90	>0.50
实际值	3.35	0.060	0.087	0.92	0.94	0.95	0.95	0.67

四、理论假设的分析与评价

根据对双核价值驱动匹配指标验证模型路径系数显示（图5.6），本研究的验证结果为：显著的标准化路径系数有，双核价值驱动匹配（$r = 0.25$，$t = 3.19$）对员工品牌角色内行为有显著性影响；双核价值驱动匹配（$r = 0.37$，$t = 3.81$）对员工品牌角色外行为有显著性影响；双核价值驱动匹配（$r = 0.51$，$t = 4.42$）对外部品牌强度有显著性影响。从而证实了双核价值匹配对内部品牌强度、外部品牌强度有高度的解释力。验证结果见表5.11。

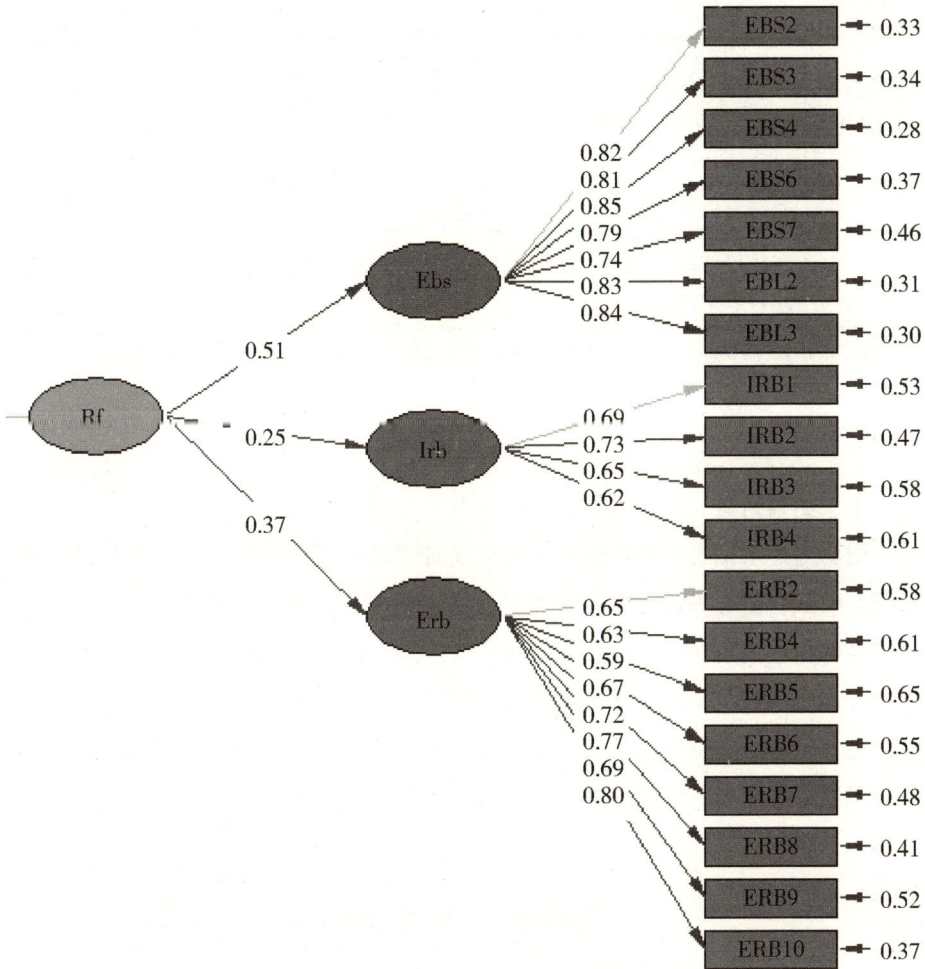

图 5.6 双核价值驱动匹配对内外部品牌强度作用关系验证模型

注：双核价值驱动匹配（RF）、外部品牌强度（EBS）、员工品牌角色内行为（IRB）、员工品牌角色外行为（ERB）。

表 5.11 本章研究假设的验证结果汇总

假设标签	项目	标准化路径系数	T 值	结论
H_{3a}	双核价值驱动匹配对员工品牌角色内行为有显著性影响	0.25	3.19**	支持

续表

假设标签	项目	标准化路径系数	T 值	结论
H_{3b}	双核价值驱动匹配对员工品牌角色外行为有显著性影响	0.37	3.81***	支持
H_4	双核价值驱动匹配对外部品牌强度有显著性影响	0.51	4.42***	支持

注：t 值大于 1.96，＊p＜0.05；t 值大于 2.58，＊＊p＜0.01；t 值大于 3.29，＊＊＊p＜0.001。

五、结果讨论

根据上述对拟合模型指标的分析以及对双核价值驱动匹配对内部品牌强度、外部品牌强度指标系数的分析，得到如下有意义的结论：双核价值驱动匹配对员工品牌角色内行为、员工品牌角色外行为及外部品牌强度均有显著性影响。这充分说明双核价值驱动匹配是衡量品牌价值观在企业内外部一致性的有效指标，证实了本研究提出的双核价值驱动匹配衡量新指标对内部品牌强度、外部品牌强度的解释力有其研究的有效性与科学性。

第五节 本章小结

如何衡量品牌价值观一致性问题，一直是公司品牌建设相关领域学者探讨的焦点问题。对于员工价值驱动这一企业内部一致性衡量指标，主要是看通过这一指标能否对内部品牌强度进行有效的解释；对于客户价值驱动这一企业外部一致性衡量指标，则主要是看通过这一指标能否对外部品牌强度进行有效的解释。本章采用结构方程模型的方法分别验证了员工价值驱动对内部品牌强度的解释力与影响效果、客户价值驱动对外部品牌强度的解释力与影响效果。为本研究从企业内外部双向视角提出一个统一的品牌价值观衡量新指标奠定了理论基础。对于双核价值驱动匹配这一企业内外部一致性衡量指标，主要是看通过这一指标能否对内部品牌强度、外部品牌强度进行有效的解释。本章采用结构方程模型的方法对提出的品牌价值观一致性衡量新指标——双核价值驱动匹配,构建其对内部品牌强度、外部品牌强度的作用关系模型,然后进行模型拟合优度分析验证,即通过将员工价值驱动与客户价值驱动作为测量变项,把二者拟合为双核价值驱动匹配这一潜在影响指标变项,探讨双核价值驱动匹配潜在变项对因变项内部品牌强度、外部品牌强度作用的解释力与影响效果,通过模型拟合度指标分析验证模型的拟合优度,进而验证了双核价值驱动匹配这一匹配衡量新指标对内部品牌强度、外部品牌强度有高度的解释力,即对内部品牌强度指标员工品牌角色内行为、员工品牌角色外行为和外部品牌强度有显著性影响(刘家凤,2014)。因此,本研究通过数据分析验证了提出的理论假设:H_1:员工价值驱动对内部品牌强度有高度解释力,即对内部品牌强度指标员工品牌角色内行为、员工品牌角色外行为有显著性影响。H_2:客户价值驱动对外部品牌强度有高度解释力,即对外部品牌强度有显著性影响。H_3:双核价值驱动匹配对内部品牌强度有高度解释力,即对内部品牌强度指标员工品牌角色内行为、员工品牌角色外行为有显著性影响。H_4:双核价值驱动匹配对外部品牌强度有高度解释力,即对外部品牌强度指标有显著性影响。进而说明了本研究提出的双核价值驱动匹配衡量新指标对内部品牌强度、外部品牌强度的解释力有其研究的有效性与科学性。

第六章

双核价值驱动匹配类型研究

本章将通过双核价值驱动匹配指标高低的测度，员工价值驱动程度高低、客户价值驱动程度高低的划分的探讨，运用样本数据统计实证分析，进行双核价值驱动匹配类型研究。

第一节　双核价值驱动匹配指标高低的测度

本研究提出双核价值驱动匹配作为衡量品牌价值观在企业内外部一致性的新指标，试图通过求取均值或"差异契合度"或"相关契合度"的方式，来衡量双核价值驱动匹配高低。但是，求取员工价值驱动、客户价值驱动二者的均值作为双核价值驱动匹配高低的衡量，则可能出现均值抹杀员工价值驱动在企业内部的程度高低、客户价值驱动在企业外部的程度高低，因为一家品牌价值观在企业内部受员工价值驱动程度高、在企业外部受客户价值驱动程度低的公司品牌与一家品牌价值观在企业内部受员工价值驱动程度低、在企业外部受客户价值驱动程度高的公司品牌两者之间的品牌价值观匹配情况根本不一样，但品牌价值观在企业内外部的受驱动程度均值却可能相同，导致均值相同并不能代表品牌价值观在企业内部与外部的匹配情况一致。通过衡量匹配度高低的"差距契合度""相关契合度"等来探讨品牌价值观在企业内部的员工价值驱动与外部的客户价值驱动二者之间的差距度或二者之间的相关度来衡量品牌价值观在企业内外部的匹配程度的高低，又可能导致另一种问题：当员工价值驱动与客户价值驱动差距度为 0 时，既可以代表员工价值驱动与客户价值驱动属于双核价值驱动型匹配，也可能属于空洞型匹配，而这两种类型的内外部品牌强度却存在着本质上的差异，导致公司绩效也迥然不同。因此，关于品牌价值观在企业内外部的一致性衡量指标还值得进一步研究。

本研究提出衡量双核价值驱动匹配程度高低的定义如下：一个公司品牌价值观管理模式既受员工价值驱动，又受客户价值驱动，那么我们认为品牌价值观在企业内外部的匹配度高；反之，则品牌价值观在企业内外部的匹配度低（刘家凤，2013）。在此基础上，本研究进一步以员工价值驱动程度高低、客户价值驱动程度高低作为两个维度，形成基于双核价值驱动匹配程度高低不同的四种公司品牌类型，通过四种不同匹配类型来分析衡量不同公司品牌价值观管理模式的程度差异。

根据第三章的理论假设，双核价值驱动匹配类型可详见第三章图 3 - 7。基于双核价值驱动匹配的四种公司品牌价值观管理模式类型定义如下：

1. 双核价值驱动型：指在这样的公司品牌中，员工价值驱动程度高，客户价值驱动程度也高。此类公司品牌价值观管理模式的主要特征是公司品牌价值观既与企业内部以员工为代表的内部利益相关者价值观一致性程度高，也与企业外部以客户为代表的外部利益相关者价值观一致性程度高，并在企业内部得到落实，在企业外部沟通顺畅，即受到以员工为代表的内部利益相关者价值观与以客户为代表的外部利益相关者价值观的双重驱动。这样的公司品牌最能获得以员工为代表的内部利益相关者的认同与支持，获得以客户为代表的外部利益相关者的欣赏与忠诚，公司绩效持续向好，从而可能持续发展。这种类型的公司品牌价值观最符合未来的公司品牌建设趋势（刘家凤，2014）。

2. 员工价值驱动型：指在这样的公司品牌中，员工价值驱动程度高，客户价值驱动程度低。此类公司品牌价值观管理模式的主要特征是公司品牌价值观与以员工为代表的内部利益相关者价值观一致性程度高，与以客户为代表的外部利益相关者价值观一致性程度低，并在企业内部得到落实，即主要受以员工为代表的内部利益相关者价值观驱动。这样的公司品牌主要注重以员工为代表的内部利益相关者价值取向，比较能得到员工忠诚，但是要么对外部市场需求反应不够灵活与及时，要么在对外沟通上存在问题，以客户为代表的外部利益相关者还没能感知到公司内部存在的公司品牌价值观，使得公司品牌价值观与以客户为代表的外部利益相关者的价值观一致性程度降低，难以获得以客户为代表的外部利益相关者的欣赏与认同，公司绩效难以持续向好，从而使得公司品牌难以持续成功（刘家凤，2014）。

3. 客户价值驱动型：指在这样的公司品牌中，员工价值驱动程度低，而客户价值驱动程度高。此类公司品牌价值观管理模式的主要特征是公司品牌价值观与以员工为代表的内部利益相关者价值观一致性程度低，与以客户为代表的外部利益相关者价值观一致性程度高，即主要受以客户为代表的外部利益相关者价值观驱动。这样的公司品牌基于企业黑箱假设，以消费者感知为前提，主要围绕以消费者为代表的外部利益相关者价值取向进行公司品牌外部形象中的价值观建设，而不关注公司对外宣传的公司品牌价值观是否在企业内部真实存在，从而导致公司品牌价值观在企业内部缺乏以员工为代表的内部利益相关者的坚实支撑，虽然在特定时期客户非常满意与忠诚，但是公司绩效难以持续向好，从而不可持续发展（刘家凤，2014）。

4. 空洞型：指在这样的公司品牌中，员工价值驱动程度低，客户价值驱动程度也低。此类公司品牌价值观管理模式的主要特征是公司品牌价值观与以员工代表的利益相关者价值性程度低，与以客户为代表的外部利益相关者价值观一致性程度也低。这样的公司品牌在品牌建设中没有明确的利益相关者主体价值观取向，多以社会文化价值观取向如诚信、创新之类，而且这些公司品牌价值观主要表述在口号、手册中，没有体现在公司品牌实践过程中，更没有落实在员工的品牌支持行为上，难以引起各利益相关者群体的共鸣。这种类型的公司品牌价值观已经不能适应现在及将来的社会发展（刘家凤，2014）。

第二节　双核价值驱动匹配类型的划分

本研究通过选取银行品牌价值观量表条目中对员工而言，员工选取的重要、非常重要的条目作为测量员工认同的品牌价值观条目，根据员工感知这些条目在银行中体现的程度得分计算均值，获得员工价值驱动的测量值；通过选取银行品牌价值观量表条目中对客户而言，客户选取的重要、非常重要的条目作为测量客户欣赏的品牌价值观条目，根据客户感知这些条目在银行中的体现程度得分计算均值，获得客户价值驱动的测量值。由于本研究中共选取八家银行进行面上调研，因此，选取八家银行品牌价值观在银行内部的员工价值驱动测量值均值、在银行外部的客户价值驱动测量值均值分别作为员工价值驱动程度高低、客户价值驱动程度高低的划分标准。八家银行品牌价值观的员工价值驱动得分均值为4.10，八家银行品牌价值观的客户价值驱动得分均值为3.81。我们以 4.10 为员工价值驱动程度高低界线，以 3.81 为客户价值驱动程度高低界线，将两个得分进行高低分组（样本中员工价值驱动没有得分正好为 4.10 的情况，客户价值驱动没有得分正好为 3.81 的情况，如果有，将分别作为缺失值处理）（刘家凤，2014）。据此，公司品牌双核价值驱动匹配的高低程度类型划分如表 6.1 所示：

表 6.1　样本银行员工价值驱动与客户价值驱动得分均值及所属公司品牌价值观类型

	员工价值驱动得分	客户价值驱动得分	所属匹配类型
银行 1	4.32	3.84	双核价值驱动型
银行 6	4.45	3.86	双核价值驱动型
银行 2	3.96	3.85	客户价值驱动型
银行 5	4.05	4.24	客户价值驱动型
银行 3	3.34	3.59	空洞型
银行 4	3.81	3.64	空洞型
银行 7	4.59	3.77	员工价值驱动型
银行 8	4.26	3.65	员工价值驱动型
均值	4.10	3.81	

注：1. 双核价值驱动型：员工价值驱动得分大于值 4.10，客户价值驱动得分大于值 3.81；

2. 员工价值驱动型：员工价值驱动得分大于值 4.10，客户价值驱动小于或等于值 3.81；

3. 客户价值驱动型：员工价值驱动得分小于或等于值 4.10，客户价值驱动得分大于值 3.81；

4. 空洞型：员工价值驱动得分小于或等于值 4.10，客户价值驱动得分小于或等于值 3.81（刘家凤，2014）。

第三节　双核价值驱动匹配类型的样本实证分析

根据上述两节对员工价值驱动程度高低、客户价值驱动程度高低划分的探讨，形成了四种公司品牌价值观管理模式类型，本节将运用样本数据分析四种品牌价值观管理模式类型公司品牌在样本数据中的分布情况，进行实证验证（刘家凤，2014）。

根据员工价值驱动、客户价值驱动高低程度的具体划分标准，样本数据统计分析结果如表6.2所示：

表6.2 公司品牌价值观类型样本分布

公司品牌价值观类型	样本分布数（N）
1. 双核价值驱动型	151
2. 员工价值驱动型	136
3. 客户价值驱动型	186
4. 空洞型	157
总样本	630

从表6.2可以看到四种公司品牌价值观管理模式类型在样本数据中均有分布，表明本研究提出的基于员工价值驱动和客户价值驱动匹配划分的四种品牌价值观管理模式类型的理论设想得到了验证（刘家凤，2014）。

第四节 本章小结

关于品牌价值观在企业内外部的一致性研究，国内外学者要么从企业内部视角出发，探讨员工价值观与品牌（组织）价值观的匹配对内部员工及企业绩效的影响，假定员工向外传递的价值观就是客户欣赏的品牌价值观；要么从企业外部视角出发，探讨品牌形象中的价值观是否与目标客户的价值观匹配及其对外部客户及品牌（公司）绩效的影响，假定品牌形象中的价值观就是内部员工认同和支持的品牌价值观（刘家凤，2013）。很少根据品牌价值观在企业内外部的匹配程度差异划分公司品牌的类型，尤其缺乏从企业内部员工、外部客户双向视角出发，根据双核价值驱动匹配程度高低进行公司品牌类型划分，品牌价值观在企业内外部的匹配度对内部品牌强度、外部品牌强度与公司绩效的影响关系如何，现有国内外研究还很少涉及。本研究报告基于"双核价值驱动匹配"这一品牌价值观一致性衡量新指标，构建与划分了四种公司品牌价值观管理模式类型：员工价值驱动程度高与客户价值驱动程度高的"双核价值驱动型"；员工价值驱动程度高与客户价值驱动程度低的"员工价值驱动型"；员工价值驱动程度低与客户价值驱动程度高的"客户价值驱动型"；员工价值驱动程度低与客户价值驱动程度低的"空洞型"。

　　本章通过样本数据统计分析，探讨了品牌价值观在企业内外部的匹配程度高低不同的四种公司品牌类型在样本数据中的分布情况，验证了本研究提出的基于双核价值驱动匹配差异划分四种不同的公司品牌价值观类型的理论设想，提供了一个科学有效的公司品牌价值观类型诊断工具，能够及时了解公司品牌价值观处于什么状态，及时衡量公司品牌内外部文化是否匹配；实证了公司品牌"双核价值驱动"管理模式是企业可持续发展的最佳公司价值观管理模式，因此，丰富了企业文化建设与公司品牌建设领域的研究内容，为公司品牌建设与企业文化建设提供了指引方向。

第七章

双核价值驱动匹配类型、内外部品牌强度与公司绩效关系的实证分析

上一章构建与划分了四种双核价值驱动匹配类型：双核价值驱动型、员工价值驱动型、客户价值驱动型和空洞型。由于本研究需要测试四种匹配类型之间在变量（内部品牌强度、外部品牌强度）的不同取值水平是否造成显著差异，所以适合于利用 SPSS 软件通过单因素方差分析来检验假设：通过分别检验内部品牌强度、外部品牌强度两变量因素在四种双核价值驱动匹配类型的均值是否有显著性差异来分析验证提出的关于双核价值驱动匹配类型与内部品牌强度、外部品牌强度的作用关系的理论假设。进而通过对四种双核价值驱动匹配类型的内外部品牌强度匹配类型的划分，分别检验公司绩效指标净利润增长率、每股收益增长率在内外部品牌强度匹配类型上的均值是否存在差异来分析验证提出的关于内外部品牌强度匹配类型与企业绩效的作用关系的理论假设。

第一节 四种双核价值驱动匹配类型对内部品牌强度影响的比较分析

本研究运用内部品牌强度题项的计算均值，对双核价值驱动型、员工价值驱动型、客户价值驱动型、空洞型四组双核价值驱动匹配类型进行内部品牌强度的单因素方差分析（ONE – WAY ANOVA），分析结果如表 7.1。

表 7.1　四组双核价值驱动匹配类型对内部品牌强度影响的比较分析

分组	人数	内部品牌强度 （Mean ± Std）	多重比较 *，有显著性差异 的组（P < 0.05）
双核价值驱动型	151	3.89 ± 0.37	空洞型

分组	人数	内部品牌强度 （Mean ± Std）	多重比较＊，有显著性差异 的组（P＜0.05）
员工价值驱动型	136	4.17 ± 0.38	空洞型；客户价值驱动型
客户价值驱动型	186	3.82 ± 0.52	空洞型；员工价值驱动型
空洞型	157	3.47 ± 0.71	双核价值驱动型；员工价值驱动型；客户价值驱动型
合计	630		

＊ 方差分析的结果为 F = 14.661，p < 0.05，然后所进行的多重比较分析。

表7.1表明四种双核价值驱动匹配类型对内部品牌强度有影响，其中空洞型显著低于员工价值驱动型、客户价值驱动型及双核价值驱动型；员工价值驱动型显著高于客户价值驱动型（刘家凤，2014）。

结论：上述分析验证了第三章的大部分理论假设：

H_{3b}：当双核价值驱动匹配为员工价值驱动型时，内部品牌强度高；H_{3c}：当双核价值驱动匹配为客户价值驱动型时，内部品牌强度较低；H_{3d}：当双核价值驱动匹配为空洞型时，内部品牌强度最低。

但是，H_{3a}：双核价值驱动匹配为双核价值驱动型时，内部品牌强度最高。在上述分析中未得到支持。原因在于：本研究中对四种双核价值驱动匹配类型进行划分时，分别采用所有调研样本银行员工价值驱动得分均值、所有调研样本银行客户价值驱动得分均值作为高低的划分标准，本研究中的双核价值驱动型是一种相对意义上的双高，而非绝对意义。由于员工价值驱动型的员工价值得分（均值得分4.425）大于双核价值驱动型的员工价值驱动得分（均值得分4.385），从而出现员工价值驱动型的内部品牌强度大于双核价值驱动型的内部品牌强度。这也充分说明本研究中的双核价值驱动型银行品牌，组织与员工在价值观方面的结合深度和广度都还不够，需要进一步探寻影响公司品牌价值观对内部员工一致性的各个因素，从而找到相应的品牌价值观建设办法（刘家凤，2014）。

第二节 四种双核价值驱动匹配类型对外部
品牌强度影响的比较分析

本研究运用外部品牌强度题项的计算均值，对双核价值驱动型、员工价值驱动型、客户价值驱动型、空洞型四组双核价值驱动匹配类型进行外部品牌强度的单因素方差分析（ONE – WAY ANOVA），分析结果如表7.2。

表7.2 四组双核价值驱动匹配类型对外部品牌强度影响的比较分析

分组	人数	外部品牌强度（Mean ± Std）	多重比较 *，有显著性差异的组（P < 0.05）
双核价值驱动型	210	3.41 ± 0.77	空洞型；客户价值驱动型
员工价值驱动型	147	3.27 ± 0.67	空洞型；客户价值驱动型
客户价值驱动型	434	3.61 ± 0.86	空洞型；双核价值驱动型；员工价值驱动型
空洞型	489	3.09 ± 0.96	双核价值驱动型；客户价值驱动型；员工价值驱动型
合计	1280		

* 方差分析的结果为 $F = 27.57$，$p < 0.05$，然后所进行的多重比较分析。

表7.2表明四种双核价值驱动匹配类型对外部品牌强度有影响，其中双核价值驱动型与员工价值驱动型之间没有差异，其他各组之间均有显著差异（刘家凤，2014）。

结论：上述分析验证了第三章的大部分理论假设：

H_{4b}：当双核价值驱动匹配为员工价值驱动型时，外部品牌强度较低；H_{4c}：当双核价值驱动匹配为客户价值驱动型时，外部品牌强度较高；H_{4d}：当双核价值驱动匹配为空洞型时，外部品牌强度最低。

但是，H_{4a}：双核价值驱动匹配为双核价值驱动型时，外部品牌强度最高。在上述分析中没有得到支持。究其原因在于：本研究中对四种匹配类型划分时，是分别采用所有调研样本银行员工价值驱动得分均值、所有调研样本银行客户价值驱动得分均值作为高低的划分标准，本研究中的双核价值驱动型是一种相对意义上的双高，而非绝对意义。由于客户价值驱动型的客户价值驱动得分（均值得分4.045）大于双核价值驱动型的客户价值驱动程度得分（均值得分3.85）从而出现客户价值驱动型的外部品牌强度大于双核价值驱动型的外部品牌强度。这也充分说明，在本研究中的双核价值驱动型银行中，组织与客户在价值观方面的结合深度和广度都还不够，需要进一步探寻影响双核价值驱动匹配与外部客户价值观一致性的各个因素，从而找到相应的品牌价值观建设办法。

第三节　内外部品牌强度匹配类型对公司
绩效影响的比较分析

一、内外部品牌强度匹配类型划分与验证

根据第三章的理论假设，以员工价值驱动程度高低、客户价值驱动高低作为两个维度，形成了基于双核价值在企业内外部的驱动程度高低不同的四种公司品牌价值观类型，因而这四种公司品牌价值观类型的内外部品牌强度匹配也存在四种类型：即双高型时，内部品牌强度高、外部品牌强度高；内高型时，内部品牌强度高、外部品牌强度低；外高型时，内部品牌强度低、外部品牌强度高；双低型时，内部品牌强度低、外部品牌强度低。

因此，借鉴双核价值在企业内外部的驱动程度高低的划分标准，内外部品牌强度高低的划分标准也采用这四种匹配类型的内部品牌强度均值、外部品牌强度均值分别作为内部品牌强度高低、外部品牌强度高低的划分标准。四种匹配类型的内部品牌强度得分均值为3.84，四种匹配类型的外部品牌强度得分均值为3.35。我们以3.84为内部品牌强度高低界线，以3.35为外部品牌强度高低界线，将两个得分进行高低分组（样本中内部品牌强度没有得分正好为3.84的情况，外部品牌强度没有得分正好为3.35的情况，如果有，将分别作为缺失值处理）。据此，内外部品牌强度匹配类型划分如表7.3所示（刘家凤，2014）。

表 7.3 样本银行内部品牌强度与外部品牌强度得分均值及所属匹配类型

双核价值驱动 匹配类型	内部品牌 强度得分	外部品牌 强度得分	内外部品牌 强度匹配类型
双核价值驱动型	3.89	3.41	双高型
员工价值驱动型	4.17	3.27	内高型
客户价值驱动型	3.82	3.61	外高型
空洞型	3.47	3.09	双低型
均值	3.84	3.35	

注: 1. 双高型: 内部品牌强度大于值 3.84, 外部品牌强度大于值 3.35;
2. 内高型: 内部品牌强度大于值 3.84, 外部品牌强度小于或等于值 3.35;
3. 外高型: 内部品牌强度小于或等于值 3.84, 外部品牌强度大于值 3.35;
4. 双低型: 内部品牌强度小于或等于值 3.84, 外部品牌强度小于或等于值 3.35。

从表 7.3 可以发现, 内外部品牌强度匹配类型与品牌价值观在企业内外部的匹配类型一致得到验证, 即当品牌价值观在企业内外部的匹配类型为双核价值驱动型时, 内外部品牌强度匹配类型为双高型; 当品牌价值观在企业内外部的匹配类型为员工驱动型时, 内外部品牌强度匹配类型为内高型; 当品牌价值观在企业内外部的匹配类型为客户价值驱动型时, 内外部品牌强度匹配类型为外高型; 当品牌价值观在企业内外部的匹配类型为空洞型时, 内外部品牌强度匹配类型为双低型。

二、内外部品牌强度匹配类型对公司绩效影响的比较分析

本研究运用三年半的净利润增长率与每股收益增长率的计算均值, 对双高型匹配、内高型匹配、外高型匹配、双低型匹配四组内外部品牌强度匹配类型进行净利润增长率与每股收益增长率进行比较。比较结果如表 7.4 和图 7.1 所示(刘家凤, 2014)。

表 7.4 四种匹配类型对公司绩效影响的比较分析

类型	平均每股收益增长率(%)	平均年利润增长率(%)
双高型	37.25	40.77
内高型	26.91	34.02
外高型	17.71	32.47
双低型	18.57	27.32

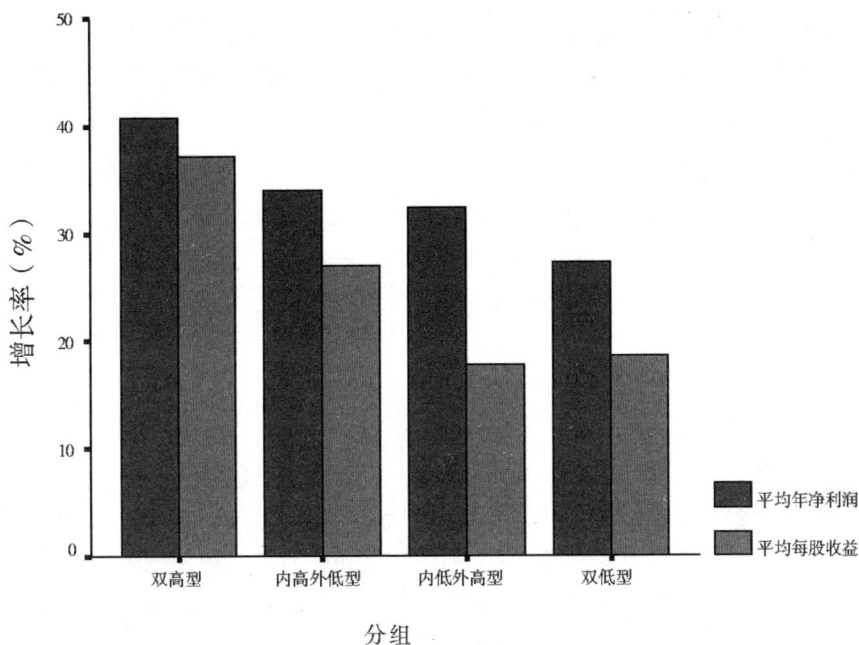

图7.1 四组类型平均每股收益增长率（%）和年净利润增长率（%）的比较

注：由于"内高型""外高型"名称太简略，因此，在图中以"内高外低型"指代"内高型"，以"内低外高型"指代"外高型"。

表7.4与图7.1表明，在平均年利润增长率方面：双高型最高（40.77%）；内高型较高（34.02%）；外高型较低（32.47%）；双低型最低（27.32%）。在平均每股收益增长率方面：双高型最高（37.25%）；内高型较高（26.91%）；双低型较低（17.71%）；外高型最低（18.57%）。

结论：上述分析验证了第三章提出的大部分有关理论假设：

H_{5a}：当品牌价值观在企业内外部匹配类型为双核价值驱动型时，内外部品牌强度匹配为双高型，即内部品牌强度高、外部品牌强度也高时，公司绩效最好（刘家凤，2014），即平均净利润增长率、平均每股收益增长率最好；H_{5b}：当品牌价值观在企业内外部的匹配类型为员工价值驱动型时，内外部品牌强度匹配类型也为内高型，即内部品牌强度高、外部品牌强度低时，公司绩效低于双高型，高于双低型，与外高型无显著差异；H_{5c}：当品牌价值观在企业内外部的匹配类型为客户价值驱动型时，内外部品牌强度匹配类型为外高型，即内部品牌强度低、外部品牌强度高时，公司绩效低于双高型，高于双低型，与内高型无显著差异。但是，假设 H_{5d} 只得了部分验证：当品牌价值观在企业内外部的匹配为空洞型时，内外部品牌强度匹配为双低型，即内部品牌强度低、外部品牌强度低时，公司绩效最差，即平均净利润增长率最低得到验证，而平均每股收益增长率最低没有得到验证，原因在于外高型中的两家银行在 2007—2010 年间通过配股、送股等方式使总股本数发生了较大变化，而双低型中的两家银行 2007—2010 年，只有一家银行进行过配股，且总股本数变化不大所致（刘家凤，2014）。

第四节　本章小结

本章通过方差分析方法，分析探讨了品牌价值观在企业内外部匹配的四种公司品牌类型：双核价值驱动型、员工价值驱动型、客户价值驱动型、空洞型在内部品牌强度、外部品牌强度方面的差异；进一步分析讨论了四种内外部品牌强度匹配类型在净利润增长率、每股收益增长率方面的差异，主要得到如下结论：

1. 在内部品牌强度方面：内高型最高，双高型较高，外高型较低，双低型的内部品牌强度最低。其中，双低型显著低于双高型、内高型和外高型；内高型显著高于外高型。

2. 在外部品牌强度方面：外高型最高，双高型较高，内高型较低，双低型的外部品牌强度最低。其中，双高型与内高型之间没有显著差异，其他各组之间均有显著差异。

3. 在平均年利润增长率方面：双高型最高，内高型较高，外高型较低，双低型最低。

4. 在平均每股收益增长率方面：双高型最高，内高型较高，双低型较低，外高型最低。

本章分析研究的结论验证了第三章提出的大部分理论假设。这充分表明：一家公司品牌无论外部品牌多么强势，或品牌组织内部文化多么强势，都不能获得可持续的良好公司绩效。只有在实现品牌价值观在企业内外部的匹配为双核价值驱动型时，企业内部品牌强度高，外部品牌强度也高，公司绩效才最好。这也解释了第一章中提出的企业文化与公司品牌建设中两大问题出现的原因，即为何品牌与消费者价值观匹配度高，而企业内部却问题重重，最终导致企业走向亏损，甚至倒闭；为什么员工与组织价值观匹配度高，而外部品牌业绩却可能出现亏损，甚至导致企业倒闭。同时支持了约翰·科特（Kotter，J.）等人（1992）的研究结果，只有那些来自强大文化的企业的公司品牌的业绩水平较高，那些强大的文化具有以下几个特征：适应环境；会随环境的变化而做出调整；尊重各个层次的领导；注重满足职员、消费者和股东的需要。

因此，在公司品牌建设过程中，有必要采用科学、有效的品牌价值观类型诊断工具，了解公司品牌价值观在企业内外部所处状态，探寻影响品牌价值观在企业内外部匹配类型的相关因素，并采取相应的品牌价值观建设措施进行公司品牌价值观动态管理（刘家凤，2014）。

第八章

个案研究

第一节 个案企业简介

本研究应案例企业的要求，在后续的研究分析过程中对企业名称进行了掩饰性处理。

XBTJ 集团公司是国内一家大型综合建筑企业，自 2003 年始开始进行公司品牌打造，关注公司品牌建设内外一致性，是有代表性的公司。本报告关于该公司的简介信息主要来自公司的宣传资料和媒体公开的报道资料。

XBTJ 集团公司成立于 1966 年，是中国唯一具备从矿山开采到型、板材冶金全流程施工能力的大型综合建筑企业。公司拥有冶金、建筑、市政公用工程施工总承包特级资质，公路工程、机电工程施工总承包一级资质，电力工程、石油化工工程总承包二级，钢结构、公路路基、桥梁、地基基础、消防设施、建筑装修装饰、城市及道路照明、环保工程等专业承包一级资质，隧道、公路路面工程专业承包二级；拥有工程涉及冶金行业、市政行业、建筑行业（建筑工程、人防工程）甲级资质，工程勘察（岩土工程）甲级资质，地质灾害治理工程勘查、设计、施工甲级，钢结构制造特级资质，以及对外承包工程资格证书等。公司秉承"诚实守信、合作共赢"的核心价值观，传承三线企业"艰苦奋斗、追求卓越"的创业精神，坚持"诚信社会为本、满意客户为荣"的经营理念，努力打造"XBTJ"企业新形象，积极参与国内国际市场竞争，努力为国家现代化建设及全球经济发展再创辉煌。

第二节　个案研究设计

为探讨个案公司双核价值驱动匹配与内部品牌强度、外部品牌强度的关系，本研究在面上调查问卷使用基础上，分别编制公司管理者调查问卷、员工调查问卷、配对客户调查问卷（见附录）。公司管理者调查问卷测量公司品牌价值观，员工调查问卷测量员工价值驱动、员工品牌忠诚、员工品牌角色内行为、员工品牌角色外行为，配对客户调查问卷测量客户价值驱动、客户品牌满意、客户品牌忠诚。

在获取调查数据基础上，进行测量量表信度效度检验；通过数据处理，计算员工价值驱动测量值、客户价值驱动测量值、员工品牌角色内行为均值、员工品牌角色外行为均值、外部品牌强度均值。据此把员工价值驱动测量值按大于3、小于3分为两组，通过方差分析探讨员工价值驱动程度高低对员工品牌角色内行为、员工品牌角色外行为的影响关系；结合客户价值驱动程度测量值均值、员工价值驱动程度测量值均值分析该公司品牌价值观匹配类型，进而分析该公司品牌绩效，验证探讨该公司品牌价值观匹配类型与公司绩效的关系。

第三节　数据收集

由于本研究目的在于探讨双核价值驱动匹配对内部品牌强度、外部品牌强度的影响，进而对公司绩效的作用关系，所以，研究构念及量表的运作均无特殊的行业限制。为了确保研究结果的普适性，本研究决定在面上银行业实证研究基础上，再选择一家其他行业的公司进行个案研究。为符合本研究的目的，在选择具体个案公司品牌时，依然遵循面上公司品牌样本选取原则，即：①该行业公司品牌具有代表性；②该行业正处于公司品牌打造阶段；③该行业公司管理者、员工、客户容易界定，便于研究的开展；④该行业公司品牌打造过程中大部分员工都会卷入。

根据以上原则，本研究选取一家建筑制造业公司品牌 XBTJ 作为研究对象。第一，当前中国建筑行业竞争日益进入白热化阶段，公司品牌建设刻不容缓；

第二，XBTJ 公司自 2003 年开始就自觉开始公司品牌打造，提出以企业文化为核心进行公司品牌建设，大部分员工都参与其中，公司品牌价值观由不同部门、不同层次的员工通过不同方式向外传递。客户对公司品牌价值观的感知既包括与员工直接接触而获得，也包括通过项目及其他渠道与员工间接接触而获取；第三，XBTJ 公司管理者、员工及组织客户容易界定，便于调查工作的开展。

一、市场调查

（一）样本来源

本书选取的个案样本来自 2010 年 5 月—2010 年 9 月间对 XBTJ 公司管理者、一般员工及目标客户的问卷调查。由于本研究调查对象涉及较多，既包括公司的管理者、一般员工及目标组织客户，具有一定特殊性，为了方便抽样与调查，主要采取了实地调查取证与邮寄等两种方式进行。为了增加测量量表的有效性，在进行正式调研之前，本研究分别对 XBTJ 公司的两名管理者、多名员工和相应的目标组织客户针对面上使用的品牌价值观甄别问卷、内部品牌强度问卷和外部品牌强度问卷中的题项进行了访谈，根据试调研的具体情况进行了个别字词的调整，以能更好地表达出测项的本来意义。

分析双核价值驱动匹配与内部品牌强度、外部品牌强度之间的关系研究中，所采用的数据都来自 XBTJ 公司。

（二）样本回收

关于个案研究样本数据的收集，本研究所选取 XBTJ 公司品牌价值观量表数据主要通过对公司高层管理人员进行当面访谈与问卷发放相结合的方法获取；对应的公司员工及客户问卷则采用公司相关工作人员协助发放和回收问卷等方法获取数据。历经五个月的发放和回收，共发放问卷110 份，其中：公司管理者问卷10 份，员工问卷50 份，客户问卷50 份；总计有效问卷回收96 份，其中：公司管理者问卷回收10 份，员工问卷47 份，客户问卷39 份；总回收率为91%，其中：公司管理者问卷回收率为100%，具体情况如表8.1 所示。

表 8.1　XBTJ 公司问卷调查情况统计表

调查对象	调查时间	发放问卷	回收问卷	回收率（%）
管理者	2010 年 5—6 月	10	10	100
员工	2010 年 7 月	50	47	94

调查对象	调查时间	发放问卷	回收问卷	回收率（%）
客户	2010 年 6—9 月	50	39	78

二、样本数据特征

由于本研究调查问卷涉及 XBTJ 公司管理者、一般员工和客户，因此，本研究报告分别对这三类人员的角色和背景特征进行了统计描述。管理者调查样本的结构如表 8.2 所示，员工调查样本的结表 8.3 所示，客户调查样本的结构如 8.4 所示。管理者问卷主要根据答题人的性别、年龄、在公司中的岗位及工作年限进行了考察；员工问卷主要根据答题人的性别、年龄、在公司中的岗位、工作年限及其教育背景等进行了考察；客户问卷则主要根据答题人的性别、年龄、与 XBTJ 关系持续时长、职位和教育背景等进行了考察。

（一）统计变量分布情况

表 8.2　XBTJ 公司管理者有效研究样本分布情况

性别	样　本	有效比例（%）	累计百分比（%）
男	8	80	80
女	2	20	100
合计	10	100	
年龄	样　本	有效比例（%）	累计百分比（%）
20 岁以下	0	0	0
20—29 岁	0	0	0
30—39 岁	1	10	10
40 岁以上	9	90	100
合计	10	100	
工作年限	样　本	有效比例（%）	累计百分比（%）
不到半年	0	0	0
0.5—1 年	0	0	0
1—3 年	3	30	30
3 年以上	7	70	100
合计	10	100	

职位	样　本	有效比例（%）	累计百分比（%）
高层管理或技术人员	8	80	80
中层管理或技术人员	2	20	100
合计	10	100	

表8.3　XBTJ公司员工有效研究样本分布情况

性别	样　本	有效比例（%）	累计百分比（%）
男	27	57.45	57.45
女	20	42.55	100
合计	47	100	
年龄	样　本	有效比例（%）	累计百分比（%）
20岁以下	0	0	0
20—29岁	20	42.55	42.55
30—39岁	13	27.66	70.21
40—50岁	11	23.40	93.62
50岁以上	3	6.38	100
合计	47	100	
学历	样　本	有效比例（%）	累计百分比（%）
初中及以下	1	2.13	2.13
高中或高职	1	2.13	4.26
大专或本科	43	91.49	95.74
研究生以上	2	4.26	100
合计	47	100	
工作年限	样　本	有效比例（%）	累计百分比（%）
不到半年	8	17.02	17.02
0.5—1年	2	4.26	21.28
1—3年	10	21.28	42.56
3—5年	2	4.26	46.81
5年以上	25	53.19	100
合计	47	100	

职位	样本	有效比例（%）	累计百分比（%）
高层管理或技术人员	2	4.26	4.26
中层管理或技术人员	11	23.4	27.66
基层管理或技术人员	17	36.17	63.83
普通员工	17	36.17	100
合计	47	100	

表8.4 XBTJ公司客户有效研究样本分布情况

性别	样本	有效比例（%）	累计百分比（%）
男	20	51.28	51.28
女	19	48.72	100
合计	39	100	
年龄	样本	有效比例（%）	累计百分比（%）
20岁以下	0	0	0
20—29岁	4	10.26	10.26
30—39岁	15	38.46	48.72
40—50岁	7	17.95	66.67
50岁以上	13	33.33	100
合计	39	100	
学历	样本	有效比例（%）	累计百分比（%）
初中及以下	0	0	0
高中或高职	3	7.69	7.69
大专或本科	34	87.18	94.87
研究生以上	2	5.13	100
合计	39	100	
职位	样本	有效比例（%）	累计百分比（%）
高层管理或技术人员	14	35.90	35.90
中层管理或技术人员	18	46.15	82.05
基层管理或技术人员	7	17.95	100

职位	样 本	有效比例（%）	累计百分比（%）
普通员工	0	0	100
合计	39	100	
企业类型	样 本	有效比例（%）	累计百分比（%）
国有	29	74.36	74.36
外资	0	0	74.36
民营	8	20.51	94.87
其他	2	5.13	100
合计	39	100	

（二）调查问卷数据基本情况

通过对调查问卷数据进行基本的统计与分类，在表8.5中列举出各个指标的基本情况：包括各个指标的平均值及标准差情况。平均值作为总体一般水平的代表值，反映了总体在某一数量标志上的集中趋势。不过，仅用平均数并不能说明平均数的代表性如何，还有必要用标准差来衡量取得的数据平均数的代表性如何，标准差越小，说明该平均数的代表性越好。表中数据显示，标准差值在0.816—1.176，基本表明各个指标的平均值能够代表本次研究对象的一般水平。具体情况见表8.5。

表8.5　XBTJ公司调查问卷数据基本情况表

指标名称	Mean	Std. Deviation	指标名称	Mean	Std. Deviation
CVR1	3.98	0.920	EVR1	4.15	0.816
CVR2	3.45	1.176	EVR2	3.63	1.062
CVR3	3.88	0.939	EVR3	3.61	1.105
CVR4	3.63	1.148	EVR4	3.46	1.089
CVR5	3.60	0.900	EVR5	3.67	0.871
CVR6	3.70	0.823	EVR6	3.80	0.859
CVR7	3.73	1.109	EVR7	3.67	1.055
CVR8	4.03	1.000	EVR8	3.93	0.975
EBS2	3.95	0.932	IRB1	4.30	0.883

指标名称	Mean	Std. Deviation	指标名称	Mean	Std. Deviation
EBS3	3.80	0.966	IRB2	4.21	0.954
EBS4	3.83	1.083	IRB3	4.32	0.935
EBS6	3.93	0.997	IRB4	4.36	0.942
EBS7	3.78	0.862	ERB2	4.23	0.840
EBL2	3.63	1.148	ERB4	3.94	1.223
EBL3	3.85	0.975	ERB5	4.17	1.007
			ERB6	4.23	1.026
			ERB7	4.11	1.047
			ERB8	4.00	0.978
			ERB9	4.11	1.047
			ERB10	4.11	1.027

第四节　数据处理及分析

一、量表的信度分析

（一）员工价值驱动的信度分析

员工价值驱动量表是单维度量表，由体现员工价值驱动方面的八个条目构成，该量表的信度分析结果如表8.6所示。采用Cronbach's α 值作为删除题项依据。经过第一次信度分析后，删除内部一致性偏低题项（林雅军等，2014）。变量"员工价值驱动"题目总分相关在0.392—0.787之间，虽然有一个测项值低于0.4，但是，鉴于此测项在量表中的重要性，仍然保留。本量表的总体信度为0.888，在0.7以上，表明数据可靠。因此本量表具有良好的内部一致性。

表8.6　XBTJ公司员工价值驱动量表的信度分析

量表题项	校正的项总计相关性	项已删除的Cronbach's Alpha值	基于标准化项的Cronbachs Alpha
员工价值驱动			.888
EVR1	.392	.883	
EVR 2	.702	.869	
EVR 3	.674	.873	
EVR 4	.693	.870	
EVR 5	.787	.863	
EVR 6	.712	.875	
EVR 7	.660	.874	
EVR 8	.681	.872	

（二）客户价值驱动的信度分析

客户价值驱动量表是单维度量表，由体现客户价值驱动方面的八个条目构成，该量表的信度分析结果如表8.7所示。采用Cronbach's α值作为删除题项的依据。经过第一次信度分析后，删除内部一致性偏低的题项（林雅军等，2014）。变量"客户价值驱动"题目总分相关在0.421—0.754，都大于0.4，不需要进行二次信度检验。本量表的总体信度为0.894，在0.7以上，表明数据是可靠的。因此本量表具有良好的内部一致性（林雅军等，2014）。

表8.7　XBTJ公司客户价值驱动量表的信度分析

量表题项	校正的项总计相关性	项已删除的Cronbach's Alpha值	基于标准化项的Cronbachs Alpha
客户价值驱动			.894
CVR1	.421	.898	
CVR 2	.595	.885	
CVR 3	.710	.873	
CVR 4	.705	.873	
CVR 5	.754	.869	
CVR 6	.710	.874	

量表题项	校正的 项总计相关性	项已删除的 Cronbach's Alpha 值	基于标准化项的 Cronbachs Alpha
CVR 7	.680	.875	
CVR 8	.809	.862	

(三)内部品牌强度的信度分析

1. 员工品牌角色内行为

员工品牌角色内行为量表是单维度量表,由体现员工品牌角色内行为的四个测项构成,该量表的信度分析结果如表8.7所示。采用 Cronbach's α 值作为删除题项的依据。经过第一次信度分析后,删除内部一致性偏低的题项(林雅军等,2014)。变量"员工品牌角色内行为"题目总分相关在0.749—0.856,都大于0.4,不需要进行二次信度检验。本量表的总体信度为0.925,在0.7以上,表明数据是可靠的。因此本量表具有良好的内部一致性(林雅军等,2014)。

表8.8 XBTJ 公司员工品牌角色内行为量表的信度分析

量表题项	校正的 项总计相关性	项已删除的 Cronbach's Alpha 值	基于标准化项的 Cronbachs Alpha
员工品牌角色内行为			.925
IRB1	.749	.928	
IRB 2	.856	.893	
IRB 3	.856	.894	
IRB 4	.850	.896	

2. 员工品牌角色外行为

员工品牌角色外行为量表是单维度量表,由体现员工品牌角色内行为的八个测项构成,该量表的信度分析结果如表8.9所示。采用 Cronbach's α 值作为删除题项的依据。经过第一次信度分析后,删除内部一致性偏低的题项(林雅军等,2014)。变量"员工品牌角色外行为"题目总分相关在0.648—0.858,都大于0.4,不需要进行二次信度检验。本量表的总体信度为0.939,在0.7以上,表明数据是可靠的。因此本量表具有良好的内部一致性(林雅军等,2014)。

表 8.9 XBTJ 公司员工品牌角色外行为量表的信度分析

量表题项	校正的 项总计相关性	项已删除的 Cronbach's Alpha 值	基于标准化项的 Cronbachs Alpha
员工品牌角色外行为			.939
ERB 7	.648	.938	
ERB 9	.741	.934	
ERB 10	.858	.924	
ERB 11	.857	.924	
ERB 12	.755	.932	
ERB 13	.857	.925	
ERB 14	.751	.932	
ERB 15	.806	.928	

（四）外部品牌强度量表的信度分析

外部品牌强度量表是单维度量表，由体现客户品牌满意与品牌忠诚的七个条目构成，该量表的信度分析结果如表 8.10 所示。采用 Cronbach's α 值作为删除题项的依据。经过第一次信度分析后，删除内部一致性偏低的题项（林雅军等，2014）。变量"外部品牌强度"题目总分相关在 0.618—0.815，都大于 0.4，不需要进行二次信度检验。本量表的总体信度为 0.914，在 0.7 以上，表明数据是可靠的。因此本量表具有良好的内部一致性（林雅军等，2014）。

表 8.10 XBTJ 公司外部品牌强度量表的信度分析

量表题项	校正的 项总计相关性	项已删除的 Cronbach's Alpha 值	基于标准化项的 Cronbachs Alpha
外部品牌强度量表			.914
EBS 2	.815	.892	
EBS 3	.763	.897	
EBS 4	.722	.902	
EBS 6	.715	.902	
EBS 7	.618	.911	

续表

量表题项	校正的项总计相关性	项已删除的Cronbach's Alpha 值	基于标准化项的Cronbachs Alpha
EBL 9	.768	.897	
EBL 10	.761	.897	

注："我们对某品牌总体感到满意"（EBS1）、"选择某品牌承建我们的工程是一个非常重要的决定"（EBS5）、"我们下次做类似的工程还是会找这家品牌企业"（EBL8）。以上三项删除。

二、量表的效度分析

（一）员工价值驱动量表的效度分析

员工价值驱动量表的效度分析如图 8.1。从图中可看出，所有指标因子负荷介于 0.41—0.82，大于门槛 0.45，在各自计量概念上的因子负荷量都达到 $p < 0.01$ 的显著水平，表明量表具有良好的收敛效度（刘家凤，2013；林雅军等，2014）。而且，由于该量表是单维度量表，因此，不需要考察量表的区分效度（朱青松，2007）。

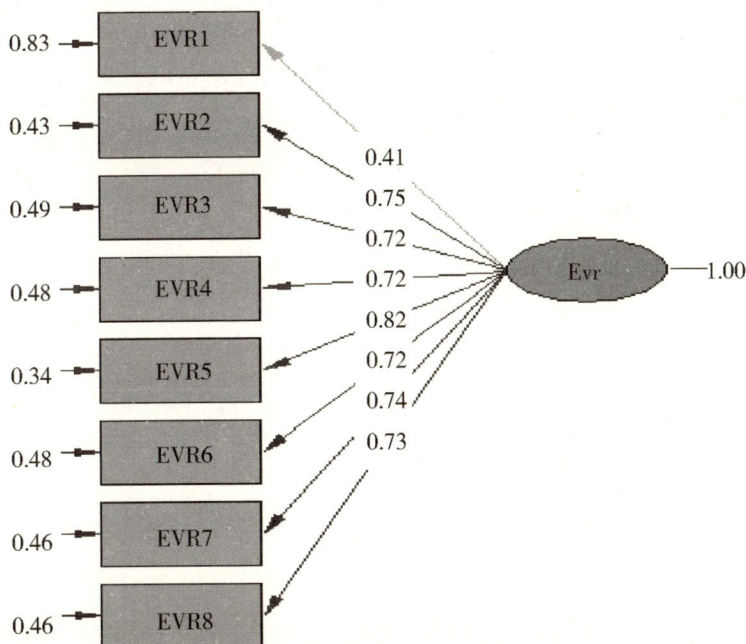

0.83 →	EVR1		
0.43 →	EVR2	0.41	
0.49 →	EVR3	0.75	
0.48 →	EVR4	0.72	
0.34 →	EVR5	0.72　Evr　—1.00	
0.48 →	EVR6	0.82	
0.46 →	EVR7	0.72	
0.46 →	EVR8	0.74	
		0.73	

图 8.1　员工价值驱动量表效度分析

同时，本研究采用 LISREL8.54 中的稳健最大似然法单独对测量模型的拟合度进行估计，将通过验证性因子的数据代入测试方程，数据模型的拟合指数如表 8.11 所示，分析结果显示：研究假设的结构方程模型拟合得很好，主要的拟合指标为：$X^2/df = 2.17$，GFI = 0.81，AGFI = 0.66，SRMR = 0.079，NFI = 0.91，NNFI = 0.91，CFI = 0.92，IFI = 0.92，PNFI = 0.62，PGFI = 0.51。十个拟合指数除了 GFI 和 AGFI 略低于标准指标外，其余各指标都达到了优度的标准，表明 CFA 模型与数据的拟合度良好（刘家凤，2013）。

表 8.11 CFA 模型的拟合指数一览表

	绝对拟合指数					相对拟合指数			简约拟合指数	
	X^2/df	GFI	AGFI	SRMR	NFI	NNFI	CFI	IFI	PNFI	PGFI
标准值	<5	>0.90	>0.90	<0.08	>0.90	>0.90	>0.90	>0.90	>0.50	>0.50
实际值	2.17	0.81	0.66	0.079	0.91	0.91	0.92	0.92	0.62	0.51

（二）客户价值驱动量表的效度分析

客户价值驱动量表的效度分析如图 8.2。从图中可看出，所有指标因子负荷介于 0.46—0.85，大于门槛 0.45，在各自计量概念上的因子负荷量都达到 p < 0.01 的显著水平，表明量表具有良好的收敛效度（刘家凤，2013；林雅军等，2014）。同时，由于该量表是单维度量表，因此，不需要考察量表的区分效度（朱青松，2007）。

本研究采用 LISREL8.54 中的稳健最大似然法单独对测量模型的拟合度进行估计，将通过验证性因子的数据代入测试方程，数据与模型的拟合指数如表 8.12 所示，分析结果显示：研究假设的结构方程模型拟合较好，主要的拟合指标为：$X^2/df = 1.63$，GFI = 0.84，AGFI = 0.71，SRMR = 0.07，NFI = 0.91，NNFI = 0.94，CFI = 0.95，IFI = 0.96，PNFI = 0.64，PGFI = 0.51。十个拟合指数除了 GFI 和 AGFI 略低于标准指标外，其余各指标都达到了优度的标准，表明 CFA 模型与数据的拟合度良好（刘家凤，2013）。

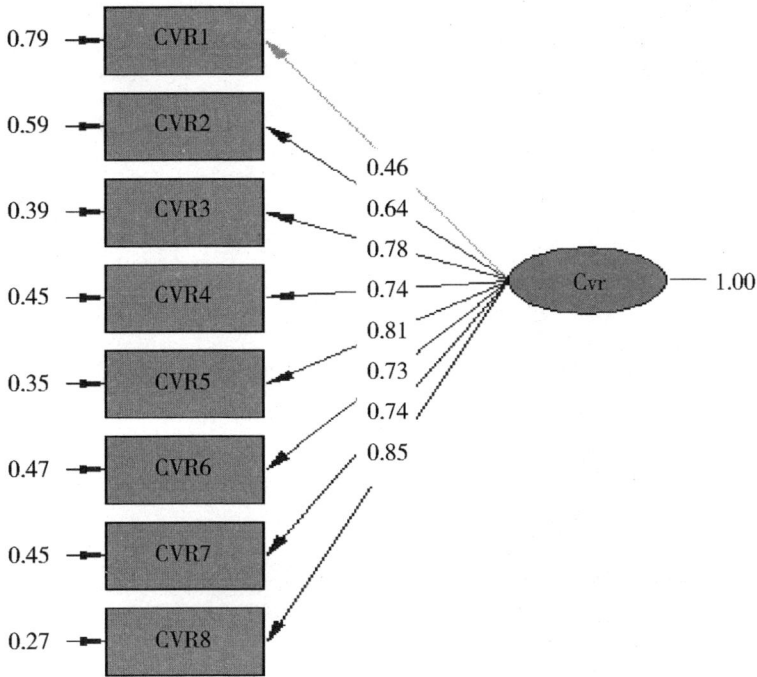

图8.2 客户价值驱动量表效度分析

表8.12 CFA 模型的拟合指数一览表

	绝对拟合指数					相对拟合指数			简约拟合指数	
	X^2/df	GFI	AGFI	SRMR	NFI	NNFI	CFI	IFI	PNFI	PGFI
标准值	<5	>0.90	>0.90	<0.08	>0.90	>0.90	>0.90	>0.90	>0.50	>0.50
实际值	1.63	0.84	0.71	0.07	0.91	0.94	0.95	0.96	0.64	0.51

(三) 内部品牌强度量表的效度分析

1. 员工品牌角色内行为量表的效度分析

员工品牌角色内行为量表的效度分析如图8.3。从图中可看出，所有指标因子负荷介于0.80—0.92，大于门槛0.45，在各自计量概念上的因子负荷量都达到 $p < 0.01$ 的显著水平，表明量表具有良好的收敛效度（刘家凤，2013；林雅军等，2014）。

2. 员工品牌角色外行为量表的效度分析

员工品牌角色外行为量表的效度分析如图8.3。从图中可看出，所有指标因子负荷介于 0.74—0.88，大于门槛 0.45，在各自计量概念上的因子负荷量都达到 p<0.01 的显著水平，表明量表具有良好的收敛效度（同上）。

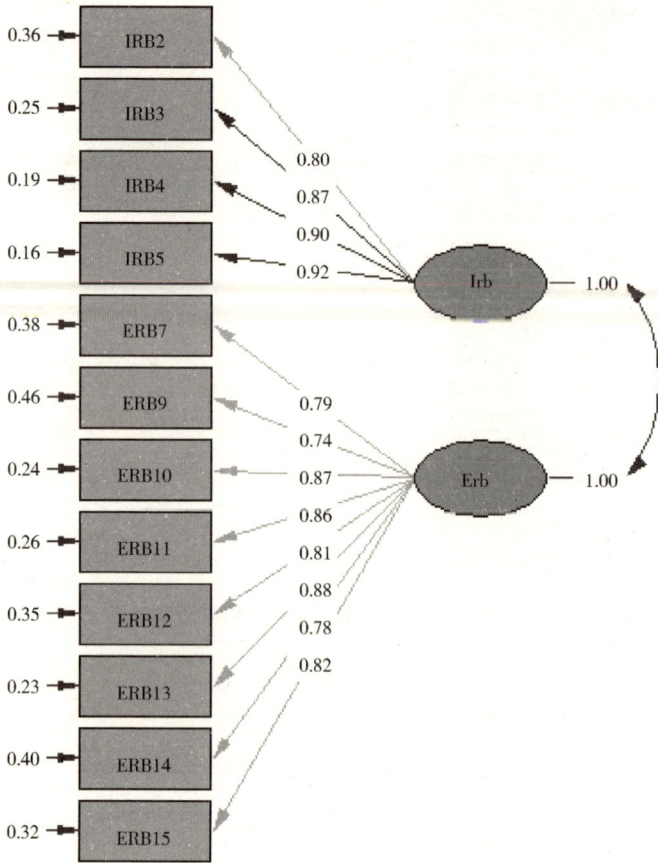

图 8.3　XBTJ 内部品牌强度量表的效度分析

关于 XBTJ 内部品牌强度量表的区分效度，根据该量表的因素分析，各变量的衡量项目均没有与其他变量的衡量项目收敛于同一个共同因素之下，同时如表 8.13 的相关系数矩阵显示不同变量的衡量项目间彼此皆不具有强烈的关联性。根据 Bagozzi & Yi（1988）对区分效度的标准，本量表具有可以被接受的区分效度。

表 8.13　内部品牌强度两构面的相关系数

	员工品牌角色内行为	员工品牌角色外行为
员工品牌角色内行为	1.00	
员工品牌角色外行为	0.92 (0.14) 4.00	1.00

同时，本研究采用 LISREL8.54 中的稳健最大似然法单独对测量模型的拟合度进行估计，将通过验证性因子的数据代入测试方程，数据模型的拟合指数如表 8.14 所示，分析结果显示：研究假设的结构方程模型拟合较好，主要的拟合指标为：$X^2/df = 1.69$，GFI = 0.74，AGFI = 0.67，SRMR = 0.11，NFI = 0.93，NNFI = 0.97，CFI = 0.97，IFI = 0.97，PNFI = 0.84，PGFI = 0.57。十个拟合指数除了 GFI 和 AGFI 略低于标准指标、SRMR 略高于标准指标外，其余各指标都达到了优度标准，表明 CFA 模型与数据的拟合度良好（刘家凤，2013）。

表 8.14　CFA 模型的拟合指数一览表

	绝对拟合指数					相对拟合指数			简约拟合指数	
	X^2/df	GFI	AGFI	SRMR	NFI	NNFI	CFI	IFI	PNFI	PGFI
标准值	<5	>0.90	>0.90	<0.08	>0.90	>0.90	>0.90	>0.90	>0.50	>0.50
实际值	1.69	0.74	0.67	0.11	0.93	0.97	0.97	0.97	0.84	0.57

（四）外部品牌强度量表的效度分析

外部品牌强度量表的效度分析如图 8.4。从图中可看出，所有指标因子负荷介于 0.65 – 0.88，大于门槛 0.45，在各自计量概念上的因子负荷量都达到 $p < 0.01$ 的显著水平，表明量表具有良好的收敛效度（刘家凤，2013；林雅军等，2014）。

同时，本研究采用 LISREL8.54 中的稳健最大似然法单独对测量模型的拟合度进行估计，将通过验证性因子的数据代入测试方程，数据模型的拟合指数如表 8.15 所示，分析结果显示：研究假设的结构方程模型拟合得很好，主要的拟合指标为：$X^2/df = 2.73$，GFI = 0.78，AGFI = 0.56，SRMR = 0.074，NFI = 0.91，NNFI = 0.91，CFI = 0.92，IFI = 0.93，PNFI = 0.59，PGFI = 0.52。十个拟

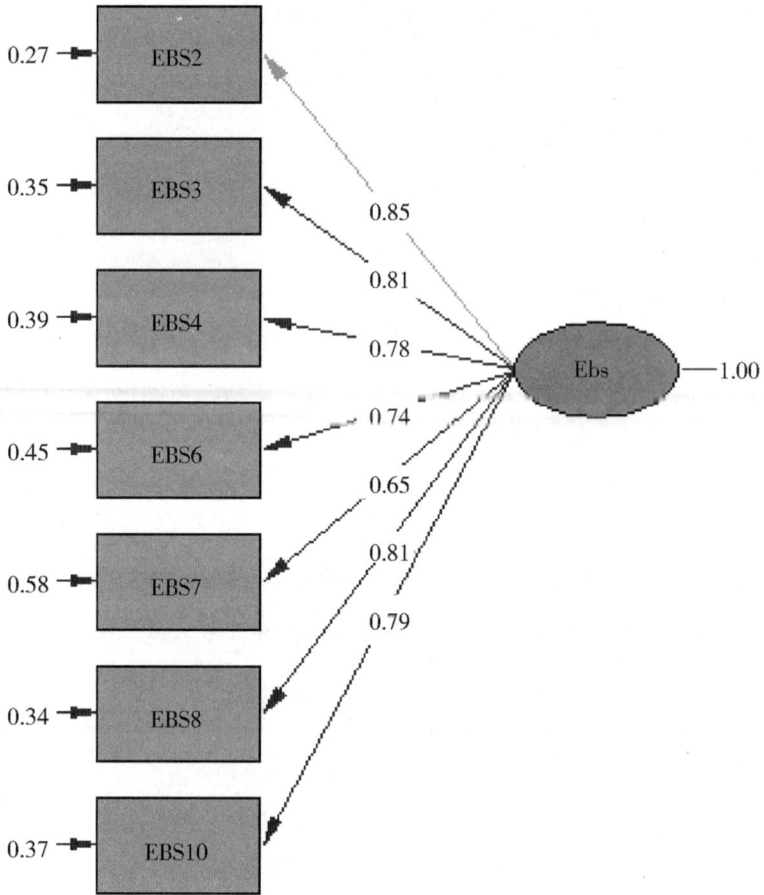

图 8.4 XBTJ 外部品牌强度量表的效度分析

合指数除了 GFI 和 AGFI 略低于标准指标外，其余各指标都达到了优度的标准，表明 CFA 模型与数据的拟合度良好（刘家凤，2013）。

表 8.15 CFA 模型的拟合指数一览表

	绝对拟合指数				相对拟合指数			简约拟合指数	
	X^2/df	GFI	AGFI	SRMR	NFI	NNFI	CFI	IFI	PNFI	PGFI
标准值	<5	>0.90	>0.90	<0.08	>0.90	>0.90	>0.90	>0.90	>0.50	>0.50
实际值	2.73	0.78	0.56	0.074	0.91	0.91	0.92	0.93	0.59	0.52

第五节　XBTJ 公司调查研究结果分析

根据 XBTJ 公司调查的样本测量数据，我们按照前述面上数据计算处理方法计算相关变量。

根据员工问卷调查数据，选取 XBTJ 公司品牌价值观条目中对员工而言，员工选取的重要、非常重要的条目作为测量员工认同的品牌价值观条目，根据员工感知这些条目在企业中的体现程度得分计算均值，获得每一受试员工的员工价值驱动测量值，并计算所有受试员工的员工价值驱动测量值的均值，同时计算每一受试员工品牌角色内行为维度、员工品牌角色外行为维度的测量均值。

根据客户调查问卷，选取 XBTJ 公司品牌价值观量表条目中对客户而言，客户选取的重要、非常重要的条目作为测量客户欣赏的品牌价值观条目，根据客户感知这些条目在企业中的体现程度得分计算均值，获得每一受试客户的客户价值驱动测量值（刘家凤，2013），并计算所有受试客户的客户价值驱动测量值的均值，同时计算每一受试客户品牌满意及忠诚维度的测量均值。

一、XBTJ 公司品牌双核价值驱动匹配类型分析

关于双核价值驱动程度高低匹配差异类型的划分标准，由于这是个案研究，没有参照对象，所以，仅采用面上数据对员工价值驱动、客户价值驱动的计算标准。而差异类型的划分标准则可根据量表使用级度来进行。由于本研究在测量员工价值驱动、客户价值驱动的过程中，使用的是李克特 5 分等级制量表，因此分别选取员工价值驱动程度值大于或小于 3，客户价值驱动程度值大于或小于 3 作为员工价值驱动程度高低、客户价值驱动程度高低的划分标准。

根据数据处理，XBTJ 公司品牌员工价值驱动均值与客户价值驱动均值如表 8.16 所示：

表 8.16　XBTJ 公司员工价值驱动和客户价值驱动均值

员工价值驱动均值	客户价值驱动均值
3.747	3.748

根据上述提出的对个案品牌在企业内外部的员工价值驱动和客户价值驱动

程度高低的划分标准及数据处理结果，XBTJ 公司品牌价值观类型属于双核价值驱动型匹配，即员工价值驱动程度高（3.747），客户价值驱动程度也高（3.748）。

二、XBTJ 公司品牌员工价值驱动与内部品牌强度关系分析

既然 XBTJ 公司品牌价值观在企业内外部的匹配类型属于双核价值驱动型匹配，我们进一步通过员工价值驱动与内部品牌强度关系的分析，间接探讨验证双核价值驱动匹配与内部品牌强度的关系。根据每一样本员工的员工价值驱动程度，按值大于 3、小于 3 把样本划分为两组：员工价值驱动程度高组和员工价值驱动程度低组，然后通过方差分析的方法分析员工价值驱动程度高组和员工价值驱动程度低组在影响内部品牌强度指标，即员工品牌角色内行为、员工品牌角色外行为的差异显著性，探析员工价值驱动程度高低对内部品牌强度的影响关系，进而验证双核价值驱动匹配与内部品牌强度的关系。

（一）员工价值驱动与员工品牌角色内行为的关系

本研究运用 SPSS17.0 软件处理数据，对员工价值驱动程度高组与品员工价值驱动程度低组进行员工品牌角色内行为的单因素方差分析（ONE – WAY ANOVA），分析结果如表 8.17 所示。

表 8.17   XBTJ 员工价值驱动程度高低组对员工品牌角色内行为的影响

分组	人数	员工品牌角色内行为 （Mean ± Std）	多重比较 *，有显著性差异的组 （P < 0.05）
员工价值驱动 程度高组	40	4.48 ± 0.99	员工价值驱动程度 低组
员工价值驱动 程度低组	7	3.29 ± 0.46	员工价值驱动程度 高组
合计	47		

* 方差分析的结果为 F = 15.780，p < 0.05，然后所进行的两两比较分析。

表 8.17 表明员工价值驱动程度高低组对员工品牌角色内行为有影响，其中员工价值驱动程度高组显著高于员工价值驱动程度低组。因此，员工价值驱动程度高低组的员工品牌角色内行为的单因素分析表明，员工价值驱动程度高，员工具有较积极的品牌角色内行为。

（二）员工价值驱动与员工品牌角色外行为的关系

运用 SPSS17.0 软件处理数据，对员工价值驱动程度高组与员工价值驱动程度低组进行员工品牌角色外行为的单因素方差分析（ONE – WAY ANOVA），分析结果如表 8.18 所示。

表 8.18　XBTJ 员工价值驱动程度高低组对员工品牌角色外行为的影响

分组	人数	员工品牌角色外行为（Mean ± Std）	多重比较＊，有显著性差异的组（P < 0.05）
员工价值驱动程度高组	40	4.31 ± 0.89	员工价值驱动程度低组
员工价值驱动程度低组	7	2.98 ± 0.51	员工价值驱动程度高组
合计	47		

＊方差分析的结果为 F = 14.312，p < 0.05，然后所进行的两两比较分析。

表 8.18 表明员工价值驱动程度高低组对员工品牌角色外行为有影响，其中员工价值驱动程度高组显著高于员工价值驱动程度低组。因此，员工价值驱动程度高低组的员工品牌角色外行为的单因素分析表明，员工价值驱动程度高，员工具有较积极的品牌角色外行为。

三、XBTJ 公司品牌客户价值驱动与外部品牌强度关系分析

既然 XBTJ 公司品牌价值观在企业内外部的匹配类型属于双核价值驱动型匹配，本研究进一步通过客户价值驱动与外部品牌强度关系的分析，间接探讨验证品牌价值观在企业内外部的匹配与外部品牌强度的关系。根据每一样本客户的客户价值驱动程度，按值大于 3、小于 3 把样本分为两组：客户价值驱动程度高组和客户价值驱动程度低组，然后通过方差分析的方法分析客户价值驱动程度高组和客户价值驱动程度低组在影响外部品牌强度的差异显著性，探析客户价值驱动对外部品牌强度的影响关系，进而验证双核价值驱动匹配与外部品牌强度的关系。

本研究运用 SPSS17.0 软件处理数据，对客户价值驱动程度高、低组进行外部品牌强度的单因素方差分析（ONE – WAY ANOVA），分析结果如表 8.19 所示。

表 8.19 XBTJ 客户价值驱动程度高低组对外部品牌强度的影响

分组	人数	外部品牌强度 （Mean ± Std）	多重比较 *，有显著性差异 的组（P<0.05）
客户价值驱动 程度高组	35	3.97 ±0.10	客户价值驱动程度 低组
客户价值驱动 程度低组	4	3.04 ±0.68	客户价值驱动程度 高组
合计	39		

* 方差分析的结果为 F＝6.226，p<0.05，然后所进行的两两比较分析。

表 8.19 表明客户价值驱动程度高低组对外部品牌强度有影响，其中客户价值驱动程度高组显著高于客户价值驱动程度低组。因此，客户价值驱动程度高低组的外部品牌强度的单因素分析表明，客户价值驱动程度高，外部品牌强度越高。

四、XBTJ 公司品牌内外部品牌强度匹配与公司绩效关系分析

上述研究表明，XBTJ 公司品牌价值观在企业内外部的匹配类型属于双核价值驱动型匹配，而前面的研究已证明，当品牌价值观在企业内外部的匹配类型为双核价值驱动型匹配时，公司内部品牌强度高、外部品牌强度也高，即 XBTJ 公司内外部品牌强度匹配类型为双高型，那么，XBTJ 公司的公司绩效又如何呢？是否具有可持续性呢？由于 XBTJ 公司品牌属于某上市公司子公司，没有独立上市，所以本研究所采用的财务数据来自 XBTJ 公司内部提供的主要财务数据统计。再有，这是个案研究，其公司绩效缺乏横向对比对象，所以采用纵向观察的方式，利用 XBTJ 公司 2006—2010 年五年净利润财务数据，来考察其利润增长是否具有可持续性。事实上，XBTJ 公司近几年获得了快速发展，具体净利润增长情况如表 8.20 及图 8.5。

表 8.20　XBTJ 公司五年净利润情况表（单位：万元）

年份	2006	2007	2008	2009	2010
净利润	700.54	5243.30	8351.50	7059.80	12500.00

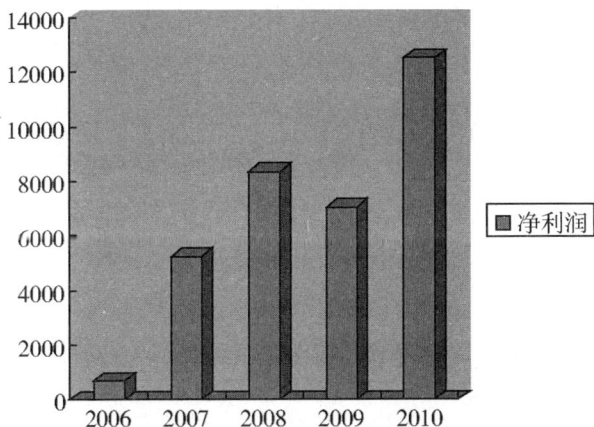

图 8.5　XBTJ 2006—2010 年净利润增长趋势图

个案公司分析研究与面上调查的研究结论基本一致，即品牌价值观在企业内外部的匹配为双核价值驱动型匹配时，公司内部品牌强度高，外部品牌强度也高，公司绩效较好，利润增长较快。

第六节　本章小结

本章通过个案公司品牌的数据处理与分析研究，探讨了 XBTJ 公司员工价值驱动与客户价值驱动的匹配类型、XBTJ 公司品牌价值观与内部品牌强度、外部品牌强度的关系，进而对公司绩效的影响，基本结论如下：

1. 根据品牌价值观在企业内外部的匹配四种公司品牌类型的划分标准，XBTJ 公司的员工价值驱动与客户价值驱动匹配类型属于双核价值驱动型匹配，即员工价值驱动程度高，客户价值驱动程度也高。

2. 双核价值驱动型公司品牌，员工价值驱动程度高，员工具有积极的品牌角色内行为。

3. 双核价值驱动型公司品牌，员工价值驱动程度高，员工具有积极的品牌角色外行为。

4. 双核价值驱动型公司品牌，客户价值驱动程度高，外部品牌强度较高（即客户具有较高的品牌满意和忠诚度）。

5. 双核价值驱动型公司品牌，员工价值驱动与客户价值驱动的匹配程度高，企业内部品牌强度与外部品牌强度之间存在匹配关系，从而公司绩效较好，利润增长较快。

个案公司品牌研究表明，关于公司品牌"双核价值驱动"匹配程度与内部品牌强度、外部品牌强度的关系的研究结论与面上调查的研究结论基本一致。

第三篇 **03**

公司品牌"双核价值驱动"
管理模式的实现路径

现代营销中品牌研究强调消费者已从品牌价值消极的接受者成为主动的创造者，顾客的反应决定企业的绩效（白长虹，邱玮，2008）。这就意味着顾客满意的品牌需要品牌外部传播与内部管理相契合，品牌承诺与消费者的实际体验之间基本一致。因而，成功的公司品牌被认为是随着时间的流逝，在公司内外部利益相关者之间实现公司价值观的一致（Morsing & Kristensen，2001；刘家凤，2014），即企业内外部利益相关者感知的公司价值观与他们自身价值观一致，也就是本研究报告中提出的四种公司品牌价值观管理模式之一"双核价值驱动型"，该模式在前述章节被实证为企业可持续发展的最佳公司品牌价值观管理模式。

如何才能构建公司品牌"双核价值驱动"管理模式？即如何构建与内外部利益相关者价值观一致的公司品牌价值观？前述研究表明，为了实现公司价值观在企业内外部利益相关者之间的一致性，首先，必须从企业内外部双向视角出发，确定公司品牌价值观，其次，根据公司内外部环境变化，持续调节战略愿景、企业文化与品牌形象，实现内部企业文化与外部品牌形象协同建设。因此，要构建公司品牌"双核价值驱动"管理模式，必须识别现有公司品牌价值观管理模式，并调整公司品牌价值观管理模式。即从公司内外部利益相关者双向视角出发，重构公司品牌价值观，进而通过公司内部的文化管理与公司外部的客户接触管理，在公司发展战略与经营管理过程中融入公司品牌价值观，将基于客户的品牌承诺转化为企业实实在在的行动，使公司成员与品牌及其代表的内容保持一致，使公司内部品牌环境和外部营销努力实现无缝对接，从而实现公司价值观在以员工和客户为代表的公司内外部利益相关者之间的一致（同上）。即在公司内部，广泛开展负责人带头解读公司品牌核心价值理念，员工进行服务文化讨论活动。在公司外部，不断丰富公司品牌价值观宣传载体，利用各种媒体渠道，对公司品牌核心理念、先进典型事迹和优质服务经验等进行广泛持续的宣传。通过多年公司内外全方位的理念宣导，以员工为代表的内部利益相关者的自觉服务意识逐渐增强，以客户为代表的外部利益相关者也逐渐成为公司品牌核心价值理念的认同者和传播者。

本研究报告采用中国银行业作为面上研究对象，在2010年5—9月对包括中国工商银行、中国农业银行、中国银行和中国建设银行在内的八家国内商业银行进行了公司品牌价值观调研。调研发现：这些公司随着股改上市，都逐渐进入自觉的公司品牌与企业文化建设，不过，只有部分银行在2004—2010年清晰提出并界定其公司价值观。因此，本研究报告根据研究需要，选择合适的价值观量表，由公司管理层选择其希望在组织中看见、在外部被消费者感知的价值观条目，形成相应的公司品牌价值观量表，作为公司品牌价值观进行调研。在实证研究过程中，本研究中对四种双核价值驱动匹配类型进行划分时，分别采用所有调研样本银行员工价值驱动得分均值、所有调研样本银行客户价值驱动得分均值作为高低的划分标准，本研究中的双核价值驱动型是一种相对意义上的双高，而非绝对意义。由于员工价值驱动型的员工价值得分（均值得分4.425）大于双核价值驱动型的员工价值驱动得分（均值得分4.385），从而出现员工价值驱动型的内部品牌强度大于双核价值驱动型的内部品牌强度。由于客户价值驱动型的客户价值驱动得分（均值得分4.045）大于双核价值驱动型的客户价值驱动程度得分（均值得分3.85），从而出现客户价值驱动型的外部品牌强度大于双核价值驱动型的外部品牌强度（刘家凤，2014）。上述结论从一个侧面佐证了这些银行进入自觉品牌建设与企业文化建设的时间不久，即使在本研究中被识别为双核价值驱动型的银行，其从企业内外部双向视角提出的公司品牌价值观在组织内部与外部的结合深度和广度都还不够；更不用说还有的银行尚缺乏清晰一致的公司品牌价值观。因此，需要进一步探寻公司品牌价值观模式的影响因素及其在企业内外部的实现路径，从而建设理想的公司品牌"双核价值驱动"管理模式。

中国工商银行（后面简称"工行"）是本研究报告面上调研

的八大银行之一，于2007年首次发布《工行企业社会责任报告》，呈现工行为增进股东利益、客户利益、员工利益及全社会利益所付出的不懈努力；于2010年首次发布了《2009中国工商银行品牌年度报告》，标志着工行进入自觉品牌建设时期，于2010年6月推出《中国工商银行企业文化手册》，正式发布企业文化体系，标志着工行企业文化建设进入整体推进阶段（阎本立，2012）。工行明确提出，在新的历史发展阶段，工行将践行"提供卓越金融服务"的使命，倾力服务客户、回报股东、成就员工、奉献社会，秉承"工于至诚，行以致远"价值观。其中，"工于至诚，行以致远"这一价值观不仅是工行企业文化的内核和精髓（杨磊，2013），也是工行对外塑造的品牌形象，是工行对外的品牌承诺。从工行发布的使命、价值观和愿景可以看出，工行是从企业内外部利益相关者双向视角出发，进行公司品牌与企业文化协同建设，以统一的公司品牌价值观"工于至诚，行以致远"引领企业内外部发展。

因此，本篇试图以工行为例，基于对工行2007—2010年的面上调研实证结果，持续关注工行发布的《工行品牌文化年度报告》《工行企业社会责任报告》，工行官网与网络上有关工行品牌与文化建设的相关报道，从公司品牌与企业文化协同建设视角出发，探讨公司品牌"双核价值驱动"管理模式在企业内外部的科学实现路径。其中，《工行品牌文化报告》是2010年工行正式确立品牌报告制度后，每年制作发布，全面系统展示工行大到集团、小到产品的品牌体系和形象，在对外部品牌传播和内部品牌指导方面起到了重要的积极作用。《工行企业社会责任报告》自2007年度首次编写，于2008年3月25日首次发布，重点介绍工行为增进股东利益、客户利益及全社会利益所付出的不懈努力，促进与银行内外部利益相关者之间的沟通与了解。

第九章

公司品牌"双核价值驱动"管理模式识别与调整

根据第六章和第七章对双核价值驱动匹配类型的实证研究，将公司品牌价值观管理模式分为客户价值驱动型、员工价值驱动型、双核价值驱动型与空洞型四种类型，并验证了上述四种不同公司品牌价值观管理模式的内在作用关系。本章将具体探讨公司品牌价值观管理模式的识别与调整。

第一节　公司品牌"双核价值驱动"管理模式识别

根据前述章节研究，公司品牌"双核价值驱动"匹配类型识别主要包括以下四个步骤：第一，识别公司品牌价值观；第二，获取员工价值驱动测量值；第三，获取客户价值驱动测量值（刘家凤，2014）；第四，利用员工价值驱动测量值与客户价值驱动测量值，识别公司品牌"双核价值驱动"匹配类型。

一、识别公司品牌价值观

从公司内部员工、外部客户双向角度出发识别公司品牌价值观，主要有两种方式：一是选择合适的价值观量表，由公司管理层选择其希望在组织中看见、在外部被消费者感知的价值观条目，形成相应的公司品牌价值观量表，作为公司的品牌价值观；二是直接使用公司在品牌建设过程中宣称的品牌价值观作为公司的品牌价值观。由于不是所有公司都在公司品牌建设中清晰提出并界定其公司品牌价值观，为保证研究的科学性、有效性和可操作性，在本研究报告面上调研中采用第一种方式，有效调研不同银行所属价值观管理模式类型，便于后面公司品牌"双核价值驱动"管理模式的有效实现；在个案分析中，鉴于调研中的部分银行已清晰提出其核心价值观，本研究报告则将其视为银行品牌的理想价值观，直接从企业内外部利益相关者双重视角进行解读其内涵及其在企业文化和品牌建设中的呈现情况，探索公司品牌"双核价值驱动"管理模式的实现路径。

二、获取内部员工价值驱动测量值

获取内部员工价值驱动测量值包括以下两步：第一，采用上述方式识别出来的公司品牌价值观条目形成相应公司的品牌价值观量表，用于测量该公司品牌价值观被其员工认为重要的程度及在公司内部的体现程度；第二，根据测量的对该公司品牌而言的重要性价值观条目在该公司内部体现的程度得分计算出均值，得到员工价值驱动的测量值（刘家凤，2014）。

三、获取外部客户价值驱动测量值

获取外部客户价值驱动测量值也包括两步：第一，采用上述方式识别出来的公司品牌价值观条目形成相应公司的品牌价值观量表，用于测量该公司品牌价值观被其对应外部客户认为重要的程度及在公司外部的体现程度；第二，根据测量的对该公司品牌而言的重要性价值观条目在该公司外部的体现程度得分计算出均值，得到客户价值驱动的测量值（刘家凤，2014）。

四、识别公司品牌"双核价值驱动"匹配类型

本研究报告提出以员工价值驱动程度高低、客户价值驱动程度高低作为两个维度，将公司品牌价值观管理模式划分为以下四种类型——"双核价值驱动型""员工价值驱动型""客户价值驱动型""空洞型"，进而采用实证方式验证了以上四种公司品牌价值观管理模式的科学性与有效性。因此，一家公司品牌要识别其公司品牌价值观管理模式类型，可采用员工价值驱动程度高低、客户价值驱动程度高低两个维度，分别计算均值，并以某一均值得分进行类型划分与识别，为公司品牌价值观管理模式调整与在企业内外部的实现做好准备。

第二节　公司品牌"双核价值驱动"管理模式调整

第二篇中的实证研究表明，"双核价值驱动型"是当今信息透明时代公司品

牌实现可持续发展的最佳品牌价值观管理模式,最符合未来的公司品牌建设趋势。因此,在公司品牌价值观建设中,若现有公司品牌价值观管理模式为"空洞型""员工价值驱动型"或"客户价值驱动型",则需要重新调整为"双核价值驱动型"。本部分将在简单分析四种公司品牌"双核价值驱动"匹配类型的作用关系基础上,讨论四种公司品牌"双核价值驱动"匹配类型的调整。

一、四种公司品牌"双核价值驱动"匹配类型的内在作用关系

(一)"空洞型"的内在作用关系

根据前述章节对公司品牌"双核价值驱动匹配模型"的实证研究,在"空洞型"公司品牌企业中,公司品牌价值观受员工价值驱动低,受客户价值驱动也低。此种类型企业在品牌建设中没有明确的利益相关者主体价值观取向,多以社会文化价值观取向如诚信、创新之类,而且这些公司品牌价值观主要表述在口号、手册中,没有体现在公司品牌实践过程中,更没有落实在员工的品牌支持行为上,难以引起各利益相关者群体的共鸣。因此,以员工为代表的内部利益相关者缺乏积极的品牌支撑行为,以客户为代表的外部利益相关者不愿意欣赏与购买该类品牌产品或服务,进而导致公司内外部品牌强度低与公司财务绩效差。这种类型的公司品牌价值观不能适应现在及将来的社会发展(刘家凤,2014)

(二)"员工价值驱动型"的内在作用关系

根据前述章节对公司品牌"双核价值驱动匹配模型"的实证研究,在"员工价值驱动型"公司品牌企业中,公司品牌价值观受员工价值驱动高,受客户价值驱动低。此种类型企业在品牌建设过程中注重以员工为代表的内部利益相关者价值取向,却对外部市场需求反映不够灵活与及时,使得公司品牌价值观与以员工为代表的内部利益相关者的价值观一致性程度高,以员工为代表的内部利益相关者有着积极的品牌支撑行为;而公司品牌价值观与以客户为代表的外部利益相关者的价值观一致性程度低,难以获得以客户为代表的外部利益相关者的欣赏与认同,导致以客户为代表的外部利益相关者不愿意欣赏与购买该类品牌产品或服务,进而导致公司内部品牌强度高与公司财务绩效较差,公司绩效难以持续向好,从而使得公司品牌难以持续成功(刘家凤,2014)。

(三)"客户价值驱动型"的内在作用关系

根据前述章节对公司品牌"双核价值驱动匹配模型"的实证研究,在"客

户价值驱动型"公司品牌企业中,公司品牌价值观受员工价值驱动低,受客户价值驱动高。此种类型企业在公司品牌建设过程中基于企业黑箱假设,以消费者感知为前提,主要围绕以消费者为代表的外部利益相关者价值取向进行公司品牌外部形象中的价值观建设,而不关注公司对外宣传的公司品牌价值观是否在企业内部真实存在,虽然使感知到公司品牌价值观的以客户为代表的外部利益相关者欣赏与认同公司品牌,乐意购买与传播公司品牌产品与服务,但是,在企业内部却会缺乏以员工为代表的内部利益相关者的坚实支撑,进而导致公司内部品牌强度低、外部品牌强度高及一段时期的公司财务绩效较好,公司品牌却不可持续发展(同上)。

(四)"双核价值驱动型"公司品牌价值观管理模式的内在作用关系

根据前述章节对公司品牌"双核价值驱动匹配模型"的实证研究,在"双核价值驱动型"公司品牌企业中,公司品牌价值观受到以员工为代表的内部利益相关者价值观与以客户为代表的外部利益相关者价值观的双重驱动。因此,感知到公司品牌价值观的以员工为代表的内部利益相关者认同与支持公司品牌建设,感知到公司品牌价值观的以客户为代表的外部利益相关者认同与欣赏公司产品与服务,对品牌忠诚,公司绩效持续向好,从而可实现持续发展。这种类型的公司品牌价值观管理模式是在当今信息透明时代公司品牌实现可持续发展的最佳品牌价值观管理模式,最符合未来的公司品牌建设趋势(同上)。

二、公司品牌"双核价值驱动"匹配类型调整

根据前述篇章实证研究表明,公司品牌"双核价值驱动"管理模式是公司品牌管理建设中追求的最佳模式。因此,要建立强势品牌,则需要先识别公司现有品牌价值观管理模式类型,调研该公司的理想品牌价值观管理模式类型,即"双核价值驱动"管理模式,进而比较公司现有品牌价值观管理模式类型与理想公司品牌价值观管理模式之间的差距,找出影响因素,采取相应的针对措施进行调整。如果一家公司的品牌价值观管理模式经识别为"空洞型""员工价值驱动型"或"客户价值驱动型",都需要根据其内在作用关系及其影响因素,重新调整为"双核价值驱动型"。

(一)"双核价值驱动"匹配类型调整

如果一家公司品牌价值观管理模式是"空洞型",则意味着需要重新调查内外部利益相关者需求,结合公司发展战略与其历史文化,重新定位公司品牌价

值观，通过企业内部文化管理与企业外部客户接触管理，将公司品牌价值观融入公司的发展战略与经营管理中，实现公司品牌价值观在企业内外部的一致，建构公司品牌"双核价值驱动"管理模式。

如果一家公司品牌价值观管理模式是"员工价值驱动型"，首先，需要检测现有公司品牌价值观是否仅注重以员工为代表的内部利益相关者价值取向，却对外部市场需求变化反映不够灵活与及时；其次，需要重新调查市场需求，确定以客户为代表的外部利益相关者价值取向，重构公司品牌价值观，通过企业内部文化管理与企业外部客户接触管理，实现公司品牌价值观在企业内外部的一致性，即将公司品牌价值观管理模式调整为"双核价值驱动型"。

如果一家公司品牌价值观管理模式是"客户价值驱动型"，则需要检测现有公司品牌价值观是否在企业内部真实存在。如果不存在或不完全存在，则需要重新调查并确定以员工为代表的内部利益相关者的价值取向，重构公司品牌价值观，通过企业内部文化管理与企业外部客户接触管理，实现公司品牌价值观在企业内外部的一致性，将公司品牌价值观管理模式调整为"双核价值驱动型"。

如果一家公司品牌价值观管理模式本身就是"双核价值驱动型"，则需要再次对以员工为代表的利益相关者与以客户为代表的利益相关者进行调查，确定公司品牌价值观在企业内外部的实现程度，进一步优化与完善"双核价值驱动型"管理模式，提升公司品牌价值观在企业内外部的一致性。

（二）公司品牌"双核价值驱动"类型具体调整流程

关于公司品牌"双核价值驱动"类型具体调整流程，通常包括三个步骤：一是前期调研，二是后期评估，三是具体调整措施。

关于公司品牌"双核价值驱动"类型的前期调研，首先，采用本研究中的方法，从公司内外部双向视角出发，确定员工与客户感知的公司品牌价值观匹配类型；其次，进行业内调研，对公司品牌与消费族群展开研究，了解与提炼公司历史发展进程中形成的核心价值观与目标消费族群的核心价值观；再次，由多名中高层人员构成的访谈组，展开和公司领导的访谈工作，了解理想的公司品牌价值观类型，对结果进行归纳、分析、总结；然后，进一步借助系列深度访谈与定性调研，对员工与客户感知的公司品牌价值观匹配类型与现有调研的理想"双核价值驱动"匹配类型进行深入比较与后期评估，建立全面而深刻的认知；最后根据员工与客户感知的公司品牌价值观匹配类型与理想的"双核价值驱动"匹配类型之间的差距，采取相应措施重构公司品牌"双核价值驱动"管理模式。

第三节 重构公司品牌价值观

企业文化与公司品牌，虽然一个侧重对内，一个侧重对外，但两者的联系在价值观层面最为明显，公司品牌形象源于企业文化系统的"价值观"表述，公司品牌建设与企业文化建设共享一套价值观系统。公司品牌管理就是一个动态的价值观管理过程。在经济进入新常态的大背景下，新的经济和贸易业态不断出现，市场和客户需求都随之发生变化。顺应内外部发展环境的深刻变化，企业愿景与使命虽然相对稳定，也会与时俱进，导致指导企业内部文化与外部品牌建设的公司品牌价值观在一定时期内会出现动态演变。要建立公司品牌"双核价值驱动"管理模式，首先必须确保公司品牌价值观符合企业内外部利益相关者的需求。因此，需要在对公司品牌价值观管理模式识别基础上，重构公司品牌价值观。

工行成立于1984年1月1日，目前已经成长为全球市值最大、盈利最多、品牌价值最高和客户存款第一的商业银行。在新的历史时期，新的形势和任务目标对工行的品牌建设与企业文化建设均提出了更高的要求，全面推进以品牌为导向的企业文化建设已成为工行的迫切需要（戴磊，2010）。为此，2004年，工行召开全行基层企业文化研讨会，发布《基层企业文化建设经验汇编》；2007年，成立全行企业文化建设推进委员会，调动全行各层面人才资源，吸纳行内外专家意见，对工商银行的企业文化进行全面评估和研究，并形成系统的企业文化建设规划；借助专业咨询机构力量，采取分层访谈、资料调研、问卷与座谈相结合的方式，历时三年，对本行文化的历史传承和现状进行全面深刻的梳理和总结，并对内外部利益相关者的诉求进行系统调研。调研表明：首先，工行自成立以来，始终注意在实践中推进企业文化建设，以"诚信"为立行之本，以稳健经营为兴行之道，将提供卓越金融服务作为企业的使命和承担的社会责任，将服务客户、回报股东、成就员工、奉献社会作为长期坚持的价值取向和不懈追求（徐承，2011；朱晓君，2011）。其次，工行的主要优秀文化基因包括诚实守信、尽职尽责，严谨规范、稳健合规，创新进取、追求卓越，吃苦耐劳、敬业奉献（杨磊，2013）。最后，深入开展"企业文化建设大讨论"，形成《中国工商银行企业文化诊断评估报告》，并通过创新赋予工行的品格和精神以时代的内涵，重构中国工商银行公司品牌价值观，并于2010年正式发布。

一、公司品牌价值观梳理与重构

与西方品牌相比，中国企业起步较晚，品牌建设与企业文化建设均较为落后，中国品牌普遍缺乏核心竞争力。直到20世纪90年代后期，市场竞争日趋激烈，市场产品品种不断增加，中国企业才逐步有了品牌概念，而企业文化建设还远不够清晰或只是在视觉识别上做表面文章。进入21世纪后，随着经济的快速发展与市场对外开放，许多中国企业开始进入企业文化与公司品牌协同建设时期，对自身历史文化进行深度挖掘与系统梳理总结，分析企业内外部环境，对以员工为代表的内部利益相关者和以客户为代表的外部利益相关者的需求进行系统调研，找出企业的优秀文化基因，提炼出核心价值观，在全公司广泛征求意见和反复提炼推敲，并通过创新赋予自己的品格和精神以时代的内涵，重构公司品牌价值观，对战略愿景、企业文化与品牌形象进行持续调节，以确保公司品牌持续发展。

二、公司品牌价值观的内涵

公司品牌价值观作为公司在追求经营成功的过程中所推崇的基本信念和奉行的目标，是企业内外部利益相关者价值观相互作用的结果，是企业希望被内部利益相关者认同和支持、被外部利益相关者感知和欣赏的组织价值观（刘家凤，林雅军，2013）。理想的公司品牌价值观是提高员工认识、统一员工思想、引导员工行为的重要推手（唐小燕，2011），是获取客户欣赏与忠诚的法宝，对于建立和维系客户及社会各界与公司品牌的长期稳固关系有着重要作用。因此，公司品牌价值观的内涵至少要包括以下三层面的内容：一是企业层面的价值目标；二是社会层面的价值取向；三是员工个人层面的价值准则。从社会层面对公司经营基本理念的凝练则反映了企业的基本属性，是企业在追求经营成功的过程中对社会的承诺。从员工个人层面对公司经营基本理念的凝练是衡量员工品行修养的基本价值标准。同时，公司品牌价值观至少要从企业内外部利益相关者双向视角出发，考虑到客户、员工、战略投资者、股东、社会公众等。

工行作为一家服务型公司品牌，于2010年发布工行企业文化体系，提出新时期的企业愿景与使命，重构了中国工商银行核心价值体系。指出将以"建设最盈利、最优秀、最受尊重的国际一流现代金融企业"为愿景（2017 年，随着工行的稳健发展，目前已跨入世界级大银行，愿景调整为"打造'价值卓越、坚守本源、客户首选、创新领跑、安全稳健、以人为本'的具有全球竞争力的世界一流现代金融企业"），践行"提供卓越金融服务"的使命，坚持"以客户为中心、服务创造价值"为宗旨，秉承"工于至诚，行以致远"这一涵盖"诚信、人本、稳健、创新、卓越"等基本价值取向的价值观，把"经营、管理、创新、发展"作为企业的行为准则，将"道德、尽职、服务、执行、协作、学习"作为员工的行为准则，引领全行倾力服务客户、回报股东、成就员工、奉献社会（徐承，2011；朱晓君，2011）。

"工于至诚，行以致远"这一价值观既是对工行多年来企业精神、文化理念、经营方式和价值追求的凝练表述（戴磊，2010），也是工行对以客户为代表的外部利益相关者的品牌承诺，对以员工为代表的内部利益相关者的要求与承诺。其中，"工于至诚"包含三层含义：一是对社会公众的庄严承诺；二体现出社会对工行服务的要求；三表明工行衡量员工品行修养的标准。"行以致远"有两层含义：一是奉行合规稳健的经营理念和脚踏实地的务实精神；二是表达一种永不停息、创新超越的心态，孜孜不倦、勇攀高峰的精神和志存高远、追求卓越的品质，昭示工行力争成为行业典范的自我定位（阎本立，2012）。

工行作为一家经营信用的金融企业，"诚信"是其立行之本，是其文化本色，是工行人共同的精神财富。从企业内外部利益相关者双向视角来看，工行的"诚信"价值理念内涵主要包括两点：一是工行人的行为准则，即诚实守信、真诚待人、恪守职业道德，忠于岗位职责；二是工行对社会的承诺，即工行对客户、对股东、对员工、对社会都应信守承诺、忠诚履职。"人本"就是以人为本，把人作为最根本的出发点和最重要的生产力。"稳健"主要是指政策稳定、决策理性、发展适度、管理有序、资产健康、运营安全。"创新"就是通过优化配置、整合资源提高价值或创造新的价值。"卓越"是对超群品质的不懈追求和不断完善。追求卓越，既是对"您身边的银行，可信赖的银行"的传承和升华，也是适应市场需求、保持价值增长、实现新跨越的着力点，更是工行始终不渝的奋斗目标（唐小惠，2011）。

三、公司品牌价值观的拓展

任何一家公司价值观念结构体系中，都既有处于"核心地位"的核心价值观念,也有众多"非核心"的一般价值观念。因此,随着公司发展,正确处理核心价值观与一般价值观二者间的关系,坚持核心价值观的引导和统领地位,以敬畏或宽容的姿态对待一般价值观念。公司品牌价值观作为企业的核心价值理念,在公司日常经营管理中占据主导地位,一般价值理念作为核心价值的外延,成为企业在日常经营中具体实施的有效价值准则,有效引领公司品牌持续发展。

工行围绕建设国际一流现代金融企业的愿景,于2010年提出工行核心价值观的同时,还提炼形成了包括"发展、效益、风险、服务、品牌、团队、学习、人才"等基本理念作为核心价值的外延。于2015年10月更为系统地确立并发布以"公丌透明、公私分明、自律律他、廉勤并重"为核心的廉洁文化理念,作为核心价值理念基础上外延的第一个专业文化理念,既是全体工行人需要共同遵循的准则之一,也是廉洁银行建设的追求和承诺(中国工商银行,2015)。2016年10月确立并发布以"合规为本、全员有责、风险可控、稳健高效"为核心的合规文化理念,旨在引导全行进一步树立科学的发展观、风险观和业绩观,为诚信服务客户和持续健康发展提供重要的文化保障,也是大型银行向监管、向投资者、向社会公众做出的郑重承诺(中国工商银行,2016)。2017年1月确立并发布以"客户为尊、服务如意;员工为本,诚信如一"的服务文化核心理念,旨在通过加强服务文化建设,加快全行建设"客户首选、员工为荣"满意银行的步伐。本次服务文化核心理念的发布掀开了工商银行推进转型发展、打造客户满意银行进程中具有里程碑意义的新篇章,也是工商银行向社会大众做出的庄严承诺(中国工商银行,2017),向全行员工发出动员令。2018年4月确立并发布"聚焦本源、因势革故、协同鼎新、永葆生机"创新文化核心理念,这一理念是以集团"工于至诚、行以致远"价值观为内核,体现了历史传承与时代创新的融合统一(王冬,谭叙,2018),凝练了工行创新文化的精髓和特色(中国工商银行,2018)。这一创新文化的正式发布,也标志着工行企业文化内涵更为丰富,工行企业文化体系基本搭建完成。

第十章

公司品牌"双核价值驱动"管理
模式的内部实现路径

　　品牌内化就是要求企业重视企业管理模式与品牌所宣传的价值理念达成协调一致，让企业所有利益相关者同样可以认同品牌价值和理念，并用实际行动利用企业可以利用的资源来支持品牌的打造，建立良好的品牌形象。公司品牌价值观作为对以客户为代表的外部利益相关者的品牌承诺，只有真实融入企业日常管理，才能确保内外部品牌信息的一致性，保证顾客体验与期望相一致。那么，公司品牌价值观如何才能在企业内部实现呢？Mabnert 和 Torres（2007）指出，这需要将企业的企业文化、组织结构、员工行为与交流等各种要素与品牌理念、价值和形象相结合。通过沟通、意识改变和管理系统的调整，实现组织文化的转变，使组织分享的价值观与品牌价值观达成协同，进而影响组织成员的感知、想法、解释、决策和行为，从而有助于品牌价值观深植组织成员的意识（邱玮，2010）。习近平（2014）指出，"一种价值观要真正发挥作用，必须融入社会生活，让人们在实践中感知它、领悟它"。因此，公司品牌"双核价值驱动"管理模式的内部实现路径就是公司应始终坚持"以顾客为中心"，努力把公司品牌价值观的要求变成日常的行为准则，深入到员工思想里，融合到管理过程中，固化到公司制度里，沉淀在工作流程中，落实到岗位职责上，体现在实际行动中，通过员工参与关系构建来强调价值观，在企业内部建立期望的文化，增强员工的认同感和归属感，使员工共享品牌价值观并体现在工作行为中，进而形成自觉奉行的信念理念，确保组织成员与品牌所代表的内容保持一致，把基于消费者的品牌承诺转化为企业实实在在的行动，使顾客对于品牌的预期与感知达到一致（刘家凤，2013）。

　　商业银行是服务型企业，银行品牌与服务之间的联系最为紧密，客户对公司品牌价值观的感受取决于公司服务（具体的员工行为、产品质量、流程设置等）的体验。因此，将公司品牌价值观融入具体的服务环节（朱晓君，2011）；不断完善服务体系，更能够有效传递公司品牌价值观，从而在为客户创造价值的同时获得客户的认同与忠诚。

本章将以面上调研的中国工商银行为例，从以下几方面来探讨公司品牌"双核价值驱动"管理模式在企业内部的实现路径：一是关注高层角色，强化对践行公司品牌价值观的方向引领；二是开展学习教育活动，培育对公司品牌价值观的广泛认同；三是提供优质服务，强化公司品牌价值观的深度融合（刘家凤，2014）；四是完善合规体系，强化对践行公司品牌价值观的规范约束；五是坚持以人为本，强化对公司品牌价值观的深切感悟；六是深化典型示范，强化对践行公司品牌价值观的示范引领。通过以上路径，实现公司品牌价值观在企业内部的影响像空气一样无处不在，无处不有，引导员工将价值理念内化于心，付诸于行，展现出积极的品牌态度和品牌行为，将企业的品牌承诺以企业的实际行动表现出来，使消费者的品牌体验与品牌期望相符合，以此建立良好的员工—企业关系，获得以员工为代表的内部利益相关者的认同与支持。

第一节　关注高层角色

根据 Vallaster 和 Chernatony（2003）对八名企业中高层管理者的深度访谈，公司领导通过投入品牌内部建设、做品牌承诺代表和充分信任员工来提升品牌形象，建立成功品牌。公司品牌价值观要在企业内部落地，则意味着公司品牌与企业文化实现协同建设，在企业内部创建一个鼓励和支持品牌所倡导的行为的企业文化。这种转变的影响应该始于管理上层，然后再向下级部门逐步渗透。公司品牌价值观能否有效传递给以员工为代表的内部利益相关者（刘家凤，2014），一个组织的高层管理者角色非常关键。作为一个企业的高层管理者，要积极投入品牌内部建设，参与品牌战略的制定，品牌发展方向的规划，在宏观的品牌管理过程中起引领作用，发表公司品牌与企业文化建设相关讲话，明确公司品牌发展价值取向；在微观的组织内部社会互动活动中具有表率作用，要率先带头学习和弘扬公司品牌价值观，用自己的模范行为和高尚人格感召员工、带动员工。

一、公司高层管理者宏观引领

工行高层管理者充分发挥管理者的示范带头作用，通过行内外各类会议、仪式等重要场合和各类重要培训，亲自进行文化宣讲和解读，有力推动价值理念自上而下的传播渗透。仅在 2008 年，工行行长讲话指出，"要启动品牌价值提升工程，对工行整体品牌形象进行优化，充分利用工行绩效彰显工行规模、实力与稳健，突出工行品牌特质，如：创新、专业、亲和与国际化等"。

二、公司各级管理者微观表率

在微观层面，工行各级领导身体力行公司核心价值理念，努力改进工作作风，以言传身教的方式将公司核心价值理念传递给每一名员工，成为员工的表率；利用"合规在我心""内控在我心中""服务在我心中""青春工行"等各种主题学习与演讲活动，普及公司品牌价值观，在各种场合积极营造、维护公司的文化氛围。

第二节　开展学习教育活动

为了使公司品牌价值观在企业内部得到普及认知与广泛认同，在公司品牌与企业文化协同建设过程中，公司领导层应该带头学习，在企业内采用多种方式，开展多层次、全员化的、内容丰富的学习教育活动，把公司品牌价值观转化为人们的情感认同和行为习惯；开展集中学习教育，利用座谈会、晨会与夕会、员工大会等方式，以教师面授、视频讲解、专题讲座、网讯、部室答疑、案例研讨、角色模拟、经验交流等手段，充分利用企业网站、自办报刊、宣传栏、电子期刊、员工论坛、微信平台等媒介，在全体员工中开展企业文化培训，深入解读公司企业文化内涵，宣传公司品牌价值观的主要内容，营造全员、全过程、全方位培育和践行公司品牌价值观，在全公司范围内形成以品牌为导向的企业文化，使员工们在潜移默化中受到启发和教育，推动价值理念在广大员工心中逐步落地生根，将广大员工的思想和行动统一到公司的战略决策部署上来。

工行的"工于至诚，行以致远"既是银行核心价值观又是银行对内外部利益相关者的品牌承诺，为了确保银行员工与"工于至诚，行以致远"所代表的内容保持一致，使银行内部品牌环境和外部营销努力实现无缝对接，工行通过丰富的培训与主题教育活动将公司品牌核心价值理念融入企业日常经营管理，实现企业文化与公司品牌的协同建设，既强调外部品牌形象的营销与传播，又注重银行内部深层文化基因和文化个性的解读，有效地整合品牌与银行战略，使银行形成互动的不断发展的整体，真正构建起品牌立体架构。

一、以分层次培训为重点，促进全员文化认同

自 2010 年正式发布企业文化体系，工行每年制定下发统一的企业文化培训方案 、讲义和网络学习课件，提供规范统一的文化解读指导。首先，将企业文化作为重要内容纳入党校培训、党委中心组学习、高级管理人员培训中，推动价值理念在各级管理者中的学习传播；其次，将企业文化纳入新员工入职培训、各岗位专业资格培训及认证考试中；采用集训和转培训相结合的方式，分层次组织员工进行企业文化学习，让工行企业文化理念深入到每位员工心中，使全行自觉秉承"工于至诚、行以致远"的核心价值观。

二、以主题教育活动为助推，强化对公司品牌价值观的广泛认同

为了促文化落地生根，实现以员工为代表的内部利益相关者对公司品牌价值观的广泛认同，工行每年都推出形式新颖、主题鲜明的教育活动，持续推动工行核心价值理念在行内外的传播与落地，并围绕核心价值理念，牢筑工行廉洁、合规、服务、创新四个子文化。

2010 年，紧扣"服务价值年"中心工作，工行开展"建设一流企业文化，培育服务价值理念"主题教育活动，使员工在踊跃参与中逐步加深对文化内涵的感悟，进一步梳理"服务创造价值"的先进理念。

2013 年，工行采取八项措施，不断深化"打造卓越金融服务 建设客户满意银行"主题活动，改善了营业网点服务环境；规范了服务行为，把标准服务动作和规范服务语言固化到了每一位员工的思想意识和日常工作中，提升了银行业务运行质量和服务质量；通过《员工行为规范手册》的集中学习和网络学习等，加强了广大员工职业道德、职业素养和职业纪律等，将"三位一体"的行为标准融入了"工于至诚，行以致远 "的企业文化；深入客户推广普及金融知识，推介各类新兴业务产品，有效提升了客户满意度和支行整体服务水平。

2014年，工行将服务改进主题确定为"人民满意银行建设年"，开展系列活动，把客户满意度作为衡量经营管理水平的重要标准，全面深化服务机制、流程、产品、渠道创新建设，不断提升员工素质，改进服务质量，推动各项业务快速、健康发展。

2015年，紧紧围绕建设国际一流现代金融企业的愿景下，工行确立并发布了"公开透明、公私分明、自律律他、廉勤并重"为核心的廉洁文化理念，目的在于为诚信服务客户和实现健康可持续发展提供深厚的企业文化支撑。工行将经营管理工作与廉洁文化建设紧密结合，以多种形式组织系列主题活动，大力推进廉洁文化的传播、落地和根植，实现了自上而下的示范宣导和自下而上的呼应、协同。如每年对全行干部开展廉洁谈话、讲授党课，对新入行员工开展"入行第一课"的廉洁从业与风险教育，将"廉洁从高层做起"的理念融入经营管理工作，创新廉洁文化宣传平台，畅通廉洁文化传播渠道，增强文化影响力与渗透力；从提高制度执行力入手，依托分层式教育与经常性教育机制，实现文化建设与经营发展的互促共进。

2016年，工行确立并发布了以"合规文本、全员有责、风险可控、稳健高效"为核心的合规文化理念，旨在通过加强合规文化建设，引导全行进一步树立科学的发展观、风险观和业绩观，为诚信服务客户和持续健康发展提供重要的文化保障。2016年是中国工商银行的内控合规"基础强化年"，主要通过以主题活动为载体，进行全面合规文化建设，完善内控管理机制，夯实集团内控合规管理基础。工行开展"内控提升品质、合规创造价值"为主题的教育培训活动，提升员工业务操作水平，促进工作效率和核算质量的提高。依托"合规文化建设提升年""制度执行年"活动，引导柜员按照正确的业务流程和制度要求办理业务，将规章制度落到实处，切实提高风险的过程控制能力。开展法制制度学习，深入开展合规学习教育，持续组织风险隐患排查，并建立风险排查责任制；组织全员认真学习贯彻《员工违规行为处理规定》，教育全员牢固树立制度观念。

2017年工行确立并发布了以"客户为尊，服务如意；员工为本，诚信如一"为核心的服务文化理念，加快"客户首选、员工为荣"满意银行的建设步伐。该次全行性整体服务文化核心理念的发布既是工行向社会大众做出的庄严承诺，也是向全行46万员工发出的动员令。自2016年下半年以来，工行就持续推进"服务提升六大工程"，改善客户服务；加强教育培训，由上而下增强服务文化的导向作用；陆续印发《服务文化建设纲要》《服务文化手册》与《服务文化故事集》，研发服务文化宣讲课程，形成标准化培训课件，为服务文化的宣传贯彻培训提供基础素材；并对服务条线业务骨干进行宣导培训。这些学习教育活动不但提升了服务效率、客户服务体验与服务口碑；而且将服务文化理念内化为员工的自觉行动，对外着力品牌塑造，全面提升服务形象。

2018年，为贯彻落实创新发展理念和国家创新驱动发展战略，工行以"工于至诚、行以致远"为统领，以创新文化为灵魂，确立并发布以"聚焦本源、因势革故、协同鼎新、永葆生机"为核心的创新文化理念，为新时期工行创新发展提供更加坚实的战略支撑。

2018年工行扎实开展"工行温度"主题宣传活动，传递奋斗创造美好生活的正能量，提升工行服务质量与服务口碑。

目前，学习公司品牌核心价值理念已成为全体工行人的自觉行动，并反映在员工的工作态度和行为。

第三节　提供优质服务

服务行业的竞争，某种意义上就是服务的竞争。品牌从外部特定形象着手提出承诺，影响客户的观点与意识，而服务通过具体的员工行为、产品质量、流程设置等为客户提供优质的体验，使客户形成更深的观点与评价。品牌和服务共同构成了以客户为中心的完整体系。银行通过品牌提出并向客户传递承诺，通过服务去履行承诺，同时通过双向沟通和综合平衡维系这种良性的循环，从而达到提升客户满意度和企业竞争力的目的。从企业内外部利益相关者双向视角出发，公司品牌价值观既是企业文化的核心和精髓，又是公司品牌形象，是公司对外的品牌承诺。要实现公司品牌价值观在企业内部的深度融合，可以通过提供优质服务的过程来完成。银行品牌价值观在银行内部的深度融合要求银行为客户、员工与社会提供优质服务。

一、将公司品牌价值观融入客户服务

将公司品牌价值观融入客户服务，就是通过具体的日常工作规范将公司品牌核心价值理念植入以员工为代表的内部利益相关者的内心（李洋，2010），与

其自身个人价值观实现深度融合，激发以员工为代表的内部利益相关者的主动参与意识及参与行为。

工行牢牢把握"服务"这一立行之本，打造以"客户为尊，服务如意；员工为本，诚信如一"为核心的服务文化，把客户满意度作为衡量服务质量的主要标准，将"诚信、人本、稳健、创新与卓越"等品牌核心价值融入服务的具体环节：在流程设计、产品开发、制度制定、业务环节优化等方面关注客户体验（朱晓君，2011）；在业务宣传、产品营销等方面从客户角度考虑。按照"以客户为中心"的原则，聚焦与引领客户需求，不断完善组织架构、工作机制与业务流程，构建业务响应全球化、线上线下一体化、"7×24"小时全时化的服务网络，将先进的电子银行服务渠道与遍及全国的实体网点相结合，形成独具优势的多渠道金融服务体系，致力于构建服务无所不在、创新无所不包、应用无所不能的服务模式；服务的关注点始终围绕客户需求，提升员工服务能力与服务品质，为客户提供极致金融服务体验，打造"客户首选银行"。

二、将公司品牌价值观融入员工服务

将公司品牌价值观融入员工服务，是将员工视为内部客户，关注员工需求，从员工体验提升入手，激发员工服务的内生动力。工行始终坚持以人为本，将员工作为银行最宝贵的资源，充分尊重、理解、信任与关爱员工，保障员工合法权益，拓展员工职业发展通道，将"诚信"深深渗入员工服务的每一环节，实现员工价值提升与客户满意度提升的有机统一，形成"管理者为员工，二线为一线，全员为客户"的大服务格局，建设"员工满意银行"。于2001年开始累积投资近10亿元，建设"职工之家"，改善基层员工工作和生活条件，努力满足基层员工物质、文化和生活需求，增强员工归属感、凝聚力和向心力。

三、将公司品牌价值观融入社会经济服务

将公司品牌价值观融入社会经济服务，就是将公司品牌价值观融入社会经济的方方面面，为服务客户、保障金融安全、推动经济发展和促进社会进步发挥重要作用（朱晓君，2011）。一方面围绕国家各个阶段中心工作任务，以实际行动支持实体经济发展；另一方面积极参与社会公益活动。

服务实体经济是工行经营的根本。工行按照"回归本源、调整结构、防控风险、支持实体经济"的总体要求，全力支持国内实体经济发展。充分发挥金

融领域在市场资源配置中的重要作用，全面响应各级部门对于金融资源"脱虚向实"的部署，通过强化对实体经济的信贷投放和融资支持等综合金融业务，多举助力国家实体经济发展。仅 2017 年境内分行实际投放人民币贷款就达 2.8 万亿元，其中收回移位再贷 1.87 万亿元。非信贷融资增量超过万亿元，为实体经济提供了多渠道、低成本的资金活水；在支持国家重点项目和重大工程方面（李丹，2018），仅 2017 年新支持"走出去"项目 123 个，承贷金额达 339 亿美元，成功发行"一带一路"绿色债券（李丹，2018）；支持小微、"三农""双创"和"扶贫"等领域，仅 2017 年在支持乡村振兴战略，涉农贷款余额就近 1.9 万亿元；为保障民生提供优质金融服务。2017 年进一步加大保障性安居工程信贷支持力度，重点支持居民自住购房需求，积极推进政府购买服务棚户区改造融资等。

工行自 1984 年成立以来，始终秉持"源于社会、回馈社会、服务社会"的宗旨，积极投身扶贫救困、教育资助、志愿服务等各类公益事业，参与各类公益活动，并大力支持和鼓励员工利用多种形式向社会奉献爱心（中国工商银行，2017）。第一，充分发挥综合化金融服务优势，通过创新实施产业扶贫、金融扶贫、电商扶贫。如工行融 e 购电商平台长期坚持"电商 + 企业 + 贫困户"的精准扶贫新模式（张缘成，2018），促进贫困地区特色产品销售与特色资源开发，现已累积上线商户 500 余家，覆盖 20 个省区市 281 个国家级贫困县（陆宇航，2018），累积销售额 220 亿元。通过贫困生资助、就业支持、山村教师表彰培训、校舍捐建、共建帮扶等教育精准扶贫项目全方位提升扶贫水平，迄今为止已累积资助 2882 名贫困生圆了大学梦，表彰资助教师 2410 人次。第二，坚持绿色公益，倡导生态文明建设。组织各级机构参加"美丽中国"活动，开展包括义务植树造林、关爱"母亲河"公益活动、举办低碳环保节能减排知识讲堂、餐饮"光盘行动"等众多文明环保活动。第三，坚持社区公益。在营业室设立爱心专座，为环卫、交警、城管等户外工作者提供座椅、茶水等便利服务；不定期组织员工进社区，开展义务宣讲、产品介绍、兑换零破钞等活动（姜建清，2009）；由工行深圳分行、深圳市阅读联合会、深圳新闻网联合主办的深圳市读书月——"爸爸书房"活动连续五年开展，采取线上线下相结合的形式，传递陪伴是最好的关爱理念。第四，打造爱心品牌。经过多年公益精神培育，工行已形成"工商银行杯"大学生金融创意大赛、"微爱·益起捐"线上公益店、港澳台大学生赴内地实习等一些公益活动品牌（中国工商银行，2017）。

通过以上系列服务活动实践，诠释了"您身边的银行，可信赖的银行"的庄严承诺，强化员工对公司品牌价值观的深度融合。

第四节 完善合规体系

完善公司合规体系，推动公司品牌价值观建设，使公司品牌价值观成为员工日常工作生活的基本遵循，使符合公司品牌价值观的行为得到鼓励、违背公司品牌价值观的行为受到制约，将公司品牌价值观的教育成果内化为员工良好的职业操守和行为习惯。

一、完善合规意识体现公司品牌价值观

完善合规意识体现公司品牌价值观。工行自成立之初就将合规作为立行之本，从早期审慎合规的朴素内涵到国有商业银行时的倡导恪尽职守、严谨稳健的负责精神；从股份制商业银行时期的守法合规、稳健经营的企业准则，到新形势下"合规为本、全员有责、风险可控、稳健高效"合规文化核心理念（中国工商银行，2016）。工行发挥文化引领作用，持续完善合规意识，并组织内控合规主题活动，通过银行高层领导带头开展合规专题授课、组建合规宣讲团、开展"熟知禁令、承诺执行"大讨论、网络大学合规专题培训、制度现场培训、"三新"（新入职员工、新提拔员工、新转岗员工）员工合规教育、挑选合规标兵集体和个人介绍先进事迹、先进经验等方式，潜心培育"主动合规"环境，推进合规理念宣导、制度执行落地，提升与强化全行员工的合规意识。

二、完善合规管控举措践行公司品牌价值观

完善合规管控举措，践行公司品牌价值观。通过完善合规管控举措，将合规意识落实到具体的操作、经营和管理中，促使合规在公司真正落地。

以工行河北省分行为例。在2016年"基础强化年"主题活动基础上，2017年，结合监管部门部署的"三三四十""弥补监管短板""全面风险防控"等系列治理工作，组织全行开展内控合规"执行强化年"主题活动，同安排、同部署、同落实；开展"十大重点领域和关键环节"风险治理项目，持续组织风险隐患排查，建立风险排查机制，防控各类风险，并进行问题反馈，督促制度、

流程和系统完善；强化全员行为监督管理，开展各类监督检查项目，强化案件和风险事件的后续整改，增强重点业务制度的执行力。重点治理的五类运营风险事件下降34.36％；全部可控风险事件下降29.26％。计划执行率、整改率和整改效果得到总行和监管部门的充分认可。

三、持续优化和完善合规管理机制践行公司品牌价值观

为有效践行公司品牌价值观，工行根据国际最前沿理论和实践、国内监管最新要求，结合实践经验，积极推进全面风险管理体系建设，制定集团《全面风险管理规定》《风险偏好管理办法》，编制风险管理规划，持续优化和完善内控合规管理体系，落实风险防控主题责任，提升合规审查事前事中风险防控。加强制度培训、学习，使员工真正掌握制度、执行制度，进而有效防范和化解金融风险。积极推进员工合规教育，制定《合规教育管理办法》，搭建合规文化宣传平台，广泛开展内控合规文化主题活动，培养员工自主合规意识，进一步增强维护银行利益的责任心和使命感，爱岗敬业扎实工作。自上而下加强督促指导，开展廉政加深责任制考评，将考评结果与经营绩效、评先评优挂钩，综合运用约谈提醒、组织处理、纪律处分等方式，推动责任落实。

第五节　以人为本

坚持以人为本，强化员工对公司品牌价值观的深切感悟，就是将员工视为最宝贵资源，切实维护员工合法权益，关爱员工成长，构建和谐稳定的工作生活和学习环境，使员工认同与支持公司品牌价值观，进而实现员工价值提升与客户满意度提升的有机统一。

一、以制度建设维护员工合法权益

工行始终将员工视为最宝贵资源，不断完善各项劳动用工制度和带薪休假制度，逐步构建多层次的养老和医疗保障体系，规范劳动用工；不断推进民主管理，围绕经营管理、业务创新、队伍建设、党群和企业文化建设、员工关爱和权益保障等五个方面，征集意见，研究印发《关于为基层员工办好十件实事的意见》以切实改善基层员工福利和权益，激励员工士气，提升服务动能。

二、以助力职业发展关爱员工成长

工行把员工的职业发展作为本行发展壮大的根本，以助力员工职业发展的方式关爱员工成长。围绕改革发展和员工队伍建设要求，不断完善能够充分体现员工价值的人力资源管理体制，给员工提供多元化职业发展路径，为员工实现自身发展提供广阔平台；实行"全流程绩效管理体系，引导员工讲求绩效贡献、关注自身专业能力发展，形成努力做贡献、发展凭业绩的价值观（中国工商银行，2016）；统筹推进线上与线下、境内与境外、全员培训与专业化培训，实施分层次大规模的员工培训工程"。据《工行企业社会责任报告》显示，2015—2017，全行每年累计完成各类培训5万期左右，培训人次从415万人次到509.32万人次，再到567万人次，逐年递增，全面提升了员工综合素质和履岗能力。围绕全行转型发展各个阶段重点业务领域，工行还大力开展劳动竞赛活动，通过多种比赛形式，提升员工素质与能力，成就员工职业发展。据统计，在2012—2016五年间，就员工业务技能比赛而言，已有4.3万人次参加；就网上知识竞赛而言，目前已组织50余次，参加员工达450万人次。

三、以多举措关爱员工身心健康

为充分体现以人为本的管理价值理念，公司应多策并举，从员工实际生活需要出发，不断加大对员工的关心关爱力度，积极规范关爱方式，改进送温暖标准，让员工真正感受到组织的温暖和关爱。

工行定期组织员工进行健康检查，广泛开展知识竞赛、行内运动会、书法、美术和摄影的培训与比赛等各类文体活动，大力推进员工心理健康关爱工程。2012年，工行以十家分行为试点，对基层行的管理人员进行了心理健康测评工作，形成《基层行管理人员职业心理健康测评报告》，为深化"员工心灵绿色通道"建设打下了基础。各级分支机构纷纷通过举办心理健康专题讲座，开通员工心灵绿色通道，开设"心理工作坊"、开通心理热线、推出"同心工程""幸福工程"等方式，加强对员工的人文关怀和心理疏导；为确保境内外员工及时获取安全风险预警信息，提升安全防范技能，特在网讯开设"全球安全风险"专栏。工行宁波分行开展"送餐到网点"活动；坚持做好困难员工帮扶救助工作。据统计，仅2012—2016年，工行就累计发放救助金近4亿元，救助困难员工14万多人次；加大了员工疗休养工作力度。至2016年，三万劳模与先进及六万家属参与了疗休养。

第六节　深化典型示范

公司品牌价值观是企业引领全体员工凝聚共识、加快发展的价值遵循。通过构建典型示范平台，可以强化正面教育，突出典型引领。企业可通过挖掘一线员工优秀服务事迹，树立一批典型人物，推动全公司员工学习典型、宣传典型、争做文明员工的社会风尚形成；通过打造一批服务品牌，引领全公司员工践行公司品牌价值观。

一、以典型事迹体现公司品牌价值观

以典型事迹体现公司品牌价值观，发挥先进典型示范效应。工行高度重视挖掘一线员工优秀服务事迹，充分利用各种媒介资源，高密度、多层次、有重点地传播工行优质服务成果和亮点。2010 年开始，工行深入开展"感动工行"员工评选和优秀工作者评选活动，引导员工更好地"学习先进、热议感动"，培育积极向上的文化氛围。2017 年 7 月下旬开始，工行开展"大行工匠"主题宣传活动，重点挖掘符合"大行工匠"的网点柜面服务人员、大堂经理、基层管理人员、运行管理一线人员、信贷业务人员、科技工作人员、资产管理专业人员、精准扶贫一线员工等的典型事迹，将无形的文化和工匠精神物化为有形的载体和形式，用身边人带动身边人，形成人人践行工匠精神，人人争当"大行工匠"的良好氛围。

二、以服务品牌示范公司品牌价值观

以服务品牌示范公司品牌价值观。工行强调服务品牌的榜样动力，发挥典型引路作用，激发昂扬向上的正能量。工行始终以"服务大众，情系民生"为服务理念，以"客户至上，服务为先"为服务原则，以完善的服务管理为基本规范，将银行协会文明规范服务百千佳网点、行内星级网点以及特色网点结合起来，先后在全行创建一批总行级、省行级和二级分行级服务先进性、引领性和示范性的营业网点，让服务理念以看得见、摸得着的形式呈现出来，凸显公司品牌核心价值理念及公司品牌市场形象，塑造一流银行的服务品牌，推动公司品牌价值核心理念的植入和广泛传播，成为引领全行干部员工实践公司品牌价值观的标杆和示范。仅在2009—2012年中国银行业文明规范服务百佳、千佳示范单位评选中，工行就有100余家营业网点，获评家数连续四年居同业之首。到2017年末，工行已创建650家服务五星级网点，广泛传播公司品牌价值理念，为促进新时期客户服务提升发挥了积极的模范带头作用。

第十一章

公司品牌"双核价值驱动"管理模式的外部实现路径

品牌管理始于公司的价值观、理念和使命，这些决定品牌联想（Ind & Riondino, 2001）。品牌联想通过传递媒介和传播渠道传播给外部的利益相关者们，包括消费者、供应商、投资者、政府部门、媒体和社会公众等，从而形成他们心中对于品牌的联想，即品牌形象，从而激发竞争者采取行动进行差异化定位，这一系列关于品牌体验的积累最终会形成企业的品牌声誉（转引自：资雪琴，2014）。品牌外化主要是采用多种传播媒介和传播渠道，向客户直接地传递品牌信息，或互动沟通信息，使顾客了解品牌的形象，并且形成对品牌的期望（李骁，2014）。因此，公司品牌"双核价值驱动"管理模式的外部实现路径是通过基于顾客定位的品牌价值观建设，将理想的公司品牌价值理念融入品牌形象，通过多种传播媒介和传播渠道传递给目标对象。银行品牌外化中传递品牌形象最主要的途径是利用广告、公共关系和人际传播等手段（李骁，2014）。公司品牌价值观作为品牌形象的核心内涵，在品牌形象推介中逐渐为客户感知、了解、共鸣、认同与忠诚。

对服务行业来说，广告是最有效的一种品牌信息传播途径。随着银行业竞争日益激烈，各大银行股改转型后，纷纷提炼品牌核心价值，对本行进行品牌再定位，规范品牌形象、构建多元化传播体系，通过广告以最广泛的方式向客户或潜在客户传递品牌理念和品牌形象。同时，公共关系的好坏直接影响品牌形象的传递及不同利益相关者对公司品牌价值观的感知，因而维护好公共关系，与不同利益相关者建立起良好的关系非常重要。人际传播，即口碑，也是一个非常重要的品牌形象与品牌价值观传播渠道。多样化的金融产品和优质的银行服务是争取新客户与留住老客户的重要因素。因此，建立良好的品牌形象和传递公司品牌价值理念，通过人际传播传递给潜在客户也是银行发展新客户的重要途径之一（李骁，2014）。

下面以工商银行为例，从规范品牌形象、构建多元化传播体系、公共关系维护与人际传播利用四方面来探讨公司品牌"双核价值驱动"管理模式的外部实现路径。

第一节 规范品牌形象

公司品牌价值观能否得到有效传递，在很大程度上取决于公司品牌核心价值是否渗透进传播的主要内容。因此，在公司品牌建设过程中，必须将公司品牌核心价值融入品牌定位，规范品牌形象。

股改转型以来，工行对自身品牌与企业文化发展史进行了系统回顾与总结，对内外部需求进行了充分调研，提炼出了"工于至诚，行以致远"的公司品牌价值观。重新梳理与完善整体品牌架构，将诚信、人本、稳健、创新与卓越等品牌核心价值融入品牌形象建设，坚持"以客户为中心，以促进业务发展为着眼点""分层与差异化""重点支持与联动传播"等品牌整合原则，推广品牌架构及视觉应用规范，突出工行整体品牌的统领性，强调不同子品牌、产品的视觉归属，凸显公司品牌价值观；设计"ICBC标识组合"并推出集团形象管理体系，全面规范工行户外标识、网点形象、广告宣传，树立金融@家、工银牡丹卡、财智账户、工银金行家等一大批子品牌形象；调整公司广告内容，从早期围绕产品展开宣传转向对企业品牌核心价值的介绍与宣传，侧重整体形象、核心子品牌、高端子品牌宣传，凸显公司品牌价值观"工于至诚，行以致远"，形成有效的品牌文化积淀，增强工行整体品牌与产品品牌认知度。为满足营销传播需求，工行"微笑服务篇"企业形象广告作为整体品牌广告，向客户传递"热情周到的服务态度、全面的服务能力、值得信赖的服务诚意"；子品牌则准确把握业务特点和产品属性，重点产品品牌形象则贴近业务；推出的工行简介片则侧重传递公司整体形象，塑造工行"诚信、人本、稳健、创新、卓越"的品牌价值定位。

工行紧紧围绕公司品牌核心价值观，规范与完善公司品牌形象。从2005年的"中国工商银行——您身边的银行，可信赖的银行"到"诚信如一，服务如意"，再到2010年的"工于至诚，行以致远"这一既是工行核心价值观又是品牌形象的新广告，工行品牌形象与品牌核心价值逐渐清晰，向公众传递着工行稳健经营、创新进取、以客为尊、追求卓越的价值理念；围绕市场导向与客户需求，工行不断开发新的业务品牌与产品，持续推动"工于至诚，行以致远"的公司整体品牌形象日益深入人心。

第二节　构建多元化传播体系

在公司品牌建设过程中，构建科学有效的多元化传播体系，将有利于广泛传播统一的公司品牌形象，对公司品牌价值理念进行持续宣传，与以客户为代表的外部利益相关者有效沟通，让客户了解公司产品与服务，有助于强化客户对公司品牌价值观的广泛认知，进而塑造良好的整体品牌形象。

工行目前主要有个人客户、中小微企业客户、机构及大型企业客户等。围绕着服务客户的基本宗旨，工行顺应传媒发展趋势，调整早期营销策略，改变过分依赖大众媒体的广告手段，注重针对不同目标客户群体的金融需求特点，构建多元化、有层次、协同配合的传播渠道体系，以整体品牌为主，搭配投放核心子品牌的发布形式，传播统一的工行形象，突出整体品牌的统领作用。广告渠道从早期主要依托大众媒体宣传到近年来网点营销传播系统等自有媒体和网络互动媒体的挖掘利用，广告投放范围从国内拓展到国外，工行已形成多元化、整合化、国际化的品牌营销传播格局，为公司形象塑造、业务营销和客户沟通提供了直接有力的宣传推广支持。

在网点营销传播系统等自有媒体的挖掘利用方面，工行编制了《中国工商银行网点营销传播系统建设规范指引手册》，发挥自有营业网点各类信息传播载体及其管理系统优势，向客户传播银行各类信息；充分利用工行主网站及各分行、子行、控股机构的网站等电子银行传播渠道，及时和直接向客户传递整合新形象和功能性信息。据统计，仅 2009 年主网站就发布各项业务宣传、广告和产品优惠信息 700 余条，与优质商户推出联合营销活动 370 余次，征集行内外稿件 1000 余篇，通过在线视频方式推出《汇市周周谈》和《专家面对面》84 期。工行通过上述渠道等，进一步加深了与客户的沟通，植入公司品牌价值观，树立品牌形象。

利用平面、广播、电视、网络等各种媒介的广告投放力度加强对工行整体品牌与产品品牌一致性的宣传推广，实现与特定目标客户进行品牌交流互动，传播品牌形象或配合产品营销目的，传递公司品牌价值观。据统计，仅2009年四季度央视新闻联播后标版及套售、央视国庆套装、东方卫视套装的投放累计有73%的全国观众，共9.8亿人次收看过工行投放的广告，又有超过53%的观众收看3次以上。广度、深度均达到较高水平。工行云南分行于2009年4—7月在《春城晚报》上开辟专栏，发布了30期"工行网银故事"。以征文的方式与读者实现了互动，加深了客户对工行品牌形象与价值理念的认知。以点面结合的方式，覆盖不同层次网络用户；投放内容广泛的产品，迎合目标客户群体的偏好，植入工行品牌价值理念。2012年工行在国内多家主流门户网站及视频类、社交类网站投放了网络广告，有力支持小微企业金融服务、手机银行、账户贵金属等业务或产品的营销推广。各类媒体分层次、有重点的组合投放，广泛深入渗透公司品牌价值观，进一步丰富工行形象。

广告投放范围与形式拓展。自2011年起，工行正式启动品牌国际化宣传项目，广告投放范围从国内拓展到国外，综合运用国内外机场、高速、地铁、公交等多种广告形式加大品牌宣传的层次和力度，促进工行品牌本地化识别度和知名度的大幅提升，强化对工行品牌价值观的广泛认知。据统计，仅2010—2012年工行就连续在国内重点城市机场投放外廊桥广告，三年广告总覆盖受众达7.8亿人次。

第三节 维护良好的公共关系

在品牌建设过程中，维护良好的公关关系，有利于强化对公司品牌价值观的广泛认同。工行主要通过新闻传播和声誉管理等方式，维护各种公关关系。新闻传播对于品牌形象的提升十分重要。工行利用新闻媒体向社会公众告知金融产品、服务提升、业务营销和经营管理动态信息，传递发展战略、投资价值和社会责任理念，普及金融知识，传播工行的各项业务动态，报道工行参加的慈善活动，展示工行的投资价值、优质服务、改革发展和品牌形象，让更多关注工行的内外部利益相关者进一步了解、走进工行，强化这些利益相关者对公司品牌价值观的广泛认同。据统计，仅2012年，工行通过报刊、广播、电视、网络等全媒体渠道向社会公众传播的报道数量就超过 16 万篇次,居国内同业首位。境外媒体对工行的新闻报道数量超过 2 万篇,报道语种涵盖中、英、法、德、日、阿、西等 10 余种文字,报道境外媒体数量增加至 340 余家,媒体所在国家和地区达 40 个。

声誉管理是通过提升公司服务水平、加强投资者关系管理和积极履行社会责任等一系列行动,传递公司品牌形象和品牌核心价值理念,从而增进与客户、投资者和新闻媒体等利益相关者的相互理解,获得这些利益相关者的认同。工行积极推动声誉管理长效机制建设,持续加强声誉风险系统管理工作。工行坚持"以客户为中心"的服务理念,深入开展各种服务提升活动,策划和组织系列服务专题活动,认真收集客户意见,积极研究解决服务中存在的突出问题;依托强势媒体,主办或参与国际金融行业的重要会议、设立展台,展示工行面貌和风采,扩大工行品牌宣传力度,传递公司核心品牌价值理念,提升工行在同业市场中的影响力;坚持开展走进社区系列宣传活动,帮助公众了解金融产品与服务、工行核心价值理念,展现工行服务意识与水平,提升工行品牌形象;开创客户体验室,广泛邀请客户与媒体体验工行的新服务、新产品,促成客户在享受优质服务的同时,真正认可与接受工行品牌价值观;在国内同业率先倡导"绿色信贷"理念,努力使本行的经营发展与社会科学发展的要求相适应与协调;积极借力文化、体育、公益事业开展营销活动,以实际行动践行公司品牌价值理念。

第四节 利用人际传播

在品牌建设过程中,利用人际传播,可以深化以客户为代表的外部利益相关者对公司品牌价值观的认知与认同。工行在品牌建设过程中,持续以客户为中心,关注客户体验,打造以客户为中心的服务队伍,提升员工服务能力与品质,同时不断完善内部组织架构、工作机制与业务流程,专注"客户首选、员工为荣的银行"建设,为客户提供不仅安全高效、而且便捷的金融服务。不断加快金融创新,大力研发应用新产品、新技术、新方法,优化网络布局,优化业务流程,加强服务渠道建设,发布"工银智能卫士"账户安全服务,全力满足社会多层次的金融服务需求，获取客户的认同与忠诚。同时，工行提供服务的每一位员工都是品牌的有力传播者，他们以行动践行"诚信、人本、稳健、创新、卓越"的价值取向，获取客户的认可与认同；通过提供卓越完整的客户服务获得更多的客户，为工行在银行业建立起良好的品牌形象（中国工商银行，2017）。

第十二章

结　论

本研究报告在现实观察与文献研究基础上，从企业内部员工、外部顾客双向视角出发，提出"双核价值驱动匹配"作为品牌价值观在企业内外部一致性的匹配衡量新指标，并构建"双核价值驱动匹配"对内部品牌强度、外部品牌强度的作用关系，进而对公司绩效的作用关系模型，通过实证方法研究"员工价值驱动"对内部品牌强度的解释力；"客户价值驱动"对外部品牌强度的解释力；"双核价值驱动匹配"对内部品牌强度、外部品牌强度的解释力，进而基于"双核价值驱动匹配"指标构建了品牌价值观在企业内外部匹配的四种类型，建立起对与内部品牌强度、外部品牌强度及公司绩效的影响关系模型，提出相应理论假设，通过实证研究验证了大部分理论假设，发现公司品牌"双核价值驱动"匹配模式是最佳品牌价值观管理模式，并分别探讨了公司品牌"双核价值驱动"管理模式在企业内外部的实现路径，在品牌价值观一致性研究领域取得了一些创新性的成果。本章将总结研究的主要结论、主要贡献，探讨研究局限和有待进一步研究问题。

第一节　本研究的主要结论

国外学者对品牌价值观的研究已经从各种角度展开，包括：基于传统营销哲学，从消费者视角进行品牌—消费者价值观匹配及其影响的理论与实证深入研究；基于组织行为学，从企业内部视角进行品牌（组织）—员工价值观匹配及其影响的理论研究。或者结合二者，从企业内外部双向视角进行品牌价值观一致性类型研究（刘家凤，2011），但是，从企业内部员工、外部顾客视角进行的品牌价值观一致性研究却还鲜见。而国内学者对品牌价值观的研究还处于初级阶段。本研究针对现有公司品牌及企业文化实践中的问题及研究缺陷，从企业内部员工、外部顾客双向视角对品牌价值观一致性及其影响进行了实证研究（中国工商银行，2018），主要结论有以下几点。

一、品牌价值观概念界定及品牌价值观衡量新指标的提出

根据相关文献梳理、归纳和总结，考虑时代背景及研究对象，我们首先给品牌价值观下了一个较为全面且符合实际的概念，即（公司）品牌价值观是（公司）品牌在追求成功的过程中所推崇的基本信念和奉行的目标，是公司内外部利益相关者相互作用的结果。是公司希望被内部利益相关者认同和支持，被外部利益相关者感知和欣赏的组织价值观。这个定义既注重外部利益相关者对品牌价值观的感知和欣赏，又强调内部利益相关者对品牌价值观的认同和支持，从而有利于公司品牌获得持续成功。

通过对概念的理论解析及现有品牌价值观测量研究的回顾，本研究从企业内部员工、外部顾客双向视角出发，基于"双核价值驱动匹配"研究品牌价值观一致性问题，提出了匹配衡量新指标。

二、公司品牌"双核价值驱动匹配"模型及其影响验证

通过实证研究，验证了员工价值驱动对内部品牌强度具有高度的解释力。

通过实证研究，验证了客户价值驱动对外部品牌强度具有高度的解释力。

通过实证研究，验证了双核价值驱动匹配这一匹配衡量新指标对内部品牌强度、外部品牌强度具有高度的解释力，对员工品牌角色内行为、员工品牌角色外行为、外部品牌强度有显著性影响。

三、双核价值驱动匹配类型划分与验证

本研究基于双核价值驱动匹配这一衡量新指标，划分并验证了双核价值驱动匹配四种类型：双核价值驱动型、员工价值驱动型、客户价值驱动型和空洞型。

四、双核价值驱动匹配类型、内外部品牌强度与公司绩效关系验证

在内部品牌强度方面：员工价值驱动型最高；双高型较高；外高型较低；双低型的内部品牌强度最低。其中，双低型显著低于双高型、内高型和外高型；

内高型显著高于外高型。

在外部品牌强度方面：外高型最高；双高型较高；内高型较低；双低型的外部品牌强度最低。其中，双高型与内高型之间没有显著差异，其他各组之间均有显著差异。

基于内部品牌强度高低、外部品牌强度高低，划分并验证了内外部品牌强度匹配类型与双核价值驱动匹配类型一致，即当双核价值驱动匹配为双核价值驱动型时，内外部品牌强度匹配为双高型；当双核价值驱动匹配为员工价值驱动型时，内外部品牌强度匹配为内高型；当双核价值驱动匹配为客户价值驱动型时，内外部品牌强度匹配为外高型；当双核价值驱动匹配为空洞型时，内外部品牌强度匹配为双低型。

在平均年利润增长率方面，内外部品牌强度匹配为双高型时最高；内外部品牌强度匹配为内高型时较高；内外部品牌强度匹配为外高型时较低；内外部品牌强度匹配为双低型时最低。

在平均每股收益增长率方面，内外部品牌强度匹配为双高型时最高；内外部品牌强度匹配为内高型时较高；内外部品牌强度匹配为双低型时较低；内外部品牌强度匹配为外高型时最低。

五、公司品牌"双核价值驱动"管理模式的实现路径

（一）重构公司品牌价值观

从公司内部员工、外部客户双向视角出发，通过对公司品牌价值观的测量，识别现有公司品牌"双核价值驱动匹配"类型；进而在分析四种"双核价值驱动匹配"类型的作用关系基础上，重构公司品牌价值观。

（二）公司品牌"双核价值驱动"管理模式的内部实现路径

1. 关注高层角色，强化对公司品牌价值观的方向引领

作为一个企业的高层管理者，要积极投入品牌内部建设，参与品牌战略的制定，品牌发展方向的规划，在宏观的品牌管理过程中起引领作用，发表公司品牌与企业文化建设相关讲话，明确公司品牌发展价值取向；在微观的组织内部社会互动活动中具有表率作用，率先带头学习和弘扬公司品牌价值观，用自己的模范行为和高尚人格感召员工、带动员工。

2. 开展学习教育活动，培育对公司品牌价值观的广泛认同

通过丰富的培训与主题教育活动将公司品牌核心价值理念融入企业日常经

营管理，实现企业文化与公司品牌的协同建设，在去盎司范围内形成以品牌为导向的企业文化，使员工们在潜移默化中受到启发和教育，推动价值理念在广大员工心中逐步落地生根。

3. 提供优质服务，强化对公司品牌价值观的深度融合

将公司品牌价值观融入客户服务、员工服务、社会经济服务，深植于员工的世界观、人生观和价值观，转化为积极的品牌态度和行为。

4. 完善合规体系，强化对践行公司品牌价值观的规范约束

通过完善合规意识体现公司品牌价值观、通过完善合规管控举措践行公司品牌价值观、通过持续优化和完善合规管理机制践行公司品牌价值观，使公司品牌价值观成为员工日常工作生活的基本遵循，使符合公司品牌价值观的行为得到鼓励，将公司品牌价值观的教育成果内化为员工良好的职业操守和行为习惯。

5. 坚持以人为本，强化对公司品牌价值观的深切感悟

主要通过制度建设维护员工合法权益、以助力职业发展关爱员工成长、以多举措关爱员工身心健康，构建和谐稳定的工作生活和学习环境，使员工认同与支持公司品牌价值观。

6. 深化典型示范，强化对践行公司品牌价值观的示范引领

主要通过典型事迹体现公司品牌价值观、以服务品牌示范公司品牌价值观，强化正面教育，引领全体员工凝聚共识、加快公司发展。

（三）公司品牌"双核价值驱动"管理模式的外部实现路径

1. 规范品牌形象，凸显公司品牌价值观

在公司品牌建设过程中，将公司品牌核心价值融入品牌定位，规范品牌形象，方能有效传递公司品牌价值观。

2. 构建多元化传播体系，强化对公司品牌价值观的广泛认知

构建科学有效的多元化传播体系，将有利于广泛传播统一的公司品牌形象，对公司品牌价值理念进行持续宣传，与以客户为代表的外部利益相关者有效沟通，让客户了解公司产品与服务，强化客户对公司品牌价值观的广泛认知，塑造良好的整体品牌形象。

3. 维护良好的公共关系，强化对公司品牌价值观的广泛认同

通过新闻传播和声誉管理等方式，维护各种公共关系，践行公司品牌价值理念，强化对公司品牌价值观的广泛认同。

4. 利用人际传播,深化对公司品牌价值观的认知与认同

在品牌建设过程中,持续以客户为中心,关注客户体验,打造以客户为中心的服务队伍,提升员工服务能力与品质,为企业建立起良好的品牌形象。

第二节　本研究的主要创新

本书研究的创新之处体现在以下三方面。

一、公司品牌"双核价值驱动"管理模式的提出

本研究报告从企业内部员工、外部客户双向视角提出"公司品牌'双核价值驱动'管理模式"作为公司可持续发展的公司品牌价值观模式,是本研究的主要理论贡献和创新之一。由于国内外尚未有类似的研究,因此我们在前期进行了一些探索性研究。研究发现,只有那些注重公司品牌价值观既与员工价值观动态匹配,又与顾客价值观动态匹配的公司品牌才可能持续成功。

本研究把品牌价值观在企业内外部的一致性作为一个独立的研究问题,从公司层次营销整体框架出发,通过对员工价值驱动、客户价值驱动的客观测度与衡量,创新地提出"双核价值驱动匹配"作为品牌价值观在企业内外部一致性的衡量新指标,研究品牌价值观在企业内外部的一致性问题,着眼于员工价值驱动与客户价值驱动的匹配,体现了品牌价值观在企业内外部的动态匹配,进而以匹配衡量新指标探讨品牌价值观在企业内外部的一致性匹配及其对公司品牌持续成功的作用关系。从而克服了从单一外部品牌形象视角或内部企业文化视角进行静态的品牌价值观测量缺陷,使可持续的强势公司品牌建设有了可能。本研究提出的"双核价值驱动匹配"衡量新指标,是在一致性程度界定与衡量理论研究上的一种新探索;公司品牌"双核价值驱动"管理模式的提出也为公司品牌价值观管理提供了一个新的可持续发展的价值观管理模式,丰富了公司品牌与企业文化协同建设理论。

二、构建与实证了公司品牌"双核价值驱动匹配"研究模型

现有关于公司品牌价值观管理模式的研究,或从内部视角出发,或从外部视角出发,却缺乏从企业内外部双向视角关注公司品牌价值观管理模式及其作

用。本研究基于员工价值驱动程度高低、客户价值驱动程度高低两个维度的分析，构建与实证了公司品牌"双核价值驱动匹配"研究模型，探讨了四种不同公司品牌价值观管理模式与内外部品牌强度的作用关系，进而对公司绩效的影响。该研究有助于企业诊断与调整公司品牌价值观管理模式，使品牌价值观的动态管理有实现的可能，能够及时衡量企业内部文化是否与外部消费者文化相匹配，并及时发现造成不匹配的原因，从而可以避免品牌企业在外部或内部遭受重创以后才重建企业文化，甚至失去重建机会的悲剧，大大降低企业文化与公司品牌建设的管理成本。同时，首次采用实证研究方法从企业内部员工与外部客户双向视角探讨品牌价值观在企业内外部的匹配差异程度对公司品牌持续成功的影响关系，发现品牌价值观在企业内外部的匹配程度有差异的公司品牌类型的内部品牌强度、外部品牌强度、公司绩效有显著性差异。这对于企业如何进行公司品牌价值观管理提供了新的理论框架，在理论上丰富公司品牌建设与管理领域、企业文化建设领域的研究，在实践中可以为公司品牌如何实现可持续发展、如何进行良性的企业文化建设提供指导与借鉴。

三、提出公司品牌"双核价值驱动"管理模式的实现路径

目前关于公司品牌价值观管理模式的研究，尚缺乏对公司品牌价值观管理模式的内在作用关系和传导机制研究，没有提出能够促使公司品牌持续成功的公司品牌价值观管理模式的科学实现路径。本研究在对现有品牌内化与外化管理相关文献回顾基础上，以本研究面上调研对象之一——中国工商银行为例，提出了公司品牌"双核价值驱动"管理模式的内外部实现路径。首先，识别现有公司品牌价值观管理模式，并调整公司品牌价值观管理模式，即从公司内外部利益相关者双向视角出发，重构公司品牌价值观。其次，在公司内部，从关注高层角色、开展学习教育活动、提供优质服务、完善合规体系、坚持以人为本与深化典范示范等六方面，将公司品牌价值观融入企业发展战略与日常经营管理中，通过员工参与关系构建来强调价值观，在企业内部建立期望的文化，使员工共享品牌价值观并体现在工作行为中，进而形成自觉奉行的信念理念，确保组织成员与品牌所代表的内容保持一致，把基于消费者的品牌承诺转化为企业实实在在的行动，实现公司品牌价值观在企业内部的落地。最后，在公司外部，从规范品牌形象、构建多元化传播体系、公共关系维护与人际传播四方面，通过基于顾客定位的品牌价值观建设，将理想的公司品牌价值理念融入品

牌形象，实现公司品牌价值观在企业外部的落地。

第三节　本研究的局限性

虽然本研究取得了一些有理论与实践意义的成果，但由于研究条件有限，也存在以下五点局限。

1. 匹配类型配比的局限性

本研究在统计抽样方面采用的是随机抽样法，所获取数据由于银行规模大小、时间和经费等因素存在不均衡性。但是，为了保证数据的原始性及完整性，导致个别类型的配比存在不均匀现象。

2. 静态数据分析的局限性

由于本研究对公司内部品牌强度、外部品牌强度的评价分别采用的是某一时点的内部品牌强度、外部品牌强度调查数据，在研究中有可能会因此造成公司内部品牌强度、外部品牌强度评价的局限性。因为一家公司品牌的强度是存在动态演变的，有何变化，是什么引起了这种变化。这些需要通过纵贯研究来解决，就是在较长时期的不同时点收集资料，做纵向研究。通过描述事物的发展过程和变化，并从这种变化中考察事物的发展趋势。但是在不同时间搜集同样的资料，有许多困难并且费用巨大。所以，本次只采取了横截面数据进行了研究。以后在时间和经费允许的情况下，再进行纵贯研究。

3. 客观财务绩效数据选取的局限性

由于本研究中选取的上市银行时间长短不一，可获取的客观财务数据有限，导致客观财务数据采用的年份较短。

4. 内外部品牌强度致因分析的局限性

本研究主要目的是探索公司品牌"双核价值驱动匹配"类型与内外部品牌强度的作用关系，进而对企业绩效的影响；关于年龄、性别、工作年限、业务往来持续时间等控制变量是否对内外部品牌强度产生影响、产生多大影响尚需今后进一步探索研究。

5. 公司品牌"双核价值驱动"管理模式的实现路径研究局限性

本研究只调研了面上调研对象，八家银行之一的中国工商银行，采用个案研究公司品牌"双核价值驱动"管理模式在企业内外部的实现路径，导致研究结论是否具有指导的普适性。

第四节　后续研究建议

在研究过程中，由于对本领域的认识逐渐深入，发现以下两个方面值得未来进一步深入研究。

一、公司内外部品牌强度的纵贯研究

由于公司内部品牌强度与外部品牌强度处于动态演变状态，要了解公司内外部品牌强度有何变化及什么引起这种变化，需要通过纵贯研究来解决，即在较长时期的不同时点收集资料，做纵向研究。但是在不同时间搜集同样的资料，有许多困难并且费用巨大。所以，为避免对公司内外部品牌强度的评价具有局限性，以后在时间和经费允许的情况下，可进行纵贯研究。

二、多案例、多行业研究公司品牌"双核价值驱动"管理模式的实现路径

未来研究可采用多案例、多行业方式，能够验证本研究结论是否具有指导的普适性。

附录

附录1 银行品牌价值观管理者调查问卷

关于邀请参与《价值观研究项目》调查的说明

尊敬的女士/先生：

我们正在进行一项银行品牌价值观研究，旨在了解银行品牌价值观在银行内外部的关系及对银行内部与外部的影响。我们诚挚地邀请您参与此次研究项目的调查。

本问卷是匿名调查，回答并无对错之分，请不要有任何顾虑，尽量如实地回答问题。您的第一印象通常是最准确的。我们承诺，确保您所提供的所有资料只作研究用。问卷不会占用您太长时间。

衷心感谢您的支持！

第一部分

银行品牌价值观是指银行品牌在追求成功的过程中所推崇的基本信念和奉行的目标，是银行内外部利益相关者相互作用的结果，是银行希望被内部利益相关者认同和支持，被外部利益相关者感知和欣赏的组织价值观。

你认为下面哪些条目跟银行品牌价值观有关，哪些对塑造贵银行的良好形象具有重要作用，对下面所列举的每一个价值观条目，先请根据你的真实看法进行选择，至少请选择八项；然后，请根据对塑造贵银行的良好形象的重要程度，在你选择的每一点后面表示5种程度的分数画勾。对塑造贵银行的良好形象的重要程度：1 = 不重要；2 = 不太重要；3 = 一般；4 = 比较重要；5 = 非常重要。

价值观条目	是否与银行品牌价值观有关		对创造贵银行良好形象的重要程度
1. 热衷工作	有	无	1 2 3 4 5
2. 稳定发展	有	无	1 2 3 4 5
3. 注重和谐	有	无	1 2 3 4 5
4. 注重创新	有	无	1 2 3 4 5
5. 社会责任	有	无	1 2 3 4 5
6. 尽职尽责	有	无	1 2 3 4 5
7. 冒险精神	有	无	1 2 3 4 5
8. 成长机会	有	无	1 2 3 4 5
9. 工作自主	有	无	1 2 3 4 5
10. 井然有序	有	无	1 2 3 4 5
11. 工作时间长	有	无	1 2 3 4 5
12. 注意细节	有	无	1 2 3 4 5
13. 业绩至上	有	无	1 2 3 4 5
14. 团队合作	有	无	1 2 3 4 5
15. 人际融洽	有	无	1 2 3 4 5
16. 人性化管理	有	无	1 2 3 4 5
17. 奖罚分明	有	无	1 2 3 4 5
18. 科学求真	有	无	1 2 3 4 5
19. 宽容大量	有	无	1 2 3 4 5
20. 保障工作	有	无	1 2 3 4 5
21. 迅速果断	有	无	1 2 3 4 5
22. 竞争能力	有	无	1 2 3 4 5
23. 讲求诚信	有	无	1 2 3 4 5
24. 追求卓越	有	无	1 2 3 4 5
25. 注重经营理念	有	无	1 2 3 4 5
26. 结果重于过程	有	无	1 2 3 4 5
27. 工作期望很高	有	无	1 2 3 4 5
28. 有冲劲	有	无	1 2 3 4 5

29. 勇于面对冲突	有	无	1 2 3 4 5
30. 不拘泥于形式	有	无	1 2 3 4 5
31. 表扬工作优良者	有	无	1 2 3 4 5
32. 支持员工	有	无	1 2 3 4 5
33. 自我激励反省	有	无	1 2 3 4 5
34. 信息分享	有	无	1 2 3 4 5
35. 快速掌握机会	有	无	1 2 3 4 5
36. 环境应变能力	有	无	1 2 3 4 5
37. 注重理性分析	有	无	1 2 3 4 5
38. 注重银行形象	有	无	1 2 3 4 5
39. 强调产品品质	有	无	1 2 3 4 5
40. 讲求个性	有	无	1 2 3 4 5

第二部分

一、您个人的基本情况（请根据实际情况勾选最合适的数字来反映您个人的基本情况）

1. 您的性别是：

［1］男　　　　［2］女

2. 您的年龄是：

［1］20 岁以下　　［2］20—29　　　［3］30—39 岁　　　［4］40 岁以上

3. 您在这个职位上工作的时间是：

［1］不到半年　　［2］半年到一年　　［3］一年到三年　　［4］三年以上

4. 您目前在银行中的职位是：

［1］高层管理人员或高层技术人员

［2］中层管理人员或中层技术人员

［3］基层管理管理人员或基层技术人员

［4］普通员工

二、贵银行的情况（请根据实际情况勾选最合适的数字来反映贵银行的基本情况）

您所在的银行：

［1］银行 1　　　［2］银行 2　　　［3］银行 3

［4］银行4　　　　［5］银行5　　　　［6］银行6

［7］银行7　　　　［8］银行8

［9］其他银行 _____（请注明）

（完）　再次感谢您参与这个问卷调查！

附录2　八大银行品牌价值观（问卷调查与访谈所得）

银行1：

1. 追求卓越

2. 注重创新

3. 提升竞争能力

4. 尽职尽责

5. 履行社会责任

6. 稳定发展

7. 注重和谐

8. 注重本银行形象

银行3：

1. 稳定发展

2. 提升竞争能力

3. 注重本银行形象

4. 注重创新

5. 履行社会责任

6. 追求卓越

7. 热衷工作

8. 环境应变能力

银行5：

1. 业绩至上

2. 讲求诚信

3. 稳定发展

银行2：

1. 稳定发展

2. 注重创新

3. 提升竞争能力

4. 注重本银行形象

5. 追求卓越

6. 尽职尽责

7. 履行社会责任

8. 注重和谐

银行4：

1. 注重本银行形象

2. 注重创新

3. 追求卓越

4. 讲求诚信

5. 提升竞争能力

6. 稳定发展

7. 注重经营理念

8. 环境应变能力

银行6：

1. 讲求诚信

2. 团队合作

3. 注重本银行形象

4. 信息共享

5. 快速掌握机会

6. 注重本银行形象

7. 支持员工

8. 注重经营理念

银行7：

1. 讲求诚信

2. 快速掌握机会

3. 业绩至上

4. 稳定发展

5. 保障工作

6. 团队合作

7. 提升竞争能力

8. 注重经营理念

4. 履行社会责任

5. 提升竞争力

6. 注重和谐

7. 热衷工作

8. 信息共享

银行8：

1. 注重创新

2. 提升竞争力

3. 注重经营理念

4. 注重本银行形象

5. 业绩至上

6. 团队合作

7. 环境应变能力

8. 履行社会责任

附录3 银行品牌价值观员工调查问卷

银行1：品牌价值观员工调查问卷

关于邀请参与《银行1品牌价值观研究项目》调查的说明

尊敬的女士/先生：

我们正在进行一项银行品牌价值观研究，旨在了解银行品牌价值观在银行内外部的关系及对银行内部与外部的影响。我们诚挚地邀请您参与此次研究项目的调查。

本问卷是匿名调查，回答并无对错之分，请不要有任何顾虑，尽量如实地回答问题。您的第一印象通常是最准确的。我们承诺，确保您所提供的所有资料只作研究用。问卷不会占用您太长时间。

衷心感谢您的支持！

第一部分

银行品牌价值观是指银行品牌在追求成功的过程中所推崇的基本信念和奉行的目标，是银行内外部利益相关者相互作用的结果，是银行希望被内部利益相关者认同和支持，被外部利益相关者感知和欣赏的组织价值观。

对下面所列举的贵行的每一个品牌价值观条目，请根据您认为该价值观的重要程度以及该价值观在本行服务中的体现程度，在每一点后面表示 5 种程度的分数上画勾。您认为该价值观的重要程度：1 = 不重要；2 = 不太重要；3 = 一般；4 = 比较重要；5 = 非常重要。您认为该价值观在本行服务中的体现程度：1 = 低；2 = 较低；3 = 一般；4 = 较高；5 = 高。

价值观条目	您认为该价值观的重要程度					您认为该价值观在本行服务中的体现程度				
1. 追求卓越	1	2	3	4	5	1	2	3	4	5
2. 注重创新	1	2	3	4	5	1	2	3	4	5
3. 提升竞争能力	1	2	3	4	5	1	2	3	4	5
4. 尽职尽责	1	2	3	4	5	1	2	3	4	5
5. 履行社会责任	1	2	3	4	5	1	2	3	4	5
6. 稳定发展	1	2	3	4	5	1	2	3	4	5
7. 注重和谐	1	2	3	4	5	1	2	3	4	5
8. 注重本银行形象	1	2	3	4	5	1	2	3	4	5

第二部分

请根据您自己的真实想法，勾选最合适的数字来反映自己的态度和行为。

1 = 不同意，2 = 不太同意，3 = 说不清楚，4 = 比较同意，5 = 非常同意

1. 我乐意一直为本银行这个品牌工作。 1 2 3 4 5

2. 我乐于长期向潜在客户传递相同的本银行品牌价值观。 1 2 3 4 5

3. 我乐于向潜在客户传递与本银行对外品牌沟通中（如广告、展会、网页、杂志等）一致的宣传内容。 1 2 3 4 5

4. 我乐于向潜在客户介绍本银行品牌的产品与服务功能（如质量及可靠性）、情感及象征利益（如信任、友善等）。 1 2 3 4 5

5. 我乐于向潜在客户介绍本银行品牌相对于其他竞争品牌的优势。

1 2 3 4 5

6. 我非常清楚自己的言行会影响本银行的品牌形象。　　1　2　3　4　5

7. 我认为自己的言行与本银行的品牌价值观是一致的。　1　2　3　4　5

8. 我愿意以自己的言行为提升本银行品牌形象努力工作。1　2　3　4　5

9. 我愿意为提升本银行品牌形象加班加点。　　　　　　1　2　3　4　5

10. 我愿意向亲戚朋友推荐本银行品牌。　　　　　　　1　2　3　4　5

11. 我很乐意向新同事介绍本银行的品牌价值观。　　　1　2　3　4　5

12. 我会主动了解客户对本银行品牌的反馈意见。　　　1　2　3　4　5

13. 我会主动阅读工作指南或专业杂志等为满足本银行客户对品牌的期望服务。　　　　　　　　　　　　　　　　　　　　1　2　3　4　5

14. 我会及时向相关负责人转告客户对本银行品牌的反馈意见或内部出现的问题。

　　　　　　　　　　　　　　　　　　　　　　1　2　3　4　5

15. 我会积极寻求解决本银行品牌产品或服务中所出现问题的新方法。

　　　　　　　　　　　　　　　　　　　　　　1　2　3　4　5

第三部分

您个人的基本情况（请根据实际情况勾选最合适的数字来反映您个人的基本情况）

1. 您的性别是：

[1] 男　　　　　[2] 女

2. 您的年龄是：

[1] 20 岁以下　　　[2] 20—29 岁

[3] 30—39 岁　　　[4] 40—50 岁

[5] 50 岁以上

3. 您所受教育程度：

[1] 初中及以下　　　[2] 高中、高职

[3] 大专、本科　　　[4] 研究生

4. 您在这个职位上工作的时间是：

[1] 不到半年

[2] 半年以上，一年以内

[3] 一年以上，三年以内

[4] 三年以上，五年以内

[5] 五年以上

5. 您目前在该银行中的职位是：

[1] 高层管理人员或高层专业技术人员

[2] 中层管理人员或中层专业技术人员

[3] 基层管理管理人员或基层专业技术人员

[4] 普通员工

（完）　再次感谢您参与这个问卷调查！

附录4　银行品牌价值观客户调查问卷

银行1：品牌价值观客户调查问卷

关于邀请参与《银行1品牌价值观研究项目》调查的说明

尊敬的女士/先生：

我们正在进行一项银行品牌价值观研究，旨在了解银行品牌价值观在银行内外部的关系及对银行内部与外部的影响。我们诚挚地邀请您参与此次研究项目的调查。

本问卷是匿名调查，回答并无对错之分，请不要有任何顾虑，尽量如实地回答问题。您的第一印象通常是最准确的。我们承诺，确保您所提供的所有资料只作研究用。问卷不会占用您太长时间。

衷心感谢您的支持！

第一部分

银行品牌价值观是指银行品牌在追求成功的过程中所推崇的基本信念和奉行的目标，是银行内外部利益相关者相互作用的结果，是银行希望被内部利益相关者认同和支持，被外部利益相关者感知和欣赏的组织价值观。

对下面所列举的银行1的每一个品牌价值观条目，请根据您认为该价值观的重要程度以及该价值观在该行服务中的体现程度，在每一点后面表示5种程度的分数上画勾。您认为该价值观的重要程度：1 = 不重要；2 = 不太重要；3 = 一般；4 = 比较重要；5 = 非常重要。您认为该价值观在该行服务中的体现程度：1 = 低；2 = 较低；3 = 一般；4 = 较高；5 = 高。

价值观条目	您认为该价值观的重要程度					您认为该价值观在该行服务中的体现程度				
1. 追求卓越	1	2	3	4	5	1	2	3	4	5
2. 注重创新	1	2	3	4	5	1	2	3	4	5
3. 提升竞争能力	1	2	3	4	5	1	2	3	4	5
4. 尽职尽责	1	2	3	4	5	1	2	3	4	5
5. 履行社会责任	1	2	3	4	5	1	2	3	4	5
6. 稳定发展	1	2	3	4	5	1	2	3	4	5
7. 注重和谐	1	2	3	4	5	1	2	3	4	5
8. 注重本银行形象	1	2	3	4	5	1	2	3	4	5

第二部分

请根据您对自己的真实想法，勾选最合适的数字来反映自己的态度和行为。

1 = 不同意，2 = 不太同意，3 = 说不清楚，4 = 比较同意，5 = 非常同意

1. 我对该银行品牌总体感到满意。　　　　　　　　　1 2 3 4 5

2. 我在该银行办理业务非常愉快。　　　　　　　　　1 2 3 4 5

3. 该银行的服务让我非常满意。　　　　　　　　　　1 2 3 4 5

4. 与其他银行相比，该银行的服务更令我满意。　　　1 2 3 4 5

5. 我选择在该银行接受服务是一个非常正确的决定。　1 2 3 4 5

6. 我愿意和该银行品牌保持长久的关系，共同成长。　1 2 3 4 5

7. 我愿意多花一些钱，多走一些路到该银行办理业务。　1 2 3 4 5

8. 我下次办理其他金融业务还会到该银行。　　　　　1 2 3 4 5

9. 我会向征询我意见的人推荐该银行。　　　　　　　1 2 3 4 5

10. 我会推荐其他朋友或家人到该银行办理业务。　　　1 2 3 4 5

第三部分

您个人的基本情况（请根据实际情况勾选最合适的数字来反映您个人的基

本情况）

1. 您的性别是：

[1] 男   [2] 女

2. 您的年龄是：

[1] 20 岁以下   [2] 20—29 岁

[3] 30—39 岁   [4] 40—50 岁

[5] 50 岁以上

3. 您所受教育程度：

[1] 初中及以下   [2] 高中、高职

[3] 大专、本科   [4] 研究生

4. 您的个人月收入：

[1] 1000 元以下   [2] 1001—3000 元

[3] 3001—5000 元   [4] 5000 元以上

5. 您的职业是：

[1] 政府机关及事业单位职工 [2] 企业职工

[3] 个体工商户   [4] 农民

[5] 学生   [6] 其他

6. 您是否有过多次在该银行办理业务经历？

[1] 是   [2] 不是

7. 你一个月一般在该银行办理几次业务？

[1] 0—1 次   [2] 2—3 次

[3] 4—5 次   [4] 6 次及以上

8. 您在该银行办理业务多长时间了？

[1] 不到半年   [2] 半年以上，一年以内

[3] 一年以上，三年以内

[4] 三年以上，五年以内

[5] 五年以上

（完）   再次感谢您参与这个问卷调查！

附录5 个案公司品牌价值观管理者调查问卷

关于邀请参与《价值观研究项目》调查的说明

尊敬的女士/先生：

我们正在进行一项公司品牌价值观研究，旨在了解公司品牌价值观在企业内外部的关系及对企业内部与外部的影响。我们诚挚地邀请您参与此次研究项目的调查。

本问卷是匿名调查，回答并无对错之分，请不要有任何顾虑，尽量如实地回答问题。您的第一印象通常是最准确的。我们承诺，确保您所提供的所有资料只作研究用。问卷不会占用您太长时间。

衷心感谢您的支持！

第一部分

公司品牌价值观是指公司品牌在追求成功的过程中所推崇的基本信念和奉行的目标，是企业内外部利益相关者相互作用的结果，是企业希望被内部利益相关者认同和支持，被外部利益相关者感知和欣赏的组织价值观。

你认为下面哪些条目跟公司品牌价值观有关，哪些对塑造贵公司的良好形象具有重要作用，对下面所列举的每一个价值观条目，先请根据你的真实看法进行选择，至少请选择八项；然后，请根据对塑造贵公司的良好形象的重要程度，在你选择的每一点后面表示5种程度的分数画勾。对塑造贵公司的良好形象的重要程度：1 = 不重要；2 = 不太重要；3 = 一般；4 = 比较重要；5 = 非常重要。

价值观条目	是否与公司品牌价值观有关		对创造贵公司良好形象的重要程度
1. 热衷工作	有	无	1 2 3 4 5
2. 稳定发展	有	无	1 2 3 4 5
3. 注重和谐	有	无	1 2 3 4 5
4. 注重创新	有	无	1 2 3 4 5
5. 社会责任	有	无	1 2 3 4 5

6. 尽职尽责	有	无	1	2	3	4	5
7. 冒险精神	有	无	1	2	3	4	5
8. 成长机会	有	无	1	2	3	4	5
9. 工作自主	有	无	1	2	3	4	5
10. 井然有序	有	无	1	2	3	4	5
11. 工作时间长	有	无	1	2	3	4	5
12. 注意细节	有	无	1	2	3	4	5
13. 业绩至上	有	无	1	2	3	4	5
14. 团队合作	有	无	1	2	3	4	5
15. 人际融洽	有	无	1	2	3	4	5
16. 人性化管理	有	无	1	2	3	4	5
17. 奖罚分明	有	无	1	2	3	4	5
18. 科学求真	有	无	1	2	3	4	5
19. 宽容大量	有	无	1	2	3	4	5
20. 保障工作	有	无	1	2	3	4	5
21. 迅速果断	有	无	1	2	3	4	5
22. 竞争能力	有	无	1	2	3	4	5
23. 讲求诚信	有	无	1	2	3	4	5
24. 追求卓越	有	无	1	2	3	4	5
25. 注重经营理念	有	无	1	2	3	4	5
26. 结果重于过程	有	无	1	2	3	4	5
27. 工作期望很高	有	无	1	2	3	4	5
28. 有冲劲	有	无	1	2	3	4	5
29. 勇于面对冲突	有	无	1	2	3	4	5
30. 不拘泥于形式	有	无	1	2	3	4	5
31. 表扬工作优良者	有	无	1	2	3	4	5
32. 支持员工	有	无	1	2	3	4	5
33. 自我激励反省	有	无	1	2	3	4	5
34. 信息分享	有	无	1	2	3	4	5
35. 快速掌握机会	有	无	1	2	3	4	5
36. 环境应变能力	有	无	1	2	3	4	5

37. 注重理性分析	有	无	1 2 3 4 5
38. 注重企业形象	有	无	1 2 3 4 5
39. 强调产品品质	有	无	1 2 3 4 5
40. 讲求个性	有	无	1 2 3 4 5

第二部分

一、您个人的基本情况（请根据实际情况勾选最合适的数字来反映您个人的基本情况）

1. 您的性别是：

[1] 男　　　　　　　　[2] 女

2. 您的年龄是：

[1] 20 岁以下　　　　　[2] 20～29 岁

[3] 30～39 岁　　　　　[4] 40 岁以上

3. 您在这个职位上工作的时间是：

[1] 不到半年　　　　　[2] 半年到一年

[3] 一年到三年　　　　[4] 三年以上

4. 您目前在公司中的职位是：

[1] 高层管理人员或高层技术人员

[2] 中层管理人员或中层技术人员

[3] 基层管理管理人员或基层技术人员

[4] 普通员工

二、贵公司的情况（请根据实际情况勾选最合适的数字来反映贵企业的基本情况）

您所在的企业：

[1] 国有　　　　[2] 外资　　　　　[3] 民营

[4] 其他_____（请注明）

（完）　　再次感谢您参与这个问卷调查！

附录6 个案公司品牌价值观员工调查问卷

关于邀请参与《XBTJ 品牌价值观研究项目》调查的说明

尊敬的女士/先生:

我们正在进行一项公司品牌价值观研究,旨在了解公司品牌价值观在企业内外部的关系及对企业内部与外部的影响。我们诚挚地邀请您参与此次研究项目的调查。

本问卷是匿名调查,回答并无对错之分,请不要有任何顾虑,尽量如实地回答问题。您的第一印象通常是最准确的。我们承诺,确保您所提供的所有资料只作研究用。问卷不会占用您太长时间。

衷心感谢您的支持!

第一部分

公司品牌价值观是指公司品牌在追求成功的过程中所推崇的基本信念和奉行的目标,是企业内外部利益相关者相互作用的结果,是企业希望被内部利益相关者认同和支持,被外部利益相关者感知和欣赏的组织价值观。

对下面所列举的贵公司的每一个品牌价值观条目,请根据您认为该价值观的重要程度和在本公司产品和服务中的体现程度,在每一点后面表示5种程度的分数上画勾。您认为该价值观的重要程度:1 = 不重要;2 = 不太重要;3 = 一般;4 = 比较重要;5 = 非常重要。您认为该价值观在本公司产品和服务中的体现程度:1 = 低;2 = 较低;3 = 一般;4 = 较高;5 = 高。

价值观条目	您认为该价值观的重要程度					您认为该价值观在该企业产品和服务中的体现程度				
1. 诚实守信	1	2	3	4	5	1	2	3	4	5
2. 追求卓越	1	2	3	4	5	1	2	3	4	5
3. 注重创新	1	2	3	4	5	1	2	3	4	5
4. 提升竞争能力	1	2	3	4	5	1	2	3	4	5
5. 尽职尽责	1	2	3	4	5	1	2	3	4	5
6. 履行社会责任	1	2	3	4	5	1	2	3	4	5

7. 团队合作　　　1　2　3　4　5　　1　2　3　4　5

8. 稳定发展　　　1　2　3　4　5　　1　2　3　4　5

第二部分

请根据您自己的真实想法，勾选最合适的数字来反映自己的态度和行为。

1 = 不同意，2 = 不太同意，3 = 说不清楚，4 = 比较同意，5 = 非常同意

1. 我乐意一直为"XBTJ"这个品牌工作。　　　　　　　　　1　2　3　4　5

2. 我乐于长期向潜在客户传递相同的"XBTJ"品牌价值观。

1　2　3　4　5

3. 我乐于向潜在客户传递与"XBTJ"对外品牌沟通中（如广告、展会、网页、杂志等）一致的宣传内容。　　　　　　　　　　　1　2　3　4　5

4. 我乐于向潜在客户介绍"XBTJ"的产品与服务功能（如质量及可靠性）、情感及象征利益（如信任、友善等）。

1　2　3　4　5

5. 我乐于向潜在客户介绍"XBTJ"相对于其他竞争品牌的优势。

1　2　3　4　5

6. 我非常清楚自己的言行会影响"XBTJ"的品牌形象。

1　2　3　4　5

7. 我认为自己的言行与"XBTJ"的品牌价值观是一致的。

1　2　3　4　5

8. 我愿意以自己的言行为提升"XBTJ"品牌形象努力工作。

1　2　3　4　5

9. 我愿意为提升"XBTJ"品牌形象加班加点。

1　2　3　4　5

10. 我愿意向亲戚朋友推荐"XBTJ"。

1　2　3　4　5

11. 我很乐意向新同事介绍"XBTJ"的品牌价值观。

1　2　3　4　5

12. 我会主动了解客户对"XBTJ"的反馈意见。

1　2　3　4　5

13. 我会主动阅读工作指南或专业杂志等为满足"XBTJ"客户对品牌的期

望服务。

1 2 3 4 5

14. 我会及时向相关负责人转告客户对"XBTJ"的反馈意见或内部出现的问题。

1 2 3 4 5

15. 我会积极寻求解决"XBTJ"产品或服务中所出现问题的新方法。

1 2 3 4 5

第三部分

您个人的基本情况（请根据实际情况勾选最合适的数字来反映您个人的基本情况）

1. 您的性别是：

[1] 男　　　　　　　　　　　[2] 女

2. 您的年龄是：

[1] 20 岁以下　　　　　　　　[2] 20—29 岁

[3] 30—39 岁　　　　　　　　[4] 40—50 岁

[5] 50 岁以上

3. 您所受教育程度：

[1] 初中及以下　　　　　　　　[2] 高中、高职

[3] 大专、本科　　　　　　　　[4] 研究生

4. 您在这个职位上工作的时间是：

[1] 不到半年　　　　　　　　　[2] 半年以上，一年以内

[3] 一年以上，三年以内　　　　[4] 三年以上，五年以内

[5] 五年以上

5. 您目前在公司中的职位是：

[1] 高层管理人员或高层技术人员

[2] 中层管理人员或中层技术人员

[3] 基层管理管理人员或基层技术人员

[4] 普通员工

（完）　　再次感谢您参与这个问卷调查！

附录7 个案公司品牌价值观客户调查问卷

关于邀请参与《XBTJ 品牌价值观研究项目》调查的说明

尊敬的女士/先生：

我们正在进行一项公司品牌价值观研究，旨在了解公司品牌价值观在企业内外部的关系及对企业内部与外部的影响。我们诚挚地邀请您参与此次研究项目的调查。

本问卷是匿名调查，回答并无对错之分，请不要有任何顾虑，尽量如实地回答问题。您的第一印象通常是最准确的。我们承诺，确保您所提供的所有资料只作研究用。问卷不会占用您太长时间。

衷心感谢您的支持！

第一部分

公司品牌价值观是指公司品牌在追求成功的过程中所推崇的基本信念和奉行的目标，是企业内外部利益相关者相互作用的结果，是企业希望被内部利益相关者认同和支持，被外部利益相关者感知和欣赏的组织价值观。

对下面所列举的 XBTJ 的每一个品牌价值观条目，请根据您认为该价值观的重要程度及该价值观在本企业产品和服务中的体现程度，在每一点后面表示5种程度的分数上画勾。您认为该价值观的重要程度：1 = 不重要；2 = 不太重要；3 = 一般；4 = 比较重要；5 = 非常重要。您认为该价值观在本企业产品和服务中的体现程度：1 = 低；2 = 较低；3 = 一般；4 = 较高；5 = 高。

价值观条目	您认为该价值观的重要程度					您认为该价值观在该企业产品和服务中的体现程度				
1. 诚实守信	1	2	3	4	5	1	2	3	4	5
2. 追求卓越	1	2	3	4	5	1	2	3	4	5
3. 注重创新	1	2	3	4	5	1	2	3	4	5
4. 提升竞争能力	1	2	3	4	5	1	2	3	4	5
5. 尽职尽责	1	2	3	4	5	1	2	3	4	5
6. 履行社会责任	1	2	3	4	5	1	2	3	4	5

7. 团队合作　　　1　2　　3　4　5　　　1　2　3　4　5

8. 稳定发展　　　1　2　　3　4　5　　　1　2　3　4　5

第二部分

一、请根据您自己的真实想法，勾选最合适的数字来反映你们企业的态度和行为。

1 = 不同意，2 = 不太同意，3 = 说不清楚，4 = 比较同意，5 = 非常同意

1. 我们对"XBTJ"品牌总体感到满意。

　　　　　　　　　　　　　　　　　　1　2　3　4　5

2. 与"XBTJ"打交道，我们感到很愉快。

　　　　　　　　　　　　　　　　　　1　2　3　4　5

3. "XBTJ"的产品和服务让我们非常满意。

　　　　　　　　　　　　　　　　　　1　2　3　4　5

4. 与其他同类企业相比，"XBTJ"的产品和服务更令我们满意。

　　　　　　　　　　　　　　　　　　1　2　3　4　5

5. 我们选择"XBTJ"承建我们的工程是一个非常正确的决定。

　　　　　　　　　　　　　　　　　　1　2　3　4　5

6. 我们愿意和"XBTJ"品牌保持长久的关系，共同成长。

　　　　　　　　　　　　　　　　　　1　2　3　4　5

7. 我们愿意多花一些钱请"XBTJ"承建我们工程。

　　　　　　　　　　　　　　　　　　1　2　3　4　5

8. 我们下次做类似的工程还是会找"XBTJ"。

　　　　　　　　　　　　　　　　　　1　2　3　4　5

9. 我们会向征询我们意见的企业推荐"XBTJ"品牌

　　　　　　　　　　　　　　　　　　1　2　3　4　5

10. 我们会推荐其他友好企业聘请"XBTJ"承接工程。

　　　　　　　　　　　　　　　　　　1　2　3　4　5

第三部分

一、您个人的基本情况（请根据实际情况勾选最合适的数字来反映您个人的基本情况）

1. 您的性别是：

[1] 男　　　　　　　　　　　　[2] 女

2. 您的年龄是：

[1] 20 岁以下　　　　　　　　　[2] 20—29 岁

[3] 30—39 岁　　　　　　　　　[4] 40—50 岁

[5] 50 岁以上

3. 您所受教育程度：

[1] 初中及以下　　　　　　　　[2] 高中、高职

[3] 大专、本科　　　　　　　　[4] 研究生

4. 您的职位是：

[1] 高层领导或技术人员　　　　[2] 中层领导或技术人员

[3] 基层领导或技术人员　　　　[4] 普通员工

二、贵企业的情况（请根据实际情况勾选最合适的数字来反映贵企业的基本情况）

您所在的企业：

[1] 国有　　　　　[2] 外资　　　　　[3] 民营

[4] 其他＿＿＿＿＿＿＿＿＿＿＿＿（请注明）

（完）　再次感谢您参与这个问卷调查！

附录8　正态分布检验结果

品牌价值观外部吸引力	最小值	最大值	均值	标准差	偏度	峰度
CVR1	1	5	3.854	0.933	- 0.510	- 0.143
CVR2	1	5	3.752	1.007	- 0.484	- 0.210
CVR3	1	5	3.813	0.984	- 0.546	- 0.087
CVR4	1	5	3.949	1.027	- 0.697	- 0.079
CVR5	1	5	3.762	0.966	- 0.424	- 0.122
CVR6	1	5	3.905	1.027	- 0.714	0.042
CVR7	1	5	3.724	1.017	- 0.43	- 0.318

品牌价值观外部吸引力	最小值	最大值	均值	标准差	偏度	峰度
CVR8	1	5	3.765	1.045	-0.513	-0.317
客户品牌满意	最小值	最大值	均值	标准差	偏度	峰度
EBS2	1	5	3.549	1.009	-0.500	-0.017
EBS3	1	5	3.495	1.020	-0.277	-0.397
EBS4	1	5	3.467	1.056	-0.352	-0.193
EBS6	1	5	3.616	0.968	-0.394	-0.115
EBS7	1	5	3.130	1.218	0.123	-0.792
EBL2	1	5	3.435	1.164	-0.402	-0.505
EBL3	1	5	3.416	1.141	-0.335	-0.474
品牌价值观内部吸引力	最小值	最大值	均值	标准差	偏度	峰度
EVR1	1	5	4.079	0.861	-0.815	0.731
EVR2	1	5	3.797	0.966	-0.671	0.086
EVR3	1	5	3.965	0.928	-0.868	0.689
EVR4	1	5	4.025	0.895	-0.612	-0.177
EVR5	1	5	3.810	0.955	-0.647	-0.063
EVR6	1	5	4.089	0.891	-0.745	0.049
EVR7	1	5	3.873	0.972	-0.830	0.573
EVR8	1	5	3.822	1.003	-0.627	-0.167
员工品牌角色内行为	最小值	最大值	均值	标准差	偏度	峰度
IRB1	1	5	3.940	0.829	-0.697	0.697
IRB2	2	5	3.962	0.797	-0.501	-0.085
IRB3	1	5	4.000	0.765	-0.472	0.185
IRB4	2	5	4.022	0.819	-0.565	-0.156
员工品牌角色外行为	最小值	最大值	均值	标准差	偏度	峰度
ERB2	1	5	4.013	0.802	-0.769	1.053
ERB4	1	5	3.584	1.118	-0.570	-0.260
ERB5	1	5	4.086	0.803	-0.601	0.067
ERB6	1	5	4.041	0.775	-0.733	0.978

员工品牌角色外行为	最小值	最大值	均值	标准差	偏度	峰度
ERB7	1	5	3.971	0.811	−0.740	0.924
ERB8	1	5	3.876	0.878	−0.693	0.617
ERB9	1	5	3.943	0.872	−0.932	1.271
ERB10	1	5	3.921	0.894	−0.839	0.771

参考文献

［1］ AAKER D A. Building Strong Brands ［M］. New York, NY: The Free Press, 1996.

［2］ BALMER J M T. Corporate Identity, Corporate Branding and Corporate Marketing: Seeing Through the Fog ［J］. European Journal of Marketing, 2001a, 35 (3/4): 248—291.

［3］ 卢泰宏, 周志民. 基于品牌关系的品牌理论: 研究模型及展望 ［J］. 商业经济与管理, 2003 (2): 4—8.

［4］ 郭毅, 侯丽敏, 戚海峰, 等. 基于关系视角的营销理论 ［M］. 上海: 华东理工大学出版社, 2006.

［5］ HARRIS F, CHERNATONY L D. Corporate Branding and Corporate Brand Performance ［J］. European Journal of Marketing, 2001, 35 (3/4): 441—456.

［6］ 邱玮, 白长虹. 国外员工品牌化行为研究进展评介 ［J］. 外国经济与管理, 2012 (6): 49—55.

［7］ DE CHERNATONY L, DRURY S. Identifying and Sustaining Services Brands' Values ［J］. Journal of Marketing Communications, 2004 (2): 73—93.

［8］ GULATI R. Silo busting: How to execute on the Promise of Customer Focus ［J］. Harvard Business Review, 2007, 87 (5): 98—108.

［9］ MORSING M, KRISTENSEN J. The Question of Coherency in Corporate Branding— over Time and across Stakeholders ［J］. Journal of Communication Management, 2001 (1): 24—40.

［10］ 刘家凤. 公司品牌价值观类型的实证研究——基于银行业的实证分析 ［J］. 贵州师范大学学报 (社会科学版), 2014 (6): 28—35.

［11］ WANSINCK B. The Impact of Source Reputation on Inference about Unadvertised Attributes [J] . Advances in Consumer Research, 1989, 16: 399—406.

[12] BROWN T J, DACIN P A. The Company and the Product: Corporate Associations and Consumer Product Responses [J] . Journal of Marketing, 1997, 61 (1): 68—84.

[13] DOWLING G R. Managing Your Corporate Images [J] . Industrial Marketing Management, 1986 (2): 109 – 115.

[14] BALMER J M T. The Three Virtues and Seven Deadly Sins of Corporate Branding [J] . Journal of General Management, 2001b, 27 (1): 1—17.

[15] OLINS W. How Brands are Taking over the Corporation [M] // SCHULTZ M, HATCH M J, LARSEN M H. The Expressive Organization. Oxford: Oxford University Press, 2000: 51—65.

[16] LEWIS S. Let's get this in perspective [D] . Bradford: the Confederation of British Industry Branding and Brand Identity Seminar, 2000.

[17] Pauvit J. Brand New [M] . London: V & A Publications, 2000.

[18] KELLER K L, LEHMANN D R. Brands and Branding: Research Findings and Future Priorities [J] . Marketing Science, 2006, 25 (6): 740—759.

[19] HATCH M J, SCHULTZ M. Are the Strategic Stars Aligned for your Corporate Brand? [J] . Harvard Business Review, 2001, 79 (2): 128—133.

[20] DAVIES G, CHUN R. Gaps between the Internal and External Perceptions of the Corporate Brand [J] . Corporate Reputation Review, 2002, 5 (2/3): 144—58.

[21] KOWALCZYK S J, PAWLISH M J. Corporate Branding through External Perception of Organization Culture [J] . Corporate Reputation Review, 2002, 5 (2), 159—174.

[22] BALMER J M T, SOENEN G B. The Acid Test of Corporate Identity Management [J] . Journal of Marketing Management, 1999 (1/3): 69—92.

[23] DE CHERNATONY L, COTTAM S. Internal Brand Factors Driving Successful Financial Services Brands [J] . European Journal of Marketing, 2006, 40 (5): 611—633.

[24] SCHEIN E H. Coming to a New Awareness of Organizational Culture [J]. Slogan Management Review, 1984, 25 (2): 3—16.

[25] HERMAN D. The Guide for Brands Builders [M] . Tel Aviv: Cherickover Publishing, 2001.

[26] PHAU I, LAU K C. Brand Personality and Consumer Self—Expression: Single or Dual Carriageway? [J] . Brand Management, 2001, 8 (6): 428.

[27] CZELLAR S, PALAZZO G. The Impact of Perceived Corporate Brand Values on Brand Preference: An Exploratory Empirical Study [A] . Working Paper IUMI 0401, 2004.

[28] YANIV E, FARKAS F. The Impact of Person—Organization Fit on the Corporate Brand Perception of Employees and of Customers [J] . Journal of Change Management, 2005, 5 (4): 447—461.

[29] KELLER K L. Strategic Brand Management [M] . 2nd ed. New Jersey: Upper Saddle River, 2003.

[30] BALMER J M T, GRAY E R. Corporate Brands: what are they? What of them? [J] . European Journal of Marketing, 2003, 37 (7/8) .

[31] AAKER D A. Leveraging the Corporate Brand [J] . California Management Review, 2004, 46 (3): 6—18.

[32] 吴水龙, 卢泰宏, 蒋廉雄. 公司品牌研究述评 [J] . 外国经济与管理, 2009, 31 (3): 30—37.

[33] DE CHERNATONY L , DALL' OLMO RILEY F. Experts' Views about defining Services Brands and the Principles of Services Branding [J] . Journal of Business Research, 1999, 46 (2) .

[34] IND N. An Integrated Approach to Corporate Branding [J] . Journal of Brand Management, 1998, 5 (5) .

[35] BROWN T J, DACIN P A , PRATT M G, et al. Identity, Intended image, Construed Image, and Reputation: An interdisciplinary Framework and Suggested Terminology [J] . Journal of the Academy of Marketing Science, 2006, 34 (2): 99—106.

[36] DE CHERNATONYL. From Brand Vision to Brand Evaluation [M]. Oxford: Butterworth—Heinemann, 2001.

[37] MILES S J, MANGOLD G. A Conceptualization of the Employee Branding Process [J] . Journal of Relationship Marketing, 2004, 3 (2/3): 64—87.

[38] DAVIES G, CHUN R, DA SILVA R V , et al. A Corporate Character Scale to Assess Employee and Customer Views of Organizational Reputation [J]. Corporate Reputation Review, 2004, 7 (2): 125—146.

[39] EINWILLER S, WILL M. Towards an Integrated Approach to Corporate Branding— an empirical Study [J]. Corporate Communications, 2002, 7 (2): 100—9.

[40] BERRY L, EDWIN F, CLARK T. In Service, What's in a Name [J]. Harvard Business Review, 1988, 66: 28—30.

[41] 邱玮. 服务品牌内化的构成要素与过程机制 [D]. 天津: 南开大学, 2010.

[42] 邱玮, 白长虹. 基于扎根理论的旅游品牌内化研究——以一家五星级酒店为例 [J]. 旅游学刊, 2012 (10): 46—52.

[43] 李怀祖. 管理研究方法论 [M]. 西安: 西安交通大学出版社, 2007.

[44] ROKEACH M. The Nature of Human Values [M]. New York, NY: The Free Press, 1973.

[45] AAKER D A. Managing Brand Equity: Capitalizing on the Value of a Brand Name [M]. New York: The Free Press, 1999.

[46] BELK R W. Possession and the Extended Self [J]. Journal of Consumer Research, 1988, 15 (2): 139—168.

[47] GRUBB E L, GRATHWOHL H L. Consumer Self—concept, Symbolism and Market Behavior: a theoretical approach [J]. Journal of Marketing, 1967, 31 (4): 22—7.

[48] SIRGY M J. Self—concept in Consumer Behavior: A Critical Review [J]. Journal of Consumer Research, 1982 (3): 287—300.

[49] LEVY S J. Symbols for Sale [J]. Harvard Business Review, 1959, 37 (7/8): 117—24.

[50] ZINKHAM G M, HONG J W. Self Concept and Advertising Effectiveness: A Conceptual Model of Con – gruency, Conspicuousness, and Response Mode [J]. Advances in Consumer Research, 1991, 18: 348—354.

[51] ONKVISIT S, SHAW J. Self—Concept and Image Congruence: Some Research and Managerial Implications [J]. Journal of Consumer Marketing, 1987 (9):

13—24.

[52] HUSSEY M, DUNCOMBE N. Projecting the Right Image: Using Projective Techniques to Measure Brand Image [J]. Qualitative Market Research: An International Journal, 1999, 2 (1): 22—30.

[53] SIRGY M J. Using Self—congruity and Ideal Congruity to Predict Purchase Motivation [J]. Journal of Business Research, 1985 (13): 195—206.

[54] ELLIOT R, WATTANASUWAN K. Brands as Symbolic Resources for the Construction of Identity [J]. International Journal of Advertising, 1998 (2): 131.

[55] ELLIOT R, DAVIES A. Symbolic Brands and Authenticity of Identity Performance [M] // SCHROEDE J E, SALZER— MORLING M. Brand Culture. London : Routledge, 2006.

[56] SCHIFFMAN L G, KANUK L L. Consumer Behavior [M]. 7th ed. Englewood Cliffs, N J: Prentice—Hall, 2000.

[57] AAKER J L. The Malleable Self: the Role of self—expression in Persusion [J]. Journal of Marketing Research, 1999, 36 (1): 45—57.

[58] KASSARJIAN H H. Personality and Consumer Behavior: a Review [J]. Journal of Marketing Research, 1971, 36 (1): 45—57.

[59] KIM C K, HAN D, PARK S B. The Effect of Brand Personality and Brand Identification on Brand Loyalty: Applying the Theory of Social Identification [J]. Japanese Psychological Research, 2001 (4): 195—206.

[60] HEILBRUNN B. Cultural Branding between Utopia and A—topia [M] // SCHROEDE J E, SALZER— MORLING M. Brand Culture. London : Routledge, 2006.

[61] ERICKSEN M K. Using Self—congruity and Ideal Congruity to Predict Purchase Intention: a European Perspective [J]. Journal of Euro—Marketing, 1996, 6 (1): 41—56.

[62] SOLOMON M R. The Role of Products in Social Stimuli: A symbolic Interactionism Perspective [J]. Journal of Consumer Behavior, 1983, 10: 319—329.

[63] KELLER K. L. Building and Managing Corporate Brand Equity [M] // SCHULTZ M, HATCH M J, LARSEN M H. The Expressive organization— Linking Identity, Reputation, and the Corporate Brand. Oxford: Oxford University Press,

2000.

　　[64] 刘家凤. 品牌价值观一致性: 研究视角、衡量指标及结果变量 [J].
2011 (5): 171—175.

　　[65] 曹高举. 消费者自我概念、生活方式与选购产品品牌个性关系的研究
[D]. 杭州: 浙江大学, 2005.

　　[66] 金立印. 员工品牌认同感对内部满意度及顾客服务活动的影响 [J].
经济管理, 2005 (8): 57—63.

　　[67] KIM H S. Consumer Profiles of Apparel Product Involvement and Values
[J]. Journal of Fashion Marketing & Management, 2005, 9 (2): 207—220.

　　[68] GUTMAN J. A Means—end Chain Model Based on Consumer Categorization
Processes [J]. Journal of Marketing, 1982, 46: 60—72.

　　[69] 杨桦. 全业务背景下我国电信运营商品牌建设策略研究 [D]. 北京:
北京邮电大学, 2005.

　　[70] 骆群. T 家具公司沙发产品的营销研究 [D]. 上海: 复旦大
学, 2008.

　　[71] 孙虹. 中国大学生休闲服消费价值体系研究 [D]. 上海: 东华大
学, 2008.

　　[72] 李燕. 个人价值观对自我符号性商品消费需求的影响分析 [D]. 北
京: 北京邮电大学, 2006.

　　[73] 张勉, 张德. 组织文化测量研究述评 [J]. 外国经济与管理, 2004
(8): 2—7.

　　[74] 王国顺, 张仕璟, 邵留国. 企业文化测量模型研究——基于 Dension
模型的改进及实证 [J]. 中国软科学, 2006 (3): 145—150.

　　[75] 刘邦根. 品牌文化的研究 [D]. 北京: 北京交通大学, 2006.

　　[76] MULYANEGARA R C, TSARENKO Y. Predicting Brand Preference— An
Examination of the Predictive Power of Consumer Personality and Values in Australian
Fashion Market [J]. Journal of Fashion Marketing and Management, 2009, 13
(3): 358—371.

　　[77] MCCRACKEN G. Culture and Consumption: A Theoretical Account of the
Structure and Movement of the Cultural Meaning of Goods [J]. Journal of Consumer
Research, 1986 (13): 71—84.

[78] BETTY S E, KAHLE L R, HOMER P. Personal Values and Gift—Giving Behaviors: A Study across Cultures [J]. Journal of Business Research, 1991, 22 (2): 149—157.

[79] MITCHELL C. Selling the Brand Inside Out [J]. Harvard Business Review, 2002, 80 (1): 99—105.

[80] BOONE M. The Importance of Internal Branding [J]. Sales & Marketing Management, 2000, 152 (9): 36—38.

[81] 刘家凤. 公司品牌价值观研究的社会道德化取向及其影响 [J]. 经济与管理, 2013 (1): 64—68.

[82] BUSS D. In Good Company [J]. Brandweek, 2002, 20: 28—30.

[83] GAP R, MERRILEES B. Important Factors to Consider when Using Internal Branding as a Management Strategy: A Healthcare Case as a Management Strategy: A Healthcare Case Study [J]. Journal of Brand Management, 2006, 14 (1/2): 162—176.

[84] 白长虹, 邱玮. 品牌内化研究综述: 基于员工和组织层面的主要观点 [J]. 管理世界, 2008 (11): 160—165.

[85] 资雪琴. 基于品牌价值观的高校品牌管理研究 [D]. 上海: 东华大学, 2014.

[86] BERGSTROM A, BLUMENTHAL D. Why Internal Branding Matters: The Case of Saab [J]. Corporate Reputation Review, 2002, 5, (2/3): 133—142.

[87] HANKINSON P. The Impact of Brand Orientation on Managerial Practice: a quantitative Study of UK's Top 500 Fundraising Managers [J] International Journal of Nonprofit and Voluntary Sector Marketing, 2002, 7 (1): 30—44.

[88] KOTTER J, HESKETT J. Corporate Culture and Performance [M]. New York, NY: Free Press, 1992.

[89] BURMANN C, ZEPLIN S. Building Brand Commitment: a Behavioral Approach to Internal Brand Management [J]. Brand Management, 2005, 12 (4): 279—300.

[90] AURAND T W, GORCHELS L, BISHOP T R. Human Resource Management's Role in Internal Branding: an Opportunity for Cross—functional Brand Message Synergy [J]. Journal of Product & Brand Management, 2005, 14 (2): 163—

169.

[91] PAPASOLOMOU I, Vrontis D. Building Corporate Branding through Internal Marketing: the case of the UK retail Bank Industry [J] . The Journal of Product and Drand Management, 2006a, 15 (1): 37—47.

[92] PAPASOLOMOU I, VRONTIS D. Using Internal Marketing to Ignite the Corporate Brand: the Case of the UK Retail Bank Industry [J] . Journal of Brand Management, 2006b, 14 (1/2): 177—195.

[93] OAKES P, TURNER J C. Distinctiveness and the Salience of Social Category Memberships: Is There an Automatic Perceptual Bias towards Novelty? [J]. European Journal of Social Psychology, 1986, 16: 325—344.

[94] DE CHERNATONY L , SEGAL—HORN S. Building on Services' Characteristics to Develop Successful Service Brands [J] . Journal of Marketing Management, 2001, 17 (7/8): 645—669.

[95] ZEITHAML V A, BITNER M J, GREMBER D D. Service marketing: Integrating Customer Focus across the Firm [M] . 4th ed. Singapore: McGraw—Hill, 2006.

[96] DRAKE S M, GULMAN M J, ROBERTS S. M. Light Their Fire [M]. Chicago, IL: Dearborn, 2005.

[97] BERRY L L. Cultivating Service Brand Equity [J] . Journal of the Academy of Marketing Science, 2000, 28 (1): 128—137.

[98] 蒙慧. 基于员工视角的服务品牌内化路径研究 [J] . 中国管理信息化, 2015, 18 (16): 121—122.

[99] PUNJAISRI K, EVANSCHITZKY H, WILSON A. Internal Branding: an Enabler of Employees' Brand—supporting Behaviors [J] . Journal of Service Management, 2009, 20 (2): 209—226.

[100] VALLASTER C, DE CHERNATONY. Internationalisation of Services Brands: The Role of Leadership during the Internal Brand Building Process [J]. Journal of Marketing Management, 2005, 21 (2): 181—203.

[101] BARICH H, KOTLER P. A Framework for Marketing Image Management [J] . Slogan Management Review, 1991, 32 (2): 94—104.

[102] FOMBRUN C. Reputation: Realizing Value from the Corporate Image

［M］. Boston：Harvard Business School Press，1996.

［103］HATCH M J，SCHULTZ M. Relations between Organizational Culture，Identity and Image ［J］. European Journal of Marketing，1997，31：356—365.

［104］BALMER J，GREYSER A. Managing the Multiple Identities of the Corporation ［M］. London：Routledge，2002.

［105］CHUN R，DAVIES G. The Influence of Corporate Character on Customers and Employees：Exploring Similarities and Differences ［J］. The Journal of the Academy of Marketing Science，2006，34（2）：138—146.

［106］DE CHERNATONY L. Brand Management through Narrowing the Gap between Brand Identity and Brand Reputation ［J］. Journal of Marketing，1999，61：157—179.

［107］SCHEIN E H. Organization Culture ［J］. American Psychologist，1990，45（2）：109—119.

［108］孙兵，张培峰. 企业文化的内外认同而形成的品牌信仰 ［J］. 中外企业文化，2008（11）：37—39.

［109］BARNEY J B. Organizatioal Culture：Can it be a Source of Sustained Competitive Advantage? ［J］. Academy of Management Review，1986，11：656—665.

［110］卢美月，张文贤. 企业文化与组织绩效关系研究 ［J］. 南开管理评论，2006，9（6）：26—30.

［111］OUCHI W G. Theory Z ［M］. Reading，MA：Addision—Wesley，1981.

［112］SCHULER R S，JACKSON S E. Linking Competitive Strategies with Human Resource Management Practices ［J］. Academy of Management Executive，1987，1：207—219.

［113］HOFSTEDE G，NEUIJEN B，OHAYV D，et al. Measuring Organizational Culture：A Qualitative and Quantitative Study across Twenty Cases ［J］. Administrative Science Quarterly，1990，35：286—316.

［114］SCHEIN E H. Three Cultures of Management：the Key to Organizational Learning ［J］. Slogan Management Review，1996，38（1）：9—20.

［115］丁志达. 企业文化具有无法替代的核心价值 ［J］. 东方企业文化，2005（4）：36—37.

［116］朱立. 品牌文化战略研究 ［D］. 武汉：中南财经政法大学，2005.

［117］朱青松. 员工与组织的价值观实现度匹配及其作用的实证研究［D］. 成都：四川大学，2007.

［118］PETERS T, WATERMAN R. In Search of Excellence［M］. New York：Harper & Row，1982.

［119］O'REILLY C, CHATMAN J, CALDWELL D F. People and Organizational Culture：A Profile Comparison Approach to Assessing Person—organization Fit［J］. Academy of Management Journal，1991，34（3）：487—516.

［120］CHATMAN J A. Improving Interactional Organizational Research：a Model of Person—organization Fit［J］. Academy of Management Review，1989，14（3）：333—349.

［121］刘家凤. 品牌价值观——概念与测量［J］. 西南民族大学学报，2013（7）：118—123.

［122］CABLE D M, DERUE D S. The Congruent and Discriminant Validity of Subjective Fit Perceptions［J］. Journal of Applied Psychology，2002，87（5）：875—884.

［123］ROBBINS S P. Organizational Health：What are Your Vital Signs?［J］. Fleet Equipment，2006，32（4）：10—11.

［124］张旭，武春友. 组织文化与公司绩效关系的实证研究［J］. 南开管理评论，2006（3）：50—54.

［125］MULLINS L J. Management and Organizational Behavior［M］. 6th ed. London：Prentice—Hall，2002.

［126］ROBINSON L. Customer Expectation of Sport Organizations［J］. European Sport Management Quarterly，2006，6（1）：67—84.

［127］MACINTOSH E, DOHERTY A. Extending the Scope of Organizational Culture：The External Perception of an Internal Phenomenon［J］. Sport Management Review，2007，10（1）：45—64.

［128］HEMSLEY S. Internal Affairs［J］. Marketing Week，1998，53：49—50.

［129］SHERIDAN J E. Organizational Culture and Employee Retention［J］. Academy of Management Quarterly，1992，35（5）：1036—1056.

［130］OSTROFF C, SHIN Y, KINICKI A J. Multiple Perspectives of Congruence: Relationships between Value Congruence and Employee Attitudes [J]. Journal of Organizational Behavior, 2005, 26 (6): 591—623.

[131] ALLOZA A, CONLEY S, PRADO F, et al. Creating the BBVA Experience: Beyond Traditional Brand Management [J]. 2004 (1): 66—81.

[132] BITNER M J, BOOMS B H, TETREAULT M S. The Service Encounter: Diagnosing Favorable and Unfavorable Incidents [J]. Journal of Marketing, 1990, 54 (1): 71—84.

[133] MCDONALD M H B, DE CHERNATONY L, HARRIS F. Corporate Marketing and Service Brands— Moving beyond the fast—moving Consumer Goods Model [J]. European Journal of Marketing, 2001, 35 (3/4): 335—352.

[134] GABBOT M, HOGG G. Consumer Behavior and Services: A Review [J]. Journal of Marketing Management, 1994, 10: 311—324.

[135] SCHULTZ D E. Live the Brand [J]. Marketing Management, 2003, 12 (4): 8—9.

[136] DE CHERNATONY L, COTTAM S. Interactions between Organizational Cultures and Corporate Brands [J]. Journal of Product & Brand Management, 2008, 17 (1): 13—24.

[137] HANKINSON P, HANKINSON G. Managing Successful Brands: An Empirical Study Which Compares the Corporate Cultures of Companies Managing the World's Top 100 Brands with Those Managing Outsider Brands [J]. Journal of Marketing Management, 1999, 15: 135—155.

[138] ROBINO J A. Aligning Personal Values and Corporate Values: A personal and Strategic Necessity [J]. Employment Relations Today, 1998, 25 (3): 23—25.

[139] GRISERI P. Managing Values [M]. Basingstoke: Macmillan Press, 1998.

[140] DE CHERNATONY L, DRURY S, SEGAL—HORN S. Using Triangulation to Assess and Identify Successful Services Brands [J]. Service Industries Journal, 2005, 25 (1): 5—21.

[141] KLUCKHOHN F R, STRODTBECK F L. Dominant and Variant Value Orientations [M] // KLUCKHOHN C, MURRAY H A, SCHNEIDER D

M. Personality in Nature, Society, and Culture. New York: Knopf, 1953.

[142] 王新新, 陈润奇. 价值观及其对消费者行为和品牌管理的影响研究综述 [J]. 2010 (1): 54—58.

[143] SCHWARTZ S H. Universals in the Content and Structure of Values: Theory and Empirical Tests in 20 Countries [M] //Zanna M. Advances in Experimental Social Psychology. New York: Academic Press, 1992: 1—65.

[144] 孙虹, 苏祝清. 消费价值观研究应成为当今营销研究的一个重要方向 [J]. 管理观察, 2008 (8): 200—201.

[145] ZANDER V. Sociology [M]. New York: Roland Press, 1965.

[146] TORELLI C. Cultural Values and Brand Preferences [D]. Minneapolis MN: University of Minnesota, 2008.

[147] KUNDE J. 公司精神 [M]. 王珏, 译. 昆明: 云南大学出版社, 2002.

[148] JAMAL A, GOODE M M H. Consumers and Brands: a Study of the Impact of Self—image Congruence on Brand Preference and Satisfaction [J]. Marketing Intelligence and Planning, 2001, 19 (7): 482—492.

[149] 乔春洋. 品牌文化 [M]. 广州: 中山大学出版社, 2005: 63.

[150] LAWER C, KNOX S. Reverse—market Orientation and Corporate Brand Development [J]. International Studies of Management and Organization, 2007, 37 (4): 64—83.

[151] 苏勇, 陈小平. 品牌通鉴 [M]. 上海: 上海人民出版社, 2003.

[152] 谭晓芳. 品牌价值观的种类和作用 [EB/OL]. 中华学习网, 2010—01—28.

[153] WONG V, SAUNDERS J. Business Orientations and Corporate Success [J]. Journal of Strategic Marketing, 1993, 1 (1): 20—41.

[154] GUMMESSON E. Implementation Requires a Relationship Marketing Paradigm [J]. Journal of the Academy of Marketing Science, 1998, 26 (3): 242—249.

[155] LINGS I N. Internal Market Orientation: Construct and Consequences [J]. Journal of Business Research, 2004, 57 (4): 405—413.

[156] 余明阳, 韩红星. 品牌学概论 [M]. 广州: 华南理工大学出版

社，2008.

[157] AAKER D, JOACHIMSTAHLER E. Brand Leadership [M]. New York：The Free Press, 2000.

[158] FOURNIER S. Consumers and Their Brands：Developing Relationship Theory in Consumer Research [J]. Journal of Consumer Research, 1998, 24：343—373.

[159] ALLEN M W. Human Values and Product Symbolism：Do Consumers From Product Preference by Comparing the Human Values Symbolized by a Product to the human Values That They Endorse? [J]. Journal of Applied Social Psychology, 2002, 32 (12)：2475—2501.

[160] CIULLA J B. The Importance of Leadership in shaping Business Values [J]. Long Range Planning, 1999, 32 (2)：166—172.

[161] DAVIDSON H. The Committed Enterprise [M]. Oxford：Butterworth—Heinemann, 2002.

[162] COLLINS J, PORRAS J. Building Your Company's Vision [J]. Harvard Business Review, 1996 (5)：65—77.

[163] REYNOLDS T, GUTMAN J. Laddering Theory, Method, Analysis and Interpretation [J]. Journal of Advertising Research, 1988, 28 (1)：11—31.

[164] THORNBURY J. KPMG：Revitalising Culture through Values [J]. Business Strategy Review, 1999, 10 (4)：1—15.

[165] 托马斯·彼得斯，罗伯特·沃特曼. 追求卓越 [M]. 北京天下风经济文化研究所，译. 北京：中央编译出版社，2003.

[166] 西蒙·L. 多伦，萨尔瓦多·加西亚. 价值观管理 [M]. 李超平，译. 北京：中国人民大学出版社，2009：15.

[167] 霍金斯，贝斯特，科尼. 消费者行为学 [M]. 符国群，等译. 北京：机械工业出版社，2003.

[168] SCHWARTZ S H, SAGIV L. Identifying Culture Specifics in the Content and Structure of Values [J]. Journal of Cross—Cultural Psychology, 1995 (26)：92—116.

[169] MITCHELL A. The Nine American Life Styles [M]. New York：Warner, 1983.

［170］DE MOOIJ M. Global Marketing and Advertising：understanding cultural paradoxes ［M］. London：Sage Publications，1998.

［171］CARMAN J M. Values and Consumption Patterns：A Closed Loop ［J］. Advances in Consumer Research，1978，5：403—407.

［172］朱立. 品牌文化战略研究 ［D］. 武汉：中南财经政法大学，2005.

［173］丁瑛，张红霞. 品牌文化测量工具的开发及其信效度检验 ［J］. 南开管理评论，2010（5）：115—122.

［174］DIBLEY A，BAKER S. Uncovering the Links between Brand Choice and Personal Values among Young British and Spanish Girls ［J］. Journal of Consumer Behavior，2001，1（1）：77.

［175］VINSON D E，SCOTT J E，LAMONT L M. The Role of Personal Values in Marketing and Consumer Behavior ［J］. Journal of Marketing，1977，41（2）：44—50.

［176］里克·莱兹伯斯，巴斯·齐斯特，格特·库茨特拉. 品牌管理 ［M］. 李家强，译. 北京：机械工业出版社，2004.

［177］丁虹. 企业文化与组织承诺之关系研究 ［D］. 台北：政治大学企业管理研究所，1987.

［178］朱青松，陈维政. 员工与组织的价值观实现度匹配及其作用的实证研究 ［J］. 管理学报，2009（5）：628—634.

［179］朱青松. 员工与组织匹配衡量指标探讨 ［J］. 人力资源管理，2012（7）：160—161.

［180］王吉鹏，李明. 企业文化诊断评估理论与实务 ［M］. 北京：中国发展出版社，2005.

［181］赵欣. 企业家文化价值观与企业文化的相关性分析 ［D］. 北京：首都经济贸易大学，2008.

［182］郑伯埙，郭建志. 组织文化与员工效能：组织文化——员工层次的分析 ［M］. 台北：台湾远流出版社，2001.

［183］卫海英. 整合营销传播：观念与方法 ［M］. 杭州：浙江大学出版社，2005.

［184］ORGAN D W，KONOVSKY M A. Cognitive versus Affective Determinants of Organizational Citizenship Behavior ［J］. Journal of Applied Psychology，1989，

74: 157—164.

[185] 董进才. 组织价值观、组织认同与领导认同对并购后员工行为的影响研究 [D]. 杭州: 浙江大学, 2011.

[186] CABLE D M, DERUE D S. The Congruent and Discriminant Validity of Subjective Fit Perceptions [J]. Journal of Applied Psychology, 2002, 87 (5): 875—884.

[187] JOYCE W F, SLOCUM J W. Collective Climate: Agreement as a basis for defining Aggremate Climate in Organizations [J]. Academy of Management Journal, 1984, 27: 721—742.

[188] TOM V. The Role of Personality and Organizational Images in the Recruiting Process [J]. Organizational Behavior and Human Performance, 1971, 6: 573—592.

[189] OUCHI W G, WILKINS A L. Organizational Culture [J]. Annual Review of Sociology, 1985, 11: 457—483.

[190] DAVIES S M. Brand Asset Management [M]. San Francisco: Jossey—Bass, 2000.

[191] TOSTI D T, STOTZ R D. Brand: Building your Brand from the Inside out [J]. Marketing Management, 2001, 10 (2): 28—33.

[192] BHATTACVHARYA C B, SEN S. Consumer—company Identification: A Framework for Understanding Consumers' Relationships with Companies [J]. Journal of Marketing, 2003, 67 (2): 76—88.

[193] QUESTER P, BEVERLAND M, FARRELLY F. Brand—Personal Values Fit and Brand Meanings: Exploring the Role Individual Values Play in Ongoing Brand Loyalty in Extreme Sports Subcultures [J]. Advances in Consumer Research, 2006, 33: 21—27.

[194] MEGLINO B M, RAVLIN E C. Individual Values in Organizations: Concepts, Controversies, and Research [J]. Journal of Management, 1998, 24 (3): 351—389.

[195] MCDONALD P, GANDZ J. Identification of Values Relevant to Business Research [J]. Human Resource Management, 1991, 30 (2): 217—236.

[196] EREZ M. Interpersonal Communication Systems in Organizations, and

Their Relationships to Culturally Values, Productivity and Innovation: the Case of Japanese Corporations [J] . Applied Psychology: An International Review, 1992, 41 (1): 43—64.

[197] DEAL T E, KENNEDY A A. Corporate Cultures, The Rites and Rituals of Corporate Life [M] . Reading, MA: Addison—Wesley, 1982.

[198] BICKERTON D. Corporate Reputation versus Corporate Branding: the Realist Debate [J] . Corporate Communication: An International Journal, 2000, 5 (1): 42—48.

[199] YANIV E, FARKAS F. The Impact of Person—Organization Fit on the Corporate Brand Perception of Employees and of Customers [J] . Journal of Change Management, 2005, 5 (4): 447—461.

[200] URDE M. Core Value—based Corporate Brand Building [J] . European Journal of Marketing, 2003, 37 (7/8): 1017—1040.

[201] BURMANN C, BENZ M J, RILEY N. Towards an Identity—based Brand Equity Model [J] . Journal of Business Research, 2009, 62: 390—397.

[202] BUMGARTH C, SCHMIDT M. How Strong is the Business—to—Business Brand in the Workforce? An Empirically—tested Model of "Internal Brand Equity" in a Business—to—Business Setting [J] . Industrial Marketing Management, 2010, 39 (8): 250 - 1260.

[203] HENKEL S, TOMCZAK T, HEITMANN M, et al. Managing Brand Consistent Employee Behavior: Relevance and Managerial Control of Behavioral Branding [J] . Journal of Product & Brand Management, 2007, 16 (5): 310—320.

[204] BELL S J, MENGUC B. The Employee—organization Relationship, Organizational Citizenship Behaviors, and Superior Service Quality [J] . Journal of Retailing, 2002, 33 (5): 371—380.

[205] KOYS D J. The Effects of Employee Satisfaction, Organizational Citizenship Behavior, and Turnover on Organizational Effectiveness: A Unit—Level, Longitudinal Study [J] . Personnel Psychology, 2001, 54 (1): 101—114.

[206] PODSAKOFF P M, MACKENZIE S B, PAINE J B, et al. Organizational Citizenship Behaviors: A Critical Review of the Theoretical and Empirical Literature and Suggestions for Future Research [J] . Journal of Management,

2000，26（3）：513—563.

　[207] BURMANN C，ZEPLIN S. Building Brand Commitment：a Behavioral Approach to Internal Brand Management［J］. Brand Management，2005，12（4）：279—300.

　[208] MORHART F M，HERZOG W，TOMCZAK T. Brand Specific Leadership：Turning Employees into Brand Champions［J］. Journal of Marketing，2009，73（5）：122—142.

　[209] AAKER D A. Managing Brand Equity：Capitalizing on the Value of a Brand Name［M］. New York，NY：The Free Press，1991.

　[210] WHEELER A R，RICHEY R G，TOKKMAN M，et al. Retaining Employees for Service Competency：The Role of Corporate Brand Identity［J］. Journal of Brand Management，2006，14（1/2），96—113.

　[211] 刘家凤. 品牌价值观在企业内外部的吸引力匹配及其作用［J］. 财经科学，2013（10）：71—78.

　[212] Interbrand Corp. Interbrand World's Most Valuable Brand's［J］. Methodology，2001.

　[213] RIESENBECK H，PERREY J. Power Brands，Measuring，Making and Managing Brand Success［M］. Wien：Redline Wirtschaft bei ueberreuter，2006.

　[214] FARQUHAR P H. Managing Brand Equity［J］. Marketing Research，1989，1（3）：24.

　[215] BALDINGER A L. Defining and Applying the Brand equity Concept：Why the Researcher should Care［J］. Journal of advertising research，1990（3）：RC2 – RC5.

　[216] WALSER M G. Brand Strength：Building and testing Models Based on Experiential Information［M］. Wiesbaden：Deutscher Universit? tsverlag，2004.

　[217] SIMON C J，SULLIVAN M W. The Measurement and Determinants of Brand Equity：A Financial Approach［J］. Market Science，1993，12（12）28—52.

　[218] RANGASWAMY A，BURKE R R，OLIVA T A. Brand equity and the Extendibility of Brand Names［J］. International Journal of Research in Marketing，1993：10（1）：61—75.

［219］SRIVASTAVA R K, SHOCKER A D. Brand Equity: A Perspective on its Meaning and Measurement, report No 91 - 124 6 - 9. ［R］. Cambridge, MA: Marketing Science Institute, 1991.

［220］KRISHNAN H S. Characteristics of Memory Associations: A Customer—based Brand Equity Perspective ［J］. International Journal of Research in Marketing, 1996, 13 (4): 389—405.

［221］LAWRENCE P, LORSCH J. Differentiation and Integration in Complex Organizations ［J］. Administrative Science Quarterly, 1967 (1): 1—17.

［222］HAYES D C. The Contingency Theory of Management Accounting ［J］. The Accounting Review, 1977, 52 (1): 22—39.

［223］MERCHANT K A. The Design of the Corporate Budgeting System: Influences on Managerial Behavior and Performance ［J］. The Accounting Review, 1981, 56 (4): 813—829.

［224］DESS G D, ROBINSON R B. Measuring Organizational Performance in the Absence of Objective Measures: The Case of the Privately—Held Firm and Conglomerate Business Unit ［J］. Strategic Management Journal, 1984, 5 (3): 265—273.

［225］PRINGLE H, GORDON W. Brand Manners ［M］. Chichester: J. Wiley, 2001.

［226］DOWLING G R. Creating Corporate Reputations—Identity Image, and Performance ［M］. Oxford: Oxford University Press, 2001.

［227］ASIF S, SARGEANT A. Modelling Internal Communication in the Financial Services Sector ［J］. European Journal of Marketing, 2000, 34 (3/4): 299—317.

［228］STEERS R. Antecedents and Outcomes of Organizational Commitment ［J］. Administrative Science Quarterly, 1977, 22 (1): 46—56.

［229］WOODRUFFE H. Services Marketing ［M］. Marchfield, MA: M & E Pitman, 1995.

［230］REICHHELD F. The Loyalty Effect: The Hidden Force Behind Growth Profits and Lasting Value ［M］. Boston, MA: Harvard Business School Press, 1996.

[231] WILSON A M. Understanding Organizational Culture and the Implications for Corporate Marketing [J]. European Journal of Marketing, 2001, 35 (3/4): 353—367.

[232] BETTENCOURT L A, GWINNER K. Customization of the Service Experience: The Role of the Frontline Employee [J]. International Journal of Service, 1996, 7 (2), 3—20.

[233] MAXHAM III J B, NETEMEYE R G. Firms Reap What They Sow: The Effects of Shared Values and Perceived Organizational Justice on Customers' Evaluations of Complaint Handling [J]. Journal of Marketing, 2003, 67 (1): 46—62.

[234] BURMANN C, ZEPLIN S, RILEY N. Key Determinants of Internal Brand Management Success: An Exploratory Empirical Analysis [J]. Journal of Brand Management, 2009, 16 (4): 264—284.

[235] 宋联可, 杨东涛, 魏江茹. 组织文化量表研究综述及评析 [J]. 华东经济管理, 2006 (10): 90—94.

[236] 卢娟, 芦艳, 娄迎春. 服务忠诚及其驱动因素: 基于银行业的实证研究 [J]. 管理世界, 2006 (8): 98—99.

[237] 李俊祥. 基于顾客的商业银行品牌资产模型研究 [D]. 上海: 同济大学, 2008.

[238] 冯旭. 服务创新过程中一线员工创新行为及其影响因素研究 [D]. 成都: 电子科技大学, 2010.

[239] ARBUCKLE J. L. Full Information Estimation in the Presence of Incomplete Data [M] //Marcoulides G A, Schumacker R E. Advanced Structural Equation Modeling: Issuses and Techniques. New York: Psychology Press, 1996.

[240] NUNNALLY J C. Psychometric Theory [M]. 2nd ed. New York: McGraw—Hill, 1978: 7—14.

[241] LEDERER A L, SETHI V. Critical Dimensions of Strategic Information Systems Planning [J]. Decision Science, 1991, 22 (1): 104—119.

[242] YOO B, DONTHU N. Developing a Scale to Measure the Perceived Quality of an Internet Shopping Site [J]. Quarterly Journal of Electronic Commerce, 2001, 2 (1): 31—47.

[243] 吴明隆. SPSS统计应用实务 [M]. 北京: 科学出版社, 2003: 107.

[244] BAGOZZI R P, YI Y. On the Evaluation of Structural Equation Models [J]. Journal of the Academy of Marketing Science, 1988, 16 (1): 74—79.

[245] DEVELLIS R F. A Consumer's Guide to Finding, Evaluating and Reporting on Measurement Instruments [J]. Arthritis Care and Research, 1996 (3): 239—245.

[246] 黄芳铭. 结构方程模式理论与应用 [M]. 北京: 中国税务出版社, 2005.

[247] MUELLER R O. Basic principles of Structural Equation Modeling: an Introduction to LISREL and EQS [M]. New York: Spring—Overflag, 1996.

[248] JRESKOG K G, SRBOM D. LISREL 7: A Guide to the Program and Application [M]. Chicago: SPSS Inc., 1988.

[249] FORNELL C, LARCKER D F. Evaluation Structural Equation Models with Unobservable Variables and Measurement Error [J]. Journal of Marketing Research, 1981, 18 (1): 39—50.

[250] JAMES A, GERBING D. Structural Equation Modeling in Practice: a Review and Recommended Two—step Approach [J]. Psychological Bulletin, 1988, 103 (3): 328.

[251] 林雅军, 吴娅雄, 鲍金伶, 等. 休眠品牌的品牌关系再续意愿影响因素的量表开发及测度检验 [J]. 统计与决策, 2010 (10): 172—175.

[252] 林雅军, 朱敏, 谭武斌. 休眠品牌与企业品牌融合的作用机理研究 [J]. 管理评论, 2014 (12): 56—67.

[253] 林雅军, 刘家凤. 饮料类休眠品牌激活的影响因素实证研究 [J]. 西南民族大学学报, 2012 (3): 119—125

[254] SHUMACKER R E, LOMAX R G. A Beginner's Guide to Structural Equation Modeling [M]. Mahwah, NJ: Erlbaum Association, 1996.

[255] 侯杰泰, 温忠麟, 成子娟. 结构方程模型及其应用 [M]. 北京: 教育科学出版社, 2004.

[256] 邱皓政. 结构方程模式——LISREL 的理论、技术与应用 [M]. 台北: 双叶书廊有限公司, 2003.

[257] HU L, BENTLER P M. Fit Indices in Covariance Structure Modeling: Sensitivity to Under—parameterized and Coporate Financial Performance [J]. Acade-

my of Management Journal, 1998 (3): 635—672.

[258] MCDONALD R P, HO MHR. Principles and Practice in Reporting Structural Equation Analysis [J]. Psychological Methods, 2002, 7 (1): 64—82.

[259] MULAIK S A, JAMES L R, ALSTINE J V, et al. Evaluation of Goodness—of—fit Indices for Structural Equation Models [J]. Psychological Bulletin, 1989, 105 (3): 430—445.

[260] 工商银行企业文化体系形成过程 [EB/OL]. 豆丁文库, 2014 - 07 - 03.

[261] 唐小惠. 工于至诚 行以致远 [N]. 金融时报, 2011 - 03 - 04.

[262] 徐承. 奉献自我 回报社会——工行积极履行社会责任纪实 [J]. 中国金融家, 2011 (5): 52—55.

[263] 朱晓君. 文化建设引领工行发展 [J]. 中国金融家, 2011 (5): 45—48.

[264] 中国工商银行. 工行深入推进廉洁文化建设 [EB/OL]. 中国工商银行中国网站, 2015 - 11 - 13.

[265] 中国工商银行. 工行正式发布合规文化核心理念 [EB/OL]. 中国工商银行中国网站, 2016 - 10 - 17.

[266] 中国工商银行. 工商银行正式发布服务文化 [EB/OL]. 中国工商银行中国网站, 2017 - 01 - 16.

[267] 国内银行业首次发布全行性整体服务文化 [N]. 齐鲁晚报, 2017 - 09 - 04.

[268] 中国工商银行. 工商银行正式发布创新文化. [EB/OL]. 中国工商银行中国网站, 2018—05—02.

[269] MARBNERT K F, TORRES M. The Brand Inside: the Factors of Failure and success in Internal Branding [J]. Irish Marketing Review, 2007, 19 (2): 54—63.

[270] IND N, RIONDINO M. C. Branding on the Web: A Real Revolution? [J]. Brand Management, 2001, 9 (1): 8—19.

[271]《中国城市金融》编辑部. 合规为本植于心 稳健高效行致远——中国工商银行合规文化建设巡礼 [J]. 中国城市金融, 2016 (11): 12—23.

[272] 王冬, 谭叙. 工行重庆市分行 以创新文化作为企业创新的灵魂

[N]．重庆日报，2018－06－29．

[273] 易会满．坚守使命 文化聚力 积极打造"客户满意银行"——在中国工商银行服务文化发布暨服务改进成果展示会上的讲话［J］．中国城市金融，2017（2）：7—8．

[274] 李丹．稳中向好 好中提质——国有控股商业银行2017年年报分析［J］．中国金融家，2018（4）：78—80，83．

[275] 张缘成．工行推动精准扶贫跨界合作［N］．农村金融时报，2018－05－14．

[276] 工行以教育精准扶贫促进彻底脱贫［J］．时代金融，2018（1）：72．

[277] 姜建清．中国工商银行2008年社会责任报告摘要［N］．金融时报，2009－04－21．

[278] 工行2016年社会责任报告：彰显大行责任 助推可持续发展［EB/OL］．中国青年网，2017－06－12．

[279] 中国工商银行股份有限公司发布2016年社会责任（环境、社会、管治）报告［R/OL］．中国工商银行中国网站，2017－03－30．

[280]《中国城市金融》编辑部．五载播种厚植 繁花硕果芬芳——"五年文化兴行 十件大事聚力"活动成果展示［J］．中国城市金融，2016（12）：22—31．

[281]《杭州金融研修学院学报》编辑部．传承工匠精神 展现大行风采——中国工商银行"大行工匠"评选表彰活动纪实［J］．杭州金融研修学院学报，2018（5）：5—6．

[282] 李骁．银行品牌形象传递方式研究［D］．成都：西南财经大学，2014．

[283] 陈晓红．品牌个性与消费者自我概念的一致性及其对品牌忠诚的影响［J］．社会心理科学，2007（3）：117—120．

[284]《中国城市金融》编辑部．以精诚之至 铸时代经典——《2009中国工商银行品牌报告》解析［J］．中国城市金融，2011（1）：12—18．

[285]《中国城市金融》编辑部．启航新时代 迎接新辉煌——"中国工商银行2017年十大新闻"揭晓［J］．中国城市金融，2018（1）：8—18．

[286] 中国工商银行．2017社会责任报告［R/OL］．中国工商银行中国网

站，2018－03－27.

[287] 胡桂英. 论炫富广告的心理学基础及负性心理分析 [J]. 江西社会科学，2012（9）：241—244.

[288] 陈洪玮. 企业文化管理对企业绩效作用的理论与实证研究 [D]. 南昌：南昌大学，2008.

[289] 王天强. 基于一汽大众的合资企业文化建设研究 [D]. 天津：天津大学，2009.

[290] 代世勇. 企业文化与企业绩效相关性研究 [D]. 大连：大连海事大学，2008.

[291] 李小荣，李琛洁. 文化与企业价值评估 [J]. 中国资产评估，2018（3）：26—31.

[292] 薛云建，周开拓. 基于品牌价值提升的品牌文化战略创新（四）——品牌文化战略创新策略 [J]. 企业研究，2012（7）：49—51.

[293] 朱青松. 从员工价值观到企业文化：生成机理与反应模式 [J]. 当代经济管理，2007（4）：33—36.

[294] 乔春洋. 品牌价值观浅谈 [J]. 中国质量技术监督，2009（7）：72—73.

[295] 赵慧娟，龙立荣. 价值观匹配、能力匹配对中部地区员工离职倾向的影响 [J]. 科学学与科学技术管理，2010（12）：170—177.

[296] 蒲德祥. 幸福理论基本问题探微 [J]. 四川师范大学学报，2011（4）：125—133.

[297] 郭正茜. 上海市代理记账企业营销模式研究 [D]. 广州：暨南大学，2010.

[298] 裴一蕾. 企业一线销售人员授权与其销售绩效关系研究 [D]. 长春：吉林大学，2009.

[299] 邢周凌. 承诺型人力资源管理系统与组织绩效的关系研究——基于中部六省高校的实证分析 [J]. 管理评论，2009（11）：74—83.

[300] 邢周凌，李文智. 大学组织绩效评价模型研究 [J]. 高教探索，2010（2）：10—17.

[301] 王长征，周学春. 象征型品牌的效应——从意义到忠诚 [J]. 管理科学，2011（4）：41—53.

［302］胡婉丽．组织文化测量模型、测量工具与实践述评［J］．南京理工大学学报（社会科学版），2012（1）：119—124.

［303］范金刚，崔立中．高中生家庭气氛问卷的编制［J］．校园心理，2010（6）：371—372.

［304］李宁琪，李树．企业员工边缘化的影响研究［J］．中国人力资源开发，2010（7）：5—8.

［305］刘莉．供应链绩效、竞争优势与企业绩效的实证研究［J］．中国软科学，2010（S1）：307—312.

［306］代祺．我国城市青少年从众、不从众与反从众消费行为研究［D］．成都：西南交通大学，2007.

［307］牛嘉龙，褚姝妤．基于结构方程模型（SEM）的大学生在校表现研究［J］．湖北成人教育学院学报，2012（1）：11—13.

［308］《中国城市金融》编辑部．新常态下新发展——“中国工商银行2015年十大新闻”揭晓［J］．中国城市金融，2016（1）：6—13.

［309］《中国城市金融》编辑部．承前启后再出发 开辟光明新前景——“中国工商银行2016年十大新闻”揭晓［J］．中国城市金融，2017（1）6—14.